Ken Smith John Hall

Gewinnen mit dem COLLE-SYSTEM

GEWINNEN MIT DEM COLLE-SYSTEM

Ken Smith

John Hall

2. völlig überarbeitete Auflage
bearbeitet von
Myers, Harding, Koltanowski

Verlag: Das Schach—Archiv Kurt Rattmann
Hamburg 1991

Haftungsausschluß

Die Ratschläge in diesem Buch sind vom Autor sorgfältig erwogen und geprüft worden, eine Garantie für die Richtigkeit und Vollständigkeit der schachlichen Analysen kann dennoch nicht übernommen werden.
Eine Haftung des Autors bzw. des Verlages für Personen-, Sach- und Vermögensschäden ist ausgeschlossen.

Der Titel der Originalausgabe ist:

"Winning with the Colle System"

Erschienen 1990 im Chess Digest Verlag, Dallas, Texas

Übersetzung aus dem Amerikanischen: Rike Wohlers-Armas

1. Auflage 1991
© 1991 bei Verlag: DAS SCHACH-ARCHIV, Hamburg 80
Alle Rechte der Verbreitung in deutscher Sprache, auch durch Film, Funk, Fernsehen, fotomechanische Wiedergabe, Tonträger jeder Art sowie elektronische Medien und auszugsweisen Nachdruck, sind vorbehalten.

Übersetzung und Satz: R. Wohlers-Armas unter Verwendung von Chess Base
Gesamtherstellung: Hildebrand, Berlin
Printed in Germany

ISBN 3-88086-103-X

INHALTSVERZEICHNIS

Inhaltsverzeichnis

EINLEITUNG

In der Mitte des neunzehnten Jahrhunderts wurden die ersten offiziell organisierten Schachturniere durchgeführt. Vorher hatten die meisten Partien in Schachbegegnungsstätten aller Art stattgefunden - von Vereinen bis zu Café-Häusern - in denen man sich zu einem kurzen Gefecht gegen andere Lokalgrößen traf. Mit dem Entstehen von größeren Schachturnieren kam der Schachtheorie mehr und mehr Bedeutung zu. Da viele gute Spieler (zum Teil von weither angereist) teilnahmen, waren die verschiedendsten Eröffnungspläne zu sehen, denn jeder Spieler probierte natürlich seine Lieblings-Entwicklungsmethoden aus. Die Vorgehensweise des ,,trial and error''(Versuch und Irrtum) wurde automatisch zu einem systematischeren Weg, neue Eröffnungsideen zu verfeinern.Obwohl die Königsbauern -Eröffnung (1.e4) in jenen Tagen ganz klar die Vorherrschaft hatte, experimentierten einige Spieler mit der ,,neuen'' Eröffnung 1.d4, und oftmals entstand nach 2.Sf3 (oder 2.e3) und 3.e3 der Prototyp der Colle-Zentralbauernformation. Das Potential, das hinter dieser Aufstellung steckt, ist jedoch nicht eingehend untersucht worden, bis das Genie Edgard Colle die Kraft erkannte, die der verzögerte Zentrumsvorstoß e3-e4 in sich birgt. In diesem Buch wollen wir zeigen, wie Colle in den ersten Jahrzehnten unseres Jahrhunderts aus der recht unbekannten Eröffnung ein gefürchtetes Angriffsystem formte.

Dieses Buch hat viele Seiten, die Sie aber nicht alle sorgfältig durcharbeiten müssen. Wir geben Ihnen (Weiß) mehrere Möglichkeiten, und Sie brauchen nur Ihre Entscheidung zu treffen.

Wählen Sie entweder:
Das Colle-Koltanowski-System
oder
Das Colle-Zukertort-System
oder
Unregelmäßige Colle-Systeme

Aber nicht alle drei.

Suchen Sie sich eine Variante gegen die Indischen Verteidigungen aus:
Königsindische Verteidigung: Eine Spezialvariante
oder
Den ,,Anti-indischen'' Colle-Aufbau

Aber nicht beide.

Studieren Sie nur die Beispielpartien, die zu Ihrer Auswahl passen.

9

Sehen Sie sich die Varianten und Partien wieder und wieder an - Wiederholung ist der Schlüssel zum Erfolg. Erst, wenn Sie die von Ihnen gewählten Varianten beherrschen, voll und ganz beherrschen, sollten Sie sich die anderen Kapitel ansehen, um in Ihren Partien Auswahl möglichkeiten zu haben.

KAPITEL EINS

An Gegenwärtige und Zukünftige Generationen von Colle-Spielern

Wir (Ken Smith und John Hall) haben alle unsere Mitarbeiter gebeten, einen kurzen Beitrag für dieses Kapitel zu schreiben. Alle haben unabhängig voneinander geschrieben - machen Sie sich also auf einige Wiederholungen gefaßt. Wir hoffen, daß es uns gelungen ist, Ihnen die Stärke des Colle-Systems zu vermitteln. Dem schwachen Spieler, dem durchschnittlichen Spieler und dem starken Spieler möchten wir sagen: Das ist Ihre Eröffnung!

GEORGE KOLTANOWSKI:

„Meine Liebesgeschichte mit dem Colle-System begann, kurz nachdem der Belgier Edgar Colle 1932 im Alter von 35 Jahren starb. Das System war nichts Neues. Den ersten Auftritt hatte es im Jahre 1890 gehabt, und mit dem beginnenden 20. Jahrhundert fingen die Meister an, sich seine Ideen zu eigen zu machen. Es war jedoch Colle, der das System verfeinert hat und glänzende Siege damit erzielen konnte.
Schachbegeisterte sollten das Colle-System studieren. Es beinhaltet Ideen, die Ihr Spiel nur bereichern können. Sie bringen Ihren König in Sicherheit - frühzeitig. Sie öffnen das Zentrum - wenn Schwarz das verhindern will, muß er irgendwoanders Zugeständnisse machen. Weiß hat die Möglichkeit, einen Königsangriff zu starten UND Endspielchancen, die sich aus der Bauernmehrheit auf dem Damenflügel (drei weiße gegen zwei schwarze Bauern) ergeben - um nur einige der Vorzüge des Systems zu erwähnen.

Es gibt Spieler, die behaupten, das Colle-System sei zu zahm und Schwarz könne leicht Remis halten. Aber: Lieber den Spatz in der Hand als die Taube auf dem Dach! Eine Remismöglichkeit ist auch hilfreich, wenn Sie ein Remis benötigen! Aber, Scherz beiseite: KÖNNEN SIE MIT DEM COLLE REMIS MACHEN, oder sind Sie sicher, daß Sie mit den schwarzen Steinen gegen das Colle-System Remis halten?
Ein schwedischer Großmeister hat das Colle-System neu definiert: „Das Colle- System ist in Wirklichkeit eine versteckte Königsflügel-Angriffs-Eröffnung.'' Übrigens können Sie in meinem Buch über das Colle - System viele in internationalen Turnieren gespielte Partien gegen Schachgrößen sehen, die beweisen, daß Weiß mit dem Colle-System (mit dem Zug c3) mehr er-

reichen kann, als sich nur zu behaupten.

Beherzigen Sie meinen Rat: Probieren Sie es aus. Sie könnten angenehm überrascht werden!!"

JOHN HALL:

„Vor mehreren Jahrzehnten stellte Edgar Colle die Stärke des Colle-Systems in einer Reihe von glanzvollen Turniersiegen unter Beweis. Seitdem hat George Koltanowski, ein persönlicher Freund Colles, seinen Glauben an das System bewahrt und es gegen die besten Spieler der Welt - wie Salo Flohr und Alexander Aljechin - angewendet. Viele andere Spieler ignorieren das Colle- System, weil sie den Einschätzungen einiger moderner Eröffnungstheoriewerke Glauben schenken, die das System als harmlos abtun. Solche voreingenommenen, kurzsichtigen Bewertungen können jedoch die grundlegende Stärke und Vitalität unserer Eröffnung nicht beeinträchtigen. Der weiße d-Bauer geht nach d4 und übt - bald unterstützt von dem e-Bauern - einen starken Druck auf wichtige schwarze Felder im Zentrum (und darum herum) aus. Der Springer wird auf das für die meisten Eröffnungen beste Springerfeld f3 entwickelt, und der Königsläufer zieht nach d3, von wo

aus er das zukünftige Heim des schwarzen Königs beäugt. Dann folgen die Rochade und Sbd2, manchmal auch noch De2. Die Spannung im Zentrum steigt, der Vorstoß e3-e4 liegt in der Luft. Schwarzspieler betrachten die weiße Entwicklung mit selbstgefälliger Ruhe - die vielen überzeugenden Siege, die wir Ihnen in diesem Buch zeigen werden, zeugen jedoch von der Explosivkraft des Colle - und diese Eröffnung wird auch weiterhin demjenigen gute Erfolge bescheren, der versteht, daß die grundlegende Gesundheit des Colle-Systems zeitlos ist. Diese phantasievollen Spieler werden das Banner des Colle in die Zukunft tragen."

TIM HARDING:

„Vor langer Zeit glaubte man, das Colle-System sei nicht viel mehr als ein Instrument zur Vernichtung von Patzern. Sie wissen wahrscheinlich, was ich meine: Weiß stellt seinen Läufer nach d3, wo er durch den Bauern c3 davor geschützt ist, abgetauscht zu werden. Er rochiert und spielt e4. Schwarz versäumt es, den Bauern zu tauschen, Weiß schiebt ihn also weiter nach e5 und vertreibt damit den wichtigsten Verteidiger, den Springer f6. Danach d4xc5 Le7xc5, wonach der schwarze Königsflügel überhaupt nicht mehr geschützt ist, und Weiß hat alles, was er für den Erfolg des „Danaergeschenkes" benötigt: Lxh7 Kxh7, Sg5+ nebst Dh5 (oder Dg4) und einem schnellen Matt. Selbst, wenn einige der notwendigen Voraussetzungen für dieses Läuferopfer eigentlich fehlen, kann es in der praktischen Partie durchaus „funktionieren" (z.B. Colle-O'-Hanlon, Nizza 1930), da die Nachziehenden die korrekte Verteidigungsmethode meistens nicht finden.

Auch wenn Schwarz eine viel höhere Elozahl hat als Sie, ist es sehr schwierig für ihn, mehr als ein Remis zu erreichen, da die weiße Spielanlage sehr gesund ist; und vielleicht überzieht er die Stellung, da er Sie auf jeden Fall schlagen will, koste es, was es wolle. Damit das Colle-System auch auf hohem Niveau (ELO 2200+) heutzutage und im 21. Jahrhundert spielbar ist und bleiben wird, mußte diese ziemlich grobschlächtige Vorgehensweise natürlich stark verfeinert werden - korrekte Verteidigungsmöglichkeiten und Gegenangriffe des Nachziehenden mußten in's Kalkül gezogen werden. Moderne Großmeister wie Jusupow (UDSSR) und Kovacevic (Jugoslawien) haben den alten Angriffsmethoden (gegen h7 und f7) neue Ideen hinzugefügt. Die korrekte Überführung des schwarzfeldrigen Läufers und der Türme in die Angriffszone und das Manöver Sd2-f1-g3 („Spanischer Stil") sind erst in den letzten Jahren gefunden worden. Weiß ist auch in der Lage, auf Zentrums- oder Damenflügelstrategien umzuschalten, falls dies sinnvoll erscheint.

Ich empfehle Ihnen, dieses Buch (und besonders die Beispielpartien) sorgfältig zu studieren. Sie werden erkennen, daß das Colle-System auch heute noch auf Top-Niveau mit Erfolg angewendet wird. Für den Spieler, der nicht viel Zeit für sein Eröffnungsstudium aufbringen kann, hat das System den Vorteil, daß er nur relativ wenig Theorie lernen muß, außerdem sind die strategisch klaren Ideen, die dahinter stecken, leicht im Gedächtnis zu behalten. Die Aufgabe des Nachziehenden ist viel schwieriger, besonders, wenn er der inkorrekten (aber weit verbreiteten) Ansicht ist, das Colle-System sei eine „minderwertige" Eröffnung. Minderwertig ist es mit Sicherheit nicht, wenn Sie es in der von Ken Smith und John Hall empfohlenen Weise behandeln."

HUGH MYERS:

„Das Eröffnungsstudium ist eine Phase der Vorbereitung eines Spielers. Man kann sagen, daß sie die wichtigste ist, weil sie am leichtesten zu kontrollieren ist. Das heißt nicht, daß Sie sich darauf verlassen können, daß eine bestimmte Variante auf's Brett kommt. Sie spielen 1.d4 - aber Ihr Gegner spielt d7-d5 oder einen anderen Zug. Sie können nicht genau wissen, ob er seinen schwarzfeldrigen Läufer nach e7, d6 oder g7 entwickeln wird, und so weiter...

Aber Sie können sich auf mehrere verschiedene Verteidigungen vorbereiten und darauf vertrauen, wahrscheinlich etwas zu spielen, was Sie vorher studiert haben. Vergleichen Sie das mit den Myriaden Möglichkeiten von schwer vorhersagbaren Endspielen. Ein starker Spieler befaßt sich in seinem Training natürlich mit Endspielen, aber es ist verständlich, wenn diese Art der Vorbereitung für diejenigen Spieler eine geringere Rolle spielt, die das Gelernte sofort in die Praxis umsetzen wollen.

Die Eröffnung, das Mittelspiel und das Endspiel sind Teile eines integrierten Ganzen. Als solche sollte man sie auch studieren, und darin liegt der Wert von Beispielpartien. Aber Analysen führen Sie (wie in diesem Buch) auch in das Mittelspiel und zeigen Ihnen taktische Möglichkeiten, mit denen Sie in Ihren Partien rechnen können. Diese Möglichkeiten, vorhersehbare Motive, sind im Colle- System sehr thematisch und müssen gelernt

werden. Einfaches Auswendiglernen von genauen Zugfolgen ist allerdings nicht genug; grundsätzliche Kenntnis von Angriffsmethoden macht sich oft besser bezahlt.

Viele Jahre lang hat George Koltanowski das Colle-System gelehrt, und sein wertvollster Hinweis ist vielleicht der, daß es unerläßlich ist, hinter die Eröffnung zu sehen, um sie gut spielen zu können. Sie sollten versuchen, in der Eröffnung zu gewinnen, Sie sollten versuchen, im Mittelspiel zu gewinnen, und - von Anfang an - sollten Sie ungefähr wissen, wie Sie das Endspiel gewinnen können, falls es dazu kommt.

Wie? Während Sie sich vielleicht zuerst darauf konzentrieren, mit Ld3 und Bauernvormarsch im Zentrum einen Königsflügelangriff aufzubauen, wird die letzte Schlacht womöglich auf dem Damenflügel geschlagen. Zum Beispiel: Ein Hauptthema im Colle ist die Vorbereitung und Durchführung von e3-e4. Falls der Gegner e4-e5 zuläßt, führt der weiße Raumvorteil - manchmal in Verbindung mit dem klassischen Läuferopfer auf h7 - zu einem Mattangriff. Falls Schwarz jedoch - wie es häufig passiert - mit d5xe4 und c5xd4 die Zentrumsbauern abtauscht, hat Weiß die Majorität auf dem Damenflügel. Und daraus kann ein Freibauer werden, mit dem der Anziehende das Endspiel gewinnt.

Natürlich ist das alles keine Garantie für ein leichtes Leben während der Partie, aber es ist angenehm für einen Colle-Spieler, daß er aus einer Vielzahl von interessanten Vorgehensweisen in der Eröffnung wählen kann, die alle nicht zu wild und schwer zu erlernen sind, daß es Möglichkeiten für brillante Kombinationen im Mittelspiel gibt und daß er bis in's Bauernendspiel hinein seinen Weg zum Sieg planen kann".

KEN SMITH:

„Sie fassen einen Bauern an und schieben ihn mit großem Vertrauen nach:

1. d4

Ihr Gegner antwortet mit:

1. ...   d5

Er sagt sich im Stillen, daß Sie als Anziehender unmöglich seine Lieblingsverteidigung im Damengambit kennen können. Ich habe die Wahl; Angenommenes Damengambit, oder im Abgelehnten Damengambit der Albin- Gegenangriff, Tschigorin, Cambridge Springs, die Lasker-Verteidigung, Manhattan-Variante, Orthodox, Ragosin, Tarrasch, Tartakower, Wiener Verteidigung, Slawischer oder Halbslawischer Aufbau. Ich, Schwarz, werde entscheiden.

Aber er irrt sich, denn Sie spielen:

2. Sf3

und nach der Antwort:

2. ...   Sf6

denkt Schwarz immer noch, daß sich eine der oben angegebenen Varianten entwickeln wird.

3. e3!

Jetzt haben Sie die Herrschaft über die Eröffnung, das Colle-System.

(Szenenwechsel)

Sie setzen sich an's Brett, Ihr Gegner drückt auf die Uhr.

1. d4   Sf6

Er ist auf Nimzoindisch, Damenindisch, Bogoljubow, Grünfeld, Königsindisch, Alt-indisch, Benoni, Wolgagambit oder Budapester Gambit eingestellt.

2. Sf3

Jetzt muß er Farbe bekennen, aber es ist Ihnen gleich, was er wählt, denn es ist gar keine Wahl, da Sie ihm Ihre Eröffnung, den Anti-indischen Colle-Aufbau (s. Kapitel 14)

oder die Colle-Spezialvariante mit
Le2 und Vormarsch auf dem
Damenflügel (siehe Kapitel 13)
aufzwingen werden. Entscheiden
Sie sich für eine Variante.

Von der Eröffnung bis in's Mit-
telspiel können Sie sagen: „Wir
spielen meine Eröffnung - Colle -
und darin kenne ich mich so gut aus
wie irgend jemand in der Welt - oder
vielleicht etwas besser."

KAPITEL ZWEI

EINFÜHRUNG IN BEIDE SYSTEME

„Das Colle-System ist eine druck-volle Eröffnung für den Anziehen-den. Jeder Spieler beherrscht den zugrundeliegenden, einfachen und geradlinigen Plan nach kurzem Studium. Meisterspieler, sogar einige Großmeister, spielen diese Eröffnung, weil sie in ein viel-versprechendes Mittelspiel führt, statt frühe Vereinfachungen mit Remistendenz zuzulassen. Weiß be-setzt das Zentrum, entwickelt seine Figuren, bringt seinen König in Sicherheit und behält wegen seines Anzugsvorteils einen leichten Vor-teil. Darin liegt das Paradoxe: In der Eröffnung ist die Stellung nicht weit vom Ausgleich entfernt, aber der Mittelspielplan bringt - falls er kor-rekt ausgeführt wird - Vorteil für Weiß. Weil der Nachziehende in der Eröffnung keine großen Probleme hat, werden die Colle-Anhänger seit mehreren Generationen bei der Stellungsbeurteilung in Theorie-werken mit Gleichheitszeichen bombardiert. Einer der Gründe dafür liegt vielleicht in dem begrenzten Raum, der in diesen Eröffnungsbüchern detaillierten Einschätzungen gewidmet wird. Ein anderer Grund ist, daß Schwarz in vielen Beispielen der deutlich stärkere Spieler war und seinen Gegner einfach überspielt hat. Die stärkeren Spieler unter den Lesern dieses Buches verweise ich auf die jüngsten Beispiele der Großmeister Jusupow, Olafsson, Torre, Kovacevic und Milorad Knezevic und des IM Dan Cramling.

Den schwächeren Spielern unter Ihnen kann ich versichern, daß es keine Methode gibt, mit der Schwarz Vorteil oder auch nur ein völlig ausgeglichenes Spiel gegen Sie erhalten kann."

Ken Smith

„Das Colle-System ist ein täuschend ruhig aussehendes Angriffssystem, das zuerst von dem flämischen Schachmeister Edgar Colle und - nach dessen Tod - von George Kol-tanowski detailliert untersucht wor-den ist. Die Hauptstrategie von Weiß ist die schnelle Entwicklung hinter einer soliden Zentrumsstruk-tur, die aus den Bauern d4 und e3 besteht. Der weiße Königsspringer zieht immer nach f3, der Damen-springer nach d2 und der Königsläufer nach d3. Nach der Rochade wird Weiß dann nor-malerweise versuchen, mit e3-e4 im Zentrum durchzubrechen, wonach die e-Linie geöffnet wird und der schwarzfeldrige Läufer auf der Diagonale c1-h6 entwickelt werden kann. Diese Faktoren begünstigen einen starken Königsangriff, be-sonders, wenn Schwarz im frühen

17

Eröffnungsstadium zu routinemäßig spielt. Der Nachziehende kann verschiedene Verteidigungsformationen einnehmen, sowohl klassische als auch hypermoderne. In der typischen klassischen Verteidigung zieht Schwarz seinen d-Bauern nach **d5**, um das thematische **e3-e4** zu erschweren, außerdem übt der Nachziehende normalerweise mit einem Bauern auf **c5** Druck auf den weißen Bauern **d4** aus.

John Hall

Wir werden Ihnen jetzt die grundlegenden Züge des Colle-Systems vorstellen.

1. d4

Besetzt **d4** und übt Einfluß auf **e5** und **c5** aus.

1. ... d5

Aus den gleichen Gründen zieht Schwarz seinen d-Bauern zwei Felder vor.

2. Sf3

Ich weiß, daß Sie das Colle-System spielen werden, Sie wissen, daß Sie es spielen werden - aber Ihr Gegner weiß es nicht, wenn Sie **2.Sf3** spielen. Daher empfehlen wir Ihnen diesen Zug anstelle von **2.e3**. Damit verraten Sie Ihre Absicht noch nicht, bevor Schwarz seinen zweiten Zug ausgeführt hat.

Außerdem bewahren Sie sich mit **2.Sf3** die Möglichkeit, gegen die Königsindische Verteidigung (1.d4 Sf6 2.Sf3 g6) 3.Lg5 zu spielen (Antiindischer Colle-Aufbau), daher sollten Sie also vermeiden, mit **2.e3**

Ihren schwarzfeldrigen Läufer zu früh einzuschließen.

2. ... Sf6

Zugumstellungen mit 2. ...e6 oder auch 2. ...c5 sind auch häufig zu sehen. Auf 2. ...Lf5 spielt Weiß 3.c4 nebst Db3, um die durch die frühzeitige Entwicklung des weißfeldrigen Läufers hervorgerufene Schwächung des schwarzen Damenflügels auszunutzen.

Auch 2. ...Sc6 ist ungewöhnlich. Dieser Zug ist etwas schwächer, weil er den schwarzen c-Bauern blockiert. Ein lehrreiches Beispiel dafür bietet die Beispielpartie #28.

3. e3

Spielbar ist auch **3.c3**, wonach Weiß noch die Möglichkeit hat, **4.Lg5** zu spielen, bevor er diesen Läufer durch **e2-e3** (natürlich nur für eine gewisse Zeit, da Weiß sowieso bald e3-e4 spielen wird) einsperrt.

3. ...   **e6**

Für 3. ...**Lf5** ist es immer noch zu früh. Nach 4.**c4**, gefolgt von **Db3** mit Druck auf **b7** und **d5** steht Weiß besser (Kapitel 4).

4. Ld3

Andere Möglichkeiten:

1) 4.**Se5** (Weiß versucht, einen Springer auf **e5** festzusetzen. Dieser Versuch kommt jedoch zu früh, um Erfolg zu haben, da Schwarz noch keinen fundamentalen Fehler gemacht hat.) 4. ...**Sbd7** 5.**f4 Sxe5** 6.**fxe5 Se4** 7.**Df3 f5** 8.**Sd2 Dh4+** 9.**g3 Dh6** 10.**Sxe4 fxe4** 11.**Df4 Dxf4** 12.**exf4 Le7** mit Ausgleich, **Sultan Khan-Voellmy, Bern 1932.**

2) 4.**Le2** (Harmlos.) 4. ...**c5** 5.**0-0 Sc6** 6.**a3 Ld6** 7.**dxc5 Lxc5** 8.**b4 Ld6** 9.**Lb2 0-0** 10.**c4 dxc4** 11.**Lxc4 e5**, ebenfalls mit Ausgleich, **Blackburne-Pillsbury, London 1899.**

3) 4.**b3** (Weiß bringt seinen schwarzfeldrigen Läufer auf die lange Diagonale, der „normale" Colle-Aufbau sieht die Entwicklung dieser Figur auf der Diagonalen c1-h6 vor. Siehe Colle - Zukertort.) 4. ...**c5** 5.**Lb2 Sc6** 6.**Sbd2 cxd4** 7.**exd4 Da5** 8.**a3 Se4** 9.**Ld3 Sxd2** 10.**Sxd2 Le7** 11.**0-0 Ld7** 12.**Sf3 0-0** 13.**Te1** mit leichtem Vorteil für Weiß, da er über die offene e-Linie verfügt und einen Springer auf dem Vorpostenfeld **e5** etablieren kann, **Rossetto-Karaklajic, Belgrad 1962.**

4) 4.**Sbd2 c5** und jetzt:

4a) 5.**Se5 Sc6** 6.**Lb5 Db6** 7.**c4 Ld6** 8.**Da4 Ld7** 9.**Sxd7 Sxd7** mit unklarem Spiel, **Sultan Khan-Maroczy, London 1932.**

4b) 5.**a3 Sbd7** 6.**dxc5 Lxc5** 7.**b4 Le7** 8.**Lb2 0-0** 9.**c4 b6** (Auf 9. ...**dxc4** erhält Weiß mit 10.**Sxc4** die Kontrolle über **e5** und damit leichten Vorteil) **Rubinstein- Capablanca, Berlin 1928.**

4c) 5.**c3**, und nun:

4c1) 5. ...**Sbd7** 6.**Se5!?** **Sxe5** (Die Enzyklopädie der Schacheröffnungen empfiehlt 6. ...**Ld6!?**) 7.**dxe5 Sd7** 8.**f4 f6** 9.**Ld3 g6** (Es drohte 10.**Dh5+**.) 10.**exf6 Dxf6** 11.**e4**, **Bisguier-Lombardy, New York 1957/58**, mit kompliziertem Spiel - Schwarz sollte den f-Bauern nicht schlagen, da Weiß eine starke Initiative erhält: 11. ...**Dxf4** 12.**Sf3**.

4c2) 5. ...**b6?!** 6.**Lb5+!** **Sbd7** (Nicht jedoch 6. ...**Ld7** 7.**Ld3!**, und der schwarze Damenflügelläufer ist von seinem besten Feld [b7] weggelockt, von wo aus er das wichtige Feld e4 kontrollieren würde.) **7.Se5 Ld6 8.f4 Lb7 9.0-0 a6 10.La4 De7 11.Df3 Lxe5 12.fxe5 Se4 13.Sxe4 dxe4 14.Dg4 0-0 15.Lc2**, die weiße Stellung ist vorzuziehen, da der schwarze e-Bauer und der Königsflügel verwundbar sind, **Riumin-Rabinowitsch, Moskau 1935.**

4c3) 5. ...Sc6 und jetzt:

4c3a) 6.Se5!? Sxe5 7.dxe5 Sd7 8.f4 f6 9.Ld3 (Jetzt ist eine Stellung aus der Partie Bisguier-Lombardy [4c1] entstanden.) **9. ...g6 10.exf6**, und jetzt wich Schwarz in der Partie **Wahltuch-Aljechin, London 1922**, mit **10. ...Sxf6** ab, und nach **11.Sf3 Lg7 12.0-0 0-0 13.De2 Db6** einigte man sich bald auf Remis. **11.e4!** anstelle von **11.Sf3** ist jedoch viel stärker und beschert dem Anziehenden positionellen Vorteil.

4c3b) 6.Lb5 Db6 (Spielbar ist auch **6. ...Dc7 7.Se5 Ld6 8.f4 Se4!?** wie in der Partie **Sultan Khan-Tartakower, Matchpartie 1931.**) **7.De2 Ld6 8.Se5 Lxe5** (8. ...0-0 ist O.K.) **9.dxe5 Sd7 10.f4 0-0 11.Ld3 Se7 12.Sf3 f6 13.exf6 Sxf6 14.0-0 Ld7 15.c4 Le8 16.Se5 Sc6** mit gleichen Chancen, **Tartakower-Euwe, Wien 1921.**

4. ...   c5

Schwarz drückt auf den Bauern **d4**, um die Durchführung der weißen Pläne im Zentrum zu behindern.

In dieser Stellung (oder einer ähnlichen) muß Weiß sich zwischen zwei Zügen entscheiden:

5.c3 - Colle-Koltanowski-System

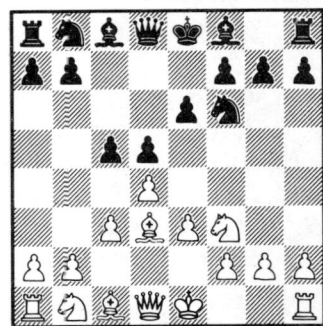

Dieses System ist im Prinzip eine Slawische Verteidigung mit vertauschten Farben und einem Extrazug für Weiß. Wegen dieses Mehrtempos kann Schwarz sich nicht an die Variante halten, die in der „normalen" Slawischen Verteidigung am günstigsten ist.

5.b3 - Colle-Zukertort-System

Mit diesem Zug wählen Sie ein Motiv, das dem Larsen-Nimzowitsch-Angriff ähnlich ist.

Welcher Zug ist besser?
Mit einigen neuen Schlüsselzügen und Ideen, die wir Ihnen in diesem Buch präsentieren - in Verbindung mit der existierenden Theorie empfehlen wir Ihnen beide! Sehen Sie sich beide Systeme an und wählen die Variante aus, die am besten zu Ihrem Stil und Ihren Vorlieben paßt.

KAPITEL DREI

GESCHICHTE DES COLLE-SYSTEMS

Cook sagt in seinem Buch „The Evolution of The Chess Openings" (Die Entwicklung der Schacheröffnungen, Bristol 1906) über 1.d4 d5 2.e3 e6 3.Sf3 Sf6 4.Ld3 Folgendes: „Diese Zugfolge scheint aus den Partien Potter - Zukertort und Potter - Blackburne, 1875/6 zu stammen." Über 1.d4 d5 2.Sf3 sagt er: „Ein Zug, der zuerst im Jahre 1880 gespielt worden ist, und der in viele ältere Varianten überleitet, z.B. 2. ...Sf6 3.e3 e6."
Über William N. Potter, der ein Pionier der Schacheröffnungen war, sagte Emanuel Lasker in seinem „Manual" (Leitfaden), er habe einen großen Einfluß auf Steinitz gehabt. Potter verlor einen Wettkampf gegen Zukertort am Ende des Jahres 1875. Eine der Partien (im November gespielt) endete nach der Eröffnung 1.d4 d5 2.e3 Sf6 3.Ld3 e6 4.Sf3 c5 5.0-0 Sc6 6.a3 Ld6 7.Sc3 b6 8.b3 0-0 9.Lb2 Lb7 im 40. Zug mit Remis. Die weißen Züge 5 bis 7 hatten wenig mit dem Colle-System zu tun, aber Schwarz hat eine Art Colle-Zukertort-Aufbau gewählt. Zu dieser Zeit hat Zukertort selbst diese Eröffnung noch nicht gespielt; er hat erst einige Jahre später damit angefangen. In einer der Matchpartien im Dezember 1875 hat Potter eine ähnliche Aufstellung eingenommen, allerdings mit Le7 statt Ld6: 1.e3 e6 2.Sf3 b6 3.d4 Lb7 4.Le2 Sf6 5.0-0 Le7 6.c4 0-0 7.Sc3 d5 8.b3 (1-0 nach 35 Zügen).

Es besteht kein Zweifel, daß Potter's Partien viel zu Zukertort's Interesse am Colle-Zukertort-System beigetragen haben. Der Colle-Koltanowski-Aufbau wurde erst später, im ausgehenden 19. Jahrhundert, „erfunden".

Die Lehren, die aus früheren Partien gezogen wurden, trugen zum Verständnis des Colle-Systems in seiner heutigen Form bei. Sie erleuchteten die nachfolgenden Generationen und werden auch für zukünftige Generationen wichtig sein. Verfolgen Sie in diesem Kapitel die Entstehungsgeschichte der Eröffnung, und erfreuen Sie sich an einigen Informationen über die Männer, die diese ersten Partien gespielt haben.

DIE WICHTIGSTE FRÜHE PARTIE

Diese Partie der ersten Stunde hat die Aufmerksamkeit der Schachwelt erregt, und zwar nicht nur, weil Weiß gewann, sondern weil sie von einem Spieler von Weltklasseformat gespielt wurde. Sein Name war Rudolf Charousek, er erblickte im Jahre 1873 in Böhmen das Licht der

Welt, wuchs aber in Ungarn auf. Im Alter von 23 Jahren teilte er sich nach hervorragendem Spiel im Turnier von Budapest 1896 den ersten Platz mit Tschigorin. In Berlin 1897 landete er in einem sehr starken Teilnehmerfeld allein auf dem ersten Platz. Die meisten unserer Leser werden wohl noch nie von ihm gehört haben, auch das Buch von P.W. Sergeant „Charousek's Schachpartien" werden sie wohl noch nicht gelesen haben. Die kurze Karriere dieses begabten Spielers wurde von seiner Krankheit (Tuberkulose) behindert, woran er im Jahre 1900 im Alter von 26 Jahren starb.

COLLE-KOLTANOWSKI-SYSTEM
Charousek - Suchting
Berlin 1897

1. d4	d5
2. e3	Sf6
3. Sf3	c5
4. c3	e6
5. Ld3	Sc6
6. 0-0	Ld6
7. Sbd2	

Die Colle-Entwicklung ist beendet. Die folgenden Kommentare basieren auf Angaben von P.W. Sergeant und T.D. Harding, denen unser Dank gebührt.

7. ...	e5

Dieser Durchbruch kommt zu früh. Es ist aber nicht einfach, die Voreiligkeit zu bestrafen. Welcher Bauer soll getauscht werden, und welcher Weg ist danach einzuschlagen?

8. dxc5	Lxc5
9. e4!	d4

Schwarz hätte 9. ...dxe4 spielen sollen. Danach gibt 10.Sxe4 Sxe4 11.Lxe4 dem Anziehenden nur einen kleinen Vorteil (der auf der Damenflügelmajorität und dem Druck gegen den schwarzen e-Bauern beruht).

10. Sb3	Lb6
11. cxd4	exd4
12. e5!	Sd7
13. Lg5	Dc7
14. Tc1	0-0
15. Te1	

Hält den starken e-Bauern bei gleichzeitiger Entwicklung.

15. ...	Te8
16. Lf4	Dd8

17. Sg5!	Sdxe5

Schwarz muß den angebotenen e-Bauern nehmen. Falls stattdessen **17. ...Sf8 18.Dh5 g6 19.Dh6**, so entscheidet die Drohung **20.Se4** nebst **21.Sf6+**, und auf **17. ...h6 18.Sxf7 Kxf7 19.Lc4+ Kf8** gewinnt Weiß mit **20.Df3** und der Drohung **21.Lg5+**.

Falls Sie denken sollten, daß die Partie schon vorbei ist, so irren Sie sich. In der Eröffnung besser zu stehen, heißt nur, daß Sie sich in Mittel- und Endspiel noch anstrengen müssen, um zu gewinnen. Ihr Gegner - besonders, wenn er ein sehr starker Spieler ist - kann noch Ressourcen finden, von denen Sie vielleicht noch nicht einmal geträumt haben.

18. Dh5	h6
19. Lh7+	Kf8
20. Le4!	Lg4
21. Dh4	hxg5
22. Dh8+	Ke7
23. Lxg5+	Kd7
24. Dxg7	Tg8

Der Nachziehende stellt sich nicht tot.

25. Lxc6+	bxc6
26. Lxd8	Txg7

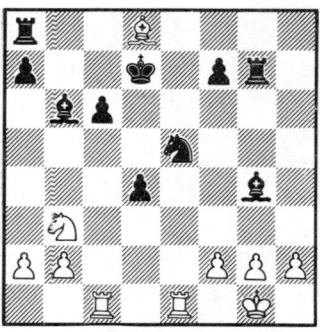

27. Lf6!

Aber nicht **27.Lxb6?**, weil Schwarz danach mit **27. ...Sf3+!** gewinnt.

27. ...	Sd3
28. Lxg7	Sxe1
29. Txe1	c5

Weiß hat einen Bauern mehr, aber das schwarze Läuferpaar und die mobilen schwarzen Zentrumsbauern machen den Rest der Partie sehr lehrreich.

30. Lf6	Te8
31. Txe8	Kxe8
32. f3	Lf5

Besser war **32. ...Le6,** wonach Weiß die korrekte Antwort **33.Kf1!** finden muß, denn **33.Sc1? d3 34.Lc3 c4+ 35.Kf1 Le3** ist alles andere als lustig für den Anziehenden.

33. Sd2	Kd7
34. Sc4	Ke6

Schwarz verläßt sich darauf, daß das entstehende Endspiel mit den ungleichfarbigen Läufern Remis sein muß.

35. Sxb6	axb6
36. Ld8	b5
37. a3	c4?

Besser 37. ...Kd5.

38. La5	Lc2
39. Ld2	f5

Es wäre besser gewesen, mit diesem Zug noch zu warten, denn dann hätte Weiß härter um Freibauern auf dem Königsflügel kämpfen müssen.

40. Kf2	Ld3
41. g4	Kf6
42. Kg3	Kg6
43. h4	fxg4
44. fxg4	Le2
45. h5+	Kh7
46. Kh4	Ld1
47. g5	Kg7?

Welch tapferen Kampf hat Schwarz hinter sich! Mit diesem Zug wirft er seine besten Remischancen weg. Korrekt war 47. ...Lc2, danach macht 48.g6+ Lxg6 49.hxg6+ Kxg6 50.Kg4 c3 nur Remis, da der weiße Läufer nicht die richtige Farbe hat, um die Umwandlung des Randbauern zu erzwingen.

48. g6	Kf6
49. Lg5+	Kg7
50. Le7!	

Schwarz gibt auf.

Auf **50. ...d3** folgt **51.Lb4**, und **52.Kg5** ist nicht mehr zu verhindern, da **51. ...Kh6** sich wegen **52.Lf8 matt** verbietet.

Diese Partie hatte Einfluß auf den jungen Aljechin, der das Colle-Koltanowski- System im Jahre 1908 gespielt hat (siehe Beispielpartie #1). Außerdem möchten wir erwähnen, daß Charousek's Partie im Geburtsjahr von Colle gespielt worden ist und Aljechin's, als Colle elf Jahre alt war. Zweifellos haben beide Partien Colle bei der Entwicklung seines Systems beeinflußt.

COLLE'S BESTE PARTIE

Unsere Eröffnung trägt den Namen von Edgar Colle, der am 18. Mai 1897 geboren wurde und am 20. April 1932 starb. Dieser Belgische Meister erzielte viele brillante Siege mit seiner Eröffnung, selbst dann, wenn seine starken Gegner wußten, was er spielen würde und sich daher vorbereiten konnten.
Reinfeld schrieb in „Colle's Chess Masterpieces" (Schach-Meisterstücke):

„Edgar Colle gehört zu den Spielern (wie Morphy, Pillsbury, Charousek, Breyer und Noteboom), an denen immer ein Rest von strahlender und unwandelbarer Unsicherheit haftenbleiben wird, weil sie vor dem Gipfel ihrer Blütezeit gestorben sind... Colle war besonders bekannt für seinen angriffslustigen, brillanten Stil und ihm gebührt ein Platz in der langen Reihe der herausragenden Taktiker - Anderssen, Tschigorin, Aljechin, Spielmann, Bogoljubow, um nur die berühmtesten unter ihnen zu erwähnen."

Er beherrschte sowohl das Colle-Koltanowski-System (seine Lieblingsvariante) als auch das Colle-Zukertort-System meisterhaft, mit beiden kam er oft zu prächtigen Königsflügelangriffen. Er starb im Alter von 34 Jahren nach einer Magengeschwür-Operation.

Der bewegendste Nachruf wurde von Hans Kmoch geschrieben und erschien in der Wiener Schachzeitung:

„Es gibt viele geniale Schachspieler, es gibt viele gute Journalisten, es gibt viele nette Menschen - aber ein Mann, ein Kollege, ein Freund wie Colle ist unter Tausenden nicht zu finden.

Ich kannte ihn genau sieben Jahre lang, seit einem Turnier in Baden-Baden im Jahre 1925. Von diesem Zeitpunkt an trafen wir uns bei unzähligen Schachereignissen, und meine Bewunderung für ihn wuchs mehr und mehr. Während all' dieser Turniere sah, hörte und erfuhr ich vieles. Im Kampf um Geld und Ruhm, um Ehre und Vollendung schließen auch die Besten Kompromisse und geben ihrem Selbsterhaltungstrieb nach. Aber nicht so Colle: Für ihn war das unmöglich. Seine Höflichkeit, seine Freundlichkeit und seine ritterliche Selbstlosigkeit mußte er nicht erwerben, sie waren ihm angeboren. Er blieb Kavalier im Sieg und in der Niederlage.

Der arme Colle war krank - ich habe ihn niemals anders gesehen. Sein brillanter Verstand und sein sonniges Gemüt waren an einen schwachen, blutleeren kleinen Körper gefesselt, der immer vor Kälte zitterte und sich vor Schmerzen krümmte. Er war selten in der Lage, irgendeine vernünftige Nahrung zu sich zu nehmen. Und in diesem Zustand spielen? Colle spielte. Er beschwerte sich niemals; ich hörte nie, daß er seine Krankheit als Entschuldigung benutzte. Im Gegenteil pflegte er uns zu versichern, daß er sich recht wohl fühle; und wenn er verlor, erklärte er immer ausdrücklich, er habe schlecht gespielt. Und das, während er normalerweise in ärztlicher Behandlung war!

Colle war nicht sentimental. Er ertrug seine Leiden als etwas ziemlich Privates und weniger Wichtiges. Er bat nie um besondere Rücksichtnahme, war immer guter Laune und in Gesellschaft immer ein munterer Kamerad; am Brett jedoch war er ein unbarmherziger Kämpfer, der von einem Gefühl für Pflicht und Sportlichkeit geleitet wurde. Alle seine Partien waren hart umkämpft und sehr lang; schwierige und ermüdende Partien waren ein Teil seines Stils. Nur seine erstaunliche Willenskraft half ihm, diese Partien zu überstehen. Sein Geist beherrschte seinen Körper."

Sehen wir uns jetzt Colle's brillanteste Partie an. Er bevorzugte das Colle-Koltanowski-System mit dem Bauern auf **c3** und dem Durchbruch **e3-e4**, zuweilen experimentierte er jedoch mit dem:

COLLE-ZUKERTORT-SYSTEM

Colle - Grünfeld, E.
Schönheitspreis
Berlin 1926

1. d4	Sf6
2. Sf3	e6
3. e3	b6

Die Damenindische Verteidigung wird von der Theorie für eines der besten Systeme für Schwarz gegen die Colle-Eröffnung gehalten.

4. Ld3	Lb7
5. Sbd2	

Das hindert Schwarz daran, einen starken Vorpostenspringer auf **e4** zu etablieren. Nach **5.0-0?** z.B. folgte in der Partie **Kuptschik-Capablanca, Lake Hopatcong 1926**, **5. ...Se4! 6.c3 Le7 7.Sbd2 f5** mit schönem Spiel für den Nachziehenden.

5. ...	c5

Schwarz möchte Gegenspiel auf der c-Linie einleiten und durch den Druck auf den weißen d-Bauern den thematischen Vorstoß **e3-e4** erschweren.

6. 0-0	Le7

Schwarz entwickelt zunächst seinen Königsflügel und läßt sich am Damenflügel noch mehrere Möglichkeiten offen.

7. b3	

Dieser Zug leitet das Colle-Zukertort-System ein. Im normalen Colle verläßt Weiß sich auf **e3-e4**, um seinen schwarzfeldrigen Läufer anschließend auf der Diagonale **c1-h6** zu entwickeln.

7. ...	cxd4

Das Öffnen der c-Linie ist nicht schlecht, vorsichtiger war aber einfach **7. ...0-0** (einige unserer Bemerkungen basieren auf Analysen von Fred Reinfeld).

8. exd4

Die Schattenseite des siebten Zuges: Weiß kann die wichtige e-Linie ausnutzen.

8. ...   **d6**

Eine positionell gute Idee; nach dem routinemäßigen **8. ...d5** hätten die schwarzen Leichtfiguren keinen Zugang mehr zu **d5**.

9. Lb2

Beachten Sie aber die (verborgene) Reichweite dieses Läufers.

9. ...   **Sbd7**

9. ...Sc6 würde sowohl die lange Diagonale als auch die c-Linie blockieren.

10. c4

Weiß hindert den Springer **f6** daran, das Feld **d5** zu nutzen.

10. ...   **0-0**
11. Tc1

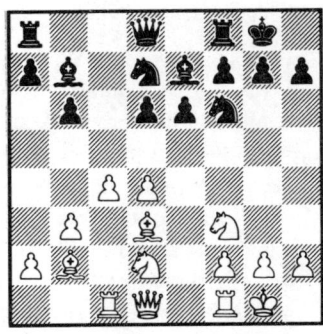

Colle bemüht sich um volle Mobilisierung seiner Truppen, bevor er Angriffsversuche unternimmt.

11. ...   **Te8**

Ein verstärkender Zug, der **...Sf8** ermöglicht, falls es nötig werden sollte. Auch **...e6-e5** wird vielleicht irgendwann spielbar sein, falls Weiß die Stellung schlecht behandelt.

12. Te1

Jetzt ist Weiß vollständig und harmonisch entwickelt, so daß er versuchen kann, die Initiative an sich zu reißen.

12. ...   **Dc7**

Besser war vielleicht **12. ...Tc8** nebst **...Tc7** und **...Da8**, womit Schwarz gegenüber der Partiefortsetzung zwei Tempi sparen würde.

13. De2

Besser als **13.Dc2**, wonach Weiß nicht **14.Sf1** spielen könnte, ohne **14. ...Lxf3 15.gxf3** zuzulassen, was die Königsflügelbauern ernsthaft schwächen würde.

13. ...   Tac8

Schwarz versucht, seine Entwicklung zu vervollständigen.

14. Sf1

Ein gutes Manöver, mit dem der Springer auf den Königsflügel überführt werden soll.

14. ...   Db8

Schwarz beeilt sich, seine Dame nach **a8** zu überführen, um auf der langen Diagonale maximalen Druck auszuüben; dieses Manöver wurde von einem der hervorragenden ,,hypermodernen'' Meister, Richard Reti, in die Schachwelt eingeführt.

15. Sg3

Jetzt zielen alle weißen Leichtfiguren auf den schwarzen König - ein unheilverkündendes Zeichen für Schwarz.

15. ...   Da8

Das sieht gut aus, da eine empfindliche Schwächung des weißen Königsflügels mit **16. ...Lxf3** droht.

16. Sg5!

Eine ausgezeichnete Antwort Jetzt kann Weiß auf **16. ...Lxg2 17.d5! exd5 18.Sf5!** spielen, falls **18. ...Ld8**, so **19.Dxe8+! Sxe8 20.Txe8+ Sf8 21.Sh6+! gxh6 22.Sxh7** matt, und auf **18. ...Lf8** spielt Weiß das wunderschöne **19.Dh5!! g6** (19. ...Sxh5 20.Sh6+ gxh6 21.Lxh7 matt) **20.Sh6+ Lxh6 21.Dxh6 Le4 22.Sxh7! Lxd3 23.Sxf6+ Sxf6 24.Lxf6,** und das Matt ist nicht mehr zu verhindern.

16. ...   g6?

Schwarz provoziert das folgende Opfer geradezu, weil er glaubt, es sei ungesund; dringend geboten war **16. ...Sf8** oder auch **16. ...Lf8.**

17. Sxf7!

Ein Opfer, das die schützende schwarze Bauernkette zerstört und die beiden Läufer auf ihren Diagonalen kraftvoll in's Geschehen eingreifen läßt.

17. ...   Kxf7

Schwarz hat keine Wahl.

18. Dxe6+   Kg7

Auf 18. ...Kf8 spielt Weiß 19.d5!, und nach z.B. 19. ...Sc5 20.De3 Sxd3 21.Dxd3 Tc7 22.Df3 Kg7 23.Txe7+! Texe7 24.Dxf6+ Kg8 (24. ...Kh6 25.Dh4 matt.) 25.Dh8+ Kf7 26.Dxh7+ Ke8 27.Dxg6+ Kd7 28.Sf5, steht Schwarz „platt". Auf 21. ...Sd7 (anstelle von 21. ...Tc7) spielt Weiß 22.Te6! Sc5 23.Dd4 Sxe6 24.dxe6, und das Matt ist nicht mehr zu verhindern.

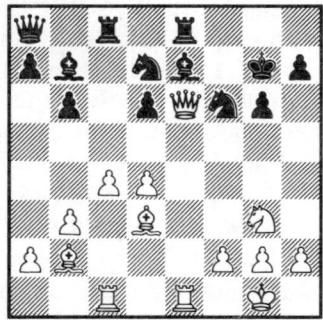

19. d5!

Ein „ruhiger" Schlüsselzug, der die lange Diagonale a8-h1 schließt und gleichzeitig die Diagonale des Läufers auf b2 öffnet.

19. ...   Sc5

Schwarz scheint zu überleben, da nach 20.De3 Sxd3 21.Dxd3 Tc7 22.Df3 Tf8 die Stellung hält.

20. Sf5+!!

Eine schreckliche Überraschung für den Nachziehenden.

20. ...   Kf8

Nach 20. ...gxf5 gewinnt Weiß mit 21.Dxf5 Sxd3 22.Txe7+! Txe7 23.Dxf6+ Kg8 24.Dxe7 Sxb2 25.Tc3, und das Matt folgt auf dem Fuße.

21. De3!

Noch ein prachtvoller Schlag, jetzt droht 22.Dh6+ und 23.Dg7 matt.

21. ...   gxf5

Auf 21. ...Sg8 beendet Weiß die Partie wunderschön mit 22.Lg7+! Kf7 23.De6+!! und Matt im nächsten Zug, und 21. ...Sg4 wird mit 22.Df3 beantwortet.

22. Dh6+   Kf7

Nach 22. ...Kg8 gewinnt Weiß mit 23.Lxf5 oder 23.Te3 f4 24.Lxh7+!.

23. Lxf5!

Der Textzug ist effektiver als 23.Txe7+ Txe7 24.Dxf6+ Ke8.

23. ...   Lxd5

Schwarz hofft verzweifelt, daß dieses Gegenopfer ihm ein wenig Luft verschaffen möge. Falls stattdessen 23. ...Scd7, so ist 24.Le6 matt, und auf 23. ...Ld8 folgt 24.Lxh7 Th8

(24. ...Sxh7 25.Dg7 matt) **25.Dg6+
Kf8 26.Lxf6 Lxf6 27.Dxf6 matt.**

24. Txe7+!

Wegen der Opferkaskade des An-
ziehenden verdient diese Partie den
Schönheitspreis, den Colle dafür er-
halten hat.

24. ...	Txe7
25. Dxf6+	Ke8
26. Dh8+	

Der Rest ist einfach.

26. ...	Kf7
27. Lxc8!	

Weiß gewinnt Material, nach z. B.
27. ...Le6 gewinnt Weiß mit
28.Lxe6+ und **29.Dxa8** die Dame,
auf **27. ...Lxg2** folgt **28.Dg7+ Ke8
29.Dg8 matt.**
Schwarz gibt auf.

GEORGE KOLTANOWSKI

„Nachdem Colle gestorben war,
fuhr ich fort, zu Ehren von Edgar
Colle das Colle-System zu spielen,
und mit wachsender Erfahrung und
Praxis konnte ich einige wichtige
Varianten und Ideen entwickeln." -
Auszug aus Koltanowski's „With
the Chess Masters" (Mit den
Schachmeistern).
Was für eine Untertreibung! Wenn
Koltanowski diese Eröffnung nicht
fast siebzig(!) Jahre lang gespielt,
sie gelehrt und darüber geschrieben
hätte, wäre das Wort „System" nie-
mals an Colle's Namen angehängt
worden. Möge von nun an die
Hauptvariante (Weiß spielt c3) nur
noch als Colle-Koltanowski-System
bezeichnet werden.
George (ich verwende den Vor-
namen, weil er mehr als 43 Jahre
lang mein Freund und Lehrer war -
Ken Smith) wurde im Jahre 1903 in
Belgien geboren. Sein Aufstieg war
schnell und vielversprechend.
Colle, sechs Jahre älter, lebte zur
gleichen Zeit und im gleichen Land.
Die Rivalität zwischen den beiden
machte George zu einem großar-
tigen Turnierspieler. In den Jahren
1923, 1927, 1930 und 1936 gewann
er die Belgische Meisterschaft.
Ende 1938 verließ er Europa und
gab auf seinen Reisen durch Mittel-
und Nordamerika Simultan- und
Blindsimultanvorstellungen. Kurz
nach dem Zweiten Weltkrieg hatten
wir das Glück, daß er sich in den
Vereinigten Staaten niederließ. Er
nahm an drei Olympiaden teil,
zweimal für Belgien (1927 und
1928) und einmal für die USA
(1952). Im Blindsimultanspiel hat er
1937 in Edinburgh einen Welt-
rekord aufgestellt, in dem er an 34
Brettern gleichzeitig blind spielte.
Für seinen Beitrag zum Schachge-
schehen in den USA erhielt er den
Beinamen „Der Dean der
Amerikanischen Schachwelt".

Wenn Sie sich für seine vielen Colle- Partien interessieren, sollten Sie sich sein Buch über diese Eröffnung verschaffen; wir werden nur einige seiner größten Erfolge für dieses Kapitel herauspicken.

COLLE-KOLTANOWSKI-SYSTEM

Koltanowski - Defosse
Schönheitspreis
Belgische Meisterschaft 1936

1. d4	Sf6
2. Sf3	d5
3. e3	e6
4. Ld3	c5

Droht unangenehm **5. ...c4!?**, wonach der weiße Läufer **d3** zum Verlassen der Schlüsseldiagonale **b1-h7** gezwungen wäre; das wichtigste Ziel des Anziehenden im Colle-Koltanowski-System, der Zentrumsdurchbruch **e3-e4** wäre danach nur noch schwer zu verwirklichen.

5. c3

Jetzt kann Weiß auf **5. ...c4?!** einfach mit **6.Lc2** die Kontrolle über **e4** aufrechterhalten. Der Durchbruch **e3-e4** wäre sogar noch effektiver als im Normalfall, weil Schwarz keinen störenden Druck mehr auf den weißen d-Bauern ausübt.

5. ...   **Sc6**

Das klassische Feld für diesen Springer, obwohl **5. ...Sbd7** auch spielbar ist.

6. Sbd2

Kontrolliert das kritische Feld **e4** - der geplante Vorstoß **e3-e4** wird also unterstützt, außerdem kann Schwarz dieses Feld nicht mit seinem Springer besetzen und mit **f7-f5** verstärken.

6. ...   **Ld6**

Schwarz deutet an, daß er **...e6-e5** plant (das Spiegelbild des weißen e3-e4).

7. 0-0	0-0
8. dxc5	

Der Normalzug an dieser Stelle, mit dem Weiß die Isolierung seines d-Bauern verhindert, die nach **8.e4?! cxd4 9.cxd4 dxe4 10.Sxe4 Sxe4 11.Lxe4** fällig wäre.

8. ...	Lxc5
9. e4	

Das Hauptziel der Eröffnung ist erreicht, und der schwarzfeldrige Läufer kann sich auf der Diagonale **c1-h6** bewegen.

9. ...   **Dc7**

Damit Weiß nicht mit **e4-e5** die wichtigste schwarze Verteidigungsfigur, den **Sf6,** vertreiben kann.

10. De2

Die weiße Dame räumt die Grundlinie, um die Türme zu verbinden und das wichtige Feld **e4** zu stärken; nach mehrfachem Abtauschen auf **e4** käme die Dame in eine gute Angriffsstellung (10. ...dxe4 11.Sxe4 Sxe4 12.Dxe4), schließlich möchte Weiß **e4-e5** spielen, falls der Gegner dies zuläßt.

10. ...   **Ld6**

Gegen **e4-e5** gerichtet.

11.Te1

Aber jetzt droht es wieder.

11. ...   **Sg4**

Wiederum verhindert Schwarz **e4-e5** und greift gleichzeitig den h-Bauern an.

12. h3   **Sge5**

Der schwarze Springer fühlt sich wohl auf dem Zentralfeld **e5,** von wo aus er droht, mit **...Sxd3** den wichtigen weißen Läufer **d3** abzutauschen. Koltanowski zeigt jedoch, daß in dieser Stellung

andere Vorteile den des Läuferpaares überwiegen.

13. Sxe5

Weiß tauscht ab, um seine Damenflügelfiguren mit **Sdf3** mobilisieren zu können. In einer Partie **Flohr-Aljechin, Kecskemet 1927,** setzte Weiß stattdessen mit **13.Lc2** fort, um den weißfeldrigen Läufer zu behalten. Schwarz erhielt jedoch zufriedenstellendes Spiel: **13. ...h6 14.Sxe5 Sxe5 15.Sf3 Sxf3+ 16.Dxf3** (Koltanowski).

13. ...   **Sxe5**
14. exd5

Der Kern von Koltanowski's Idee - Weiß zeigt, daß die Vereinzelung des schwarzen d-Bauern schwerer wiegt als der Vorteil des Läuferpaares.

14. ...   **exd5**

Nach **14. ...Sxd3 15.Dxd3** verliert Schwarz einen Bauern.

15. Sf3!

Zunächst möchte Weiß seine Entwicklung schnellstens vervollständigen, um dann den schwachen d-Bauern auf's Korn zu nehmen.

(siehe Diagramm auf der nächsten Seite)

15. ...　　　　Sxf3+

Auf **15. ...Sxd3 16.Dxd3** muß
Schwarz seinen d-Bauern decken:
**16. ...Td8 17.Dxd5 Lh2+ 18.Sxh2
Txd5 19.Te8+.** Auf **16. ...Le6** droht
Weiß mit **17.Sg5** matt und **18.Sxe6.**
Also müßte Schwarz nach **16.Dxd3
Dc4** spielen, aber nach **17.Td1 Dxd3
18.Txd3 Td8 19.Le3** (**19.Txd5?** ver-
liert wegen **19. ...Lh2+.**) **19. ...Le6**
(Nach **19. ...Lf5 20.Td2 Le4
21.Tad1!**, ist der d-Bauer verloren,
nachdem der Springer f3 gezogen
hat und f2-f3 erfolgt ist.) **20.Tad1**
steht Weiß deutlich besser, **Kolta-
nowski-Soultanbeieff, Brüssel
1935.**

16. Dxf3　　Le6

Schwarz muß sich schon auf die
Verteidigung des d-Bauern
beschränken.

17. Le3

Mit dem Ziel, das schöne Zentral-
feld **d4** zu besetzen.

**17. ...　　　　Tad8
18. Lc2**

Räumt die d-Linie, um den d-
Bauern frontal unter Beschuß zu
nehmen, außerdem kann Weiß
später einmal mit **Dd3** matt drohen.

13. ...　　　　b5

In der Hoffnung, mit **...b4** und
...bxc3 die weiße Damenflügel-
struktur schwächen zu können.

19. Ld4

Beachten Sie die bedrohlich auf den
schwarzen König zielenden weißen
Läufer! Jetzt droht **20.Dh5 g6
21.Dh6,** daher möchte Schwarz
einen Läufer abtauschen:

**19. ...　　　　Lc5
20. Tad1**

Um auf **d4** mit dem Turm zurück-
schlagen zu können, der dann auch
schnell auf dem Königsflügel ein-
greifen kann.

**20. ...　　　　b4
21. Le5**

Weiß bereitet eine schöne Kom-
bination vor.

21. ...　　　　Ld6

Auf **21. ...Db6** droht Weiß nach
22.Dg3! sowohl **23.Dxg7** matt als
auch **23.Lc7.**

22. Lxh7+!

Weiß beginnt mit der Zerstörung der schützenden schwarzen Bauernkette.

22. ...	Kxh7
23. Dh5+	Kg8

Auf den ersten Blick sieht die schwarze Stellung sicher aus, aber Weiß hat Schreckliches in petto:

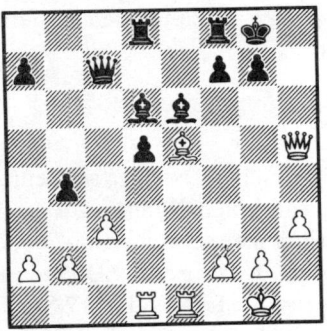

24. Lxg7!!

Die Beseitigung des g-Bauern stellt eine Reihe von Mattdrohungen auf.

24. ...	Kxg7

Auch andere Züge führen zum Verlust: Z.B. **24. ...f6 25.Dh8+ Kf7 26.Lxf8 Lxf8** (26. ...Txf8 gewinnt **27.Dh7+.**) **27.Dh5+ Ke7 28.Dh7+ Kd6 29.Txe6+!**, und Weiß gewinnt die schwarze Dame. Falls **24. ...f5**, so wird **25.Dh8+ Kf7 26.Dh7! Dd7 27.Td3 f4 28.Txd5! Lxd5 29.Ld4 matt.**

25. Dg5+	Kh7

25. ...Kh8 ändert auch nichts mehr am Resultat.

26. Td4

Die Drohung 27.Th4 matt entscheidet, aber Schwarz zögert das Unvermeidliche noch ein wenig hinaus:

26. ...	Lh2+
27. Kh1	Df4

27. ...Lf4 28.Txf4 hilft auch nicht.

28. Txf4	Lxf4
29. Dxf4	Tg8
30. Te5	

Die Hauptdrohung ist **31.Th5+** und **32.Dh6** matt. Auf **30. ...Tg6** gewinnt Weiß mit **31.Dh4+** den Turm **d8**, und nach **30. ...Kg7** ist **31.Dg5+ Kh7** (31. ...Kf8 32.Dxd8+) **32.Df6** mit der Drohung **33.Th5** nicht mehr zu parieren, daher:
Schwarz gibt auf

KAPITEL VIER

ÜBERWINDUNG THEORETI-SCHER HINDERNISSE

SCHWARZ SPIELT FRÜH ...Lf5

In allen Varianten mit ...Lf5 hat Schwarz mühevolle Verteidigungsaufgaben zu bewältigen, falls Weiß korrekt spielt. In den meisten Eröffnungsbüchern wird die Stellung nach wenigen Zügen als ausgeglichen eingeschätzt, dabei scheint man jedoch zu übersehen, daß das Mittelspiel günstiger für Weiß ist. Jedes wichtige Beispiel - von 1930 an bis zu unserer Stammpartie aus dem Turnier in Hastings 1988/89 - zeigt, daß nur Weiß Gewinnchancen hat.

> 1. d4   d5
> 2. Sf3   Lf5
> 3. c4

Weiß kann auch 3.e3 nebst Ld3 spielen, sehen Sie dazu die Beispielpartie #6. 3.c4 stellt den Nachziehenden aber vor größere Probleme.

> 3. ...   e6
> 4. cxd5!

Das ist der Zug, den wir Ihnen empfehlen.

> 4. ...   exd5

Auf 4. ...Dxd5 ist 5.Sc3 deutlich besser für Weiß.

> 5. Db3

Übt sofort Druck auf **d5** und **b7** aus.

> 5. ...   Sc6

Die einzige gute Verteidigung für Schwarz, er bietet den Bauern **b7** an.

> 6. Sc3!

Aber nicht 6.Dxb7, es sei denn, Sie sind mit einem Remis zufrieden (wir wollen mehr), weil darauf 6. ...Sb4 folgt. Jetzt geht 7.Db5+ nicht wegen 7. ...Ld7, und auf 7.Sa3 folgt 7. ...Tb8 8.Dxa7 Ta8 9.Db7, und Schwarz kann mit 9. ...Tb8 remis durch Zugwiederholung erzwingen.

> 6. ...   Lb4

An dieser Stelle kann Schwarz ein eine Falle tapsen. Falls er sich für den verführerischen Zug 6. ...Sb4 entscheidet, spielt Weiß 7.e4! und steht nach 7. ...dxe4 8.Se5 Le6 9.Lc4 Lxc4 10.Dxc4 Sd3+ 11.Sxd3 exd3 12.Db5+ deutlich besser.

7. Lf4

Einfach. Weiß wird e3 spielen, seinen weißfeldrigen Läufer nach e2 oder b5 entwickeln, danach rochieren und mit Tac1 Druck auf der c-Linie ausüben.

7. ...   a5

Schwarz will der Ausführung dieses Planes nicht tatenlos zusehen.

8. a3   a4
9. Dd1   Lxc3+
10. bxc3

Das weiße Zentrum ist sehr stark, und die b-Linie ist offen. Weiß beabsichtigt jetzt, Lb5 und 0-0 zu spielen, dann seinen Springer zu ziehen und schließlich nach f2-f3 mit e3-e4 im Zentrum vorzugehen. Weiß steht besser - siehe Beispielpartie #36, Speelman-Short, Hastings 1988/89.

SCHWARZ SPIELT EIN FRÜHES INDISCHES SYSTEM

Falls Schwarz nach einer Verteidigung gegen das Colle-System sucht, wird er vielleicht im Band 5 der „Enzyklopädie der Schacheröffnungen" nachsehen. Dort wird er eine Variante aus der Partie Koltanowski-Aljechin, Hastings 1936/37 finden, in der Schwarz nach nur dreizehn Zügen großen positionellen Vorteil hatte! Wenn Sie aber Koltanowski's Buch über das Colle-System zu Rate ziehen, bekommen Sie den Eindruck - ohne daß es ausdrücklich gesagt wird - daß die Chancen günstig für den Anziehenden stehen. Das Hindernis, das diese theoretisch wichtige Partie der Anerkennung des Colle-Systems in den Weg legt, muß überwunden werden, bevor wir fortfahren können. Folgende Fragen sind zu beantworten:

Wer hat Recht - die Enzyklopädie oder Koltanowski?

Warum gibt die Enzyklopädie im 13. Zug die Bewertung „Schwarz steht besser", ohne dies mit den richtigen Zügen zu belegen? Der 14. Zug von Aljechin ist die kritische Entscheidung.

Da Koltanowski die Partie eigentlich hätte gewinnen müssen,

muß Aljechin irgendwann vom richtigen Weg abgekommen sein. Wo?

Warum hat Aljechin, einer der größten Spieler aller Zeiten, nicht die richtigen Züge gefunden, falls die Enzyklopädie Recht haben sollte?

Und zum Schluß die wichtigste Frage:
Welchen Weg sollte Weiß einschlagen, um die Einschätzung der Enzyklopädie umzukehren und die besseren Aussichten zu haben?

In diesem Kapitel wollen wir die gestellten Fragen beantworten und Ihnen gleichzeitig einen Eindruck über die Anwendung des Colle-Systems gegen die Indischen Verteidigungen vermitteln (Analysen in einem späteren Kapitel). Wir haben die Erfahrung gemacht, daß nicht nur schwächere, sondern auch starke Spieler konfus werden, wenn Schwarz auf 1.d4 etwas anderes als 1. ...d5 antwortet und Weiß sich deshalb nicht direkt nach dem „Colle-Normal-Plan" entwickeln kann. Schwarz fianchettiert einen Läufer (oder sogar beide) und greift das weiße Zentrum von den Flügeln aus an - und schon gerät Weiß in Panik, obwohl er sich eigentlich freuen sollte, daß sein Gegner nicht direkt im Zentrum aktiv wird. Es gibt mehrere Wege, in die fragliche Partie überzuleiten, einer der

populärsten ist die Benoni-Zugfolge:

BENONI - ZUGFOLGE
im
COLLE - KOLTANOWSKI - SYSTEM

1. d4	Sf6
2. Sf3	c5
3. e3	g6

4. Sbd2	Lg7
5. c3	b6
6. Ld3	Lb7

Durch Zugumstellung haben wir eine Position aus der folgenden Partie erreicht.

DAMENINDISCHE ZUGFOLGE
im
COLLE - KOLTANOWSKI - SYSTEM
Koltanowski - Aljechin
Hastings 1936/37

1. d4	Sf6
2. Sf3	b6
3. e3	Lb7
4. Sbd2	c5

Schwarz übt mit seinem c-Bauern Druck auf den weißen d-Bauern aus und möchte damit den weißen Vormarsch im Zentrum erschweren.

5. c3	g6

Der Nachziehende entscheidet sich für eine hypermoderne Behandlungsweise - ein Doppelfianchetto.

6. Ld3	Lg7

7. e4?!

Obwohl es normalerweise gut ist, das Zentrum mit Bauern zu beset-zen, kommt der Textzug in diesem Fall zu früh, da Schwarz sehr starken Druck ausüben kann. Wir empfehlen stattdessen **7.b4!**, wonach Weiß etwas besser steht - siehe Kapitel acht.

7. ...	d6
8. 0-0	0-0
9. De2	

Weiß entwickelt weiter und unterstützt das Zentrum, besser ist aber **9.Te1**.

9. ...	cxd4

Schwarz möchte zu Gegenspiel auf der c-Linie kommen.

10. cxd4	Sc6

Nicht 10. ...Sbd7, weil dieser Springer Druck gegen den d-Bauern machen soll.

11. a3	

Um ...Sb4 zu verhindern, außerdem hofft Weiß, mit **b2-b4** Raum auf dem Damenflügel gewinnen zu können.

11. ...	Sd7

Der verwundbare weiße d-Bauer wird weiter unter Beschuß genommen.

12. Sb3

12.d5 ist schlechter, weil danach die schwarzen Springer Zugang zu den Feldern **c5** und **e5** haben; auch der Läufer **g7** hätte zu viel zu sagen.

12. ...   a5

Mit der Drohung, durch ...a5-a4 den d-Bauern zu gewinnen.

13. a4

Wegen des verfrühten Zentrumsvorstoßes (7.e4?!) hat Weiß schon Probleme.

13. ...   Sb4

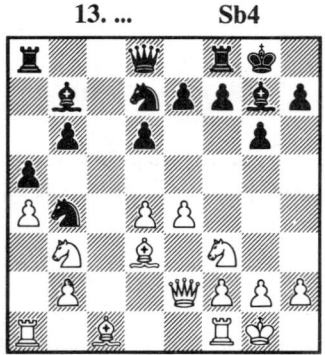

Der Springer besetzt frohen Mutes das soeben geschwächte Feld **b4**. An dieser Stelle sagt die Enzyklopädie, daß Schwarz im Vorteil ist. Mit Recht.

14. Lb5

Auch Schwarz hat ein schwaches Feld.

14. ...   Sf6?

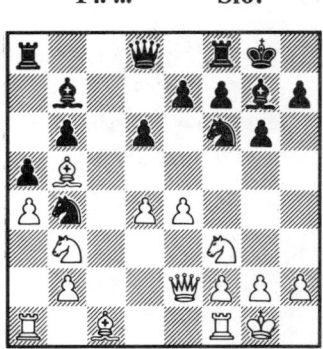

Schwarz hofft, **15.Sfd2** erzwingen zu können, wonach der Läufer **c1** eingeschlossen bleibt. Aber Aljechin hat eine brillante Pointe übersehen. Er dachte, **15.d5** würde scheitern: **15. ...Sxe4 16.Dxe4 Lxd5 17.De3 Sc2** usw., aber Koltanowski kann mit einem wunderschönen 19. Zug aufwarten. Um seinen Vorteil zu bewahren, hätte Schwarz **14. ...Tc8!** spielen müssen. Was die Enzyklopädie ausgelassen hat, haben wir somit hier berichtigt.

15. d5!   e6

Das ist günstig für Weiß, **15. ...Sxe4** jedoch (der Zug, den Aljechin zunächst für die Widerlegung von 15.d5 hielt) verliert nach **16.Dxe4 Lxd5 17.De3 Sc2 18.Dd3 Lxb3** (In Erwartung von 19.Dxb3, wonach 19. ...Sxa1 besser für Schwarz ist.) **19.Tb1!!**, und Schwarz hat Probleme. Diesen 19. Zug hatte Aljechin übersehen, als er sich für das schwache **14. ...Sf6** entschied.

16. dxe6   Sxe4

Nach **16. ...fxe6 17.Sg5** ist der Druck des Anziehenden auf die schwarzen Zentrumsbauern sehr lästig.

17. Sg5!

Noch ein ausgezeichneter taktischer Schlag.

17. ...   Ld5

Nach **17. ...Sxg5** gewinnt **18.e7**, während auf **17. ...f5 18.f3** sehr stark ist.

18. exf7+

Koltanowski gibt eine viel stärkere Variante an: **18.Sxe4! Lxb3 19.Lg5 f6 20.Sxf6+ Lxf6 21.e7** mit leichter Gewinnführung. Der Textzug ist aber auch gut.

18. ...   Kh8
19. Sxe4   Lxb3
20. Lg5

Weiß hat einen Bauern mehr und eine schöne Stellung, deswegen sollte er gute Gewinnchancen haben.

20. ...   Dc7
21. Tac1

Gemäß Koltanowski ist **21.Tfc1** besser, weil der Turm **a1** über **a3** aktiv in's Geschehen eingreifen kann.

21. ...   Dxf7
22. Sxd6   De6

Schwarz hofft auf ein Endspiel, und Weiß läßt sich unklugerweise drauf ein.

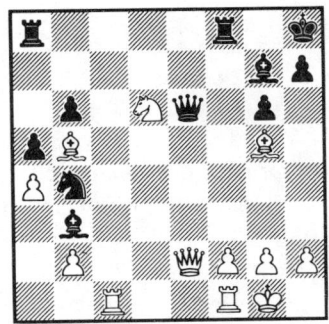

23. Dxe6?

Nach dem korrekten **23.Dd2** behält Weiß seine Gewinnstellung.

23. ...   Lxe6
24. Lc4   Lxc4
25. Sxc4

Greift **b6** an und deckt **b2**.

25. ...   Sd3

Schwarz muß aktiv spielen, weil der Anziehende seine Stellung sonst leicht konsolidieren kann.

26. Tc2   Tac8

Jetzt droht **27. ...Sxb2**.

27. b3   Tf5

Schwarz möchte ...b5 spielen, um alle Damenflügelbauern abzutauschen, da es praktisch technisch unmöglich ist, mit drei gegen zwei Bauern auf dem Königsflügel zu gewinnen.

28. Le3	b5
29. axb5	Txb5
30. Td2	Txb3

Der Springer darf nicht ziehen, da Weiß sonst mit **31.Sd6** gewinnen würde.

31. Sxa5	Ta3

Aljechin beschäftigt seinen Gegner mit kleinen Drohungen.

32. Tfd1	Tcc3

Schwarz möchte sich seinen starken Springer erhalten.

33. Sc4	Txc4

Auf **33. ...Tab3** wollte Weiß mit **34.Sb2 Txb2 35.Txb2 Sxb2 36.Td8+ Lf8 37.Lh6!** gewinnen.

34. Txd3	Txd3

Vereinfachung erhöht die schwarzen Remischancen.

35. Txd3	h6
36. g3	Kh7
37. h4	

Weiß hofft, sich durch Opfern des h-Bauern (h5 gxh5) einen Freibauern auf der f-Linie verschaffen zu können, aber Schwarz schiebt dem einen Riegel vor:

37. ...	h5
38. Kg2	Tc7
39. Ta3	

Weiß will auch noch den Turm abtauschen.

39. ...	Kg8
40. Ta7	Txa7
41. Lxa7	Kf7

Jetzt ist die Stellung einwandfrei remis, da der schwarze König ideal postiert ist, um einen eventuell entstehenden weißen Freibauern aufzuhalten, außerdem könnte der schwarze Läufer sich gegen den letzten weißen Bauern opfern und so das sofortige Remis erzwingen.
Remis

Unser Glückwunsch gilt George Koltanowski. Eine Gewinnstellung gegen Aljechin zu haben, ist - selbst wenn diese zum Remis verflacht - vergleichbar mit demselben Resultat gegen einen Fischer oder Kasparow von heute.
Diese ganze Variante läßt sich unserer Meinung nach mit **7.b4!** zugunsten von Weiß umkehren, wie wir Ihnen in einem späteren Kapitel zeigen werden

KAPITEL FÜNF

EINFÜHRUNG COLLE-KOLTANOWSKI-SYSTEM
(1.d4 d5 2.Sf3 Sf6 3.e3 e6 4.Ld3 c5)

5. c3

Es ist wichtig, ...**c5-c4** mit **Lc2** beantworten zu können, damit der weißfeldrige Läufer die Angriffsdiagonale **b1-h7** nicht verlassen muß. **5.b3** ist das Colle - Zukertort-System.

5. ...   Sc6

Mit diesem weiteren Druck auf den weißen d-Bauern soll der Plan des Anziehenden (**e3-e4**) erschwert werden.

6. Sbd2

Oder zuerst **6.0-0** mit Zugumstellung.

6. ...   Le7

Schwarz hat vier verschiedene Entwicklungsmöglichkeiten für seinen **Lf8** und den **Sb8**: **Sc6** und **Le7**, **Sc6** und **Ld6**, **Sbd7** und **Le7** oder **Sbd7** und **Ld6**. Wir werden alle diese Möglichkeiten im sechsten Kapitel untersuchen.

7. 0-0   0-0

8. dxc5

Eine wichtige Finesse, mit der Weiß die Vereinzelung seines d-Bauern verhindert, wozu es nach dem sofortigen **8.e4** käme: **8. ...cxd4 9.cxd4 dxe4 10.Sxe4**. Das würde zwar kein großes Problem darstellen, da Weiß gut entwickelt ist, es ist aber trotzdem sinnvoll, den Isolani zu vermeiden.

8. ...   Lxc5

Jetzt kann es sein, daß dieser Läufer als Verteidiger des Königsflügels fehlen wird.

9. e4

Der thematische Zentrumsdurchbruch ist erreicht, jetzt wird Weiß versuchen, mit **e4-e5** den gegnerischen Spielraum einzuengen.

9. ... **Dc7**

Gegen **e4-e5** gerichtet.

10. De2

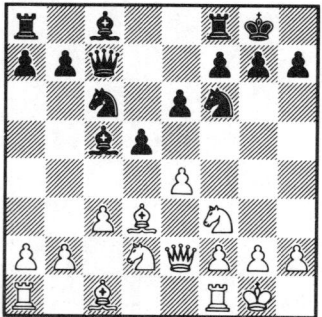

Beachten Sie, daß die weißen Züge **c3, e3, Ld3, 0-0** und **Sbd2** normalerweise austauschbar sind, ihre Reihenfolge ist entweder gleichgültig, oder sie hängt davon ab, was Schwarz unternimmt.

Wir hören hier mit der Vorstellung des Systems auf, da Sie jetzt ausreichend auf die Analysen des nächsten Kapitels vorbereitet sind. Weiß droht, mit **e4-e5** einen wichtigen Verteidiger (den Springer f6) zu vertreiben. Nachdem dies erfolgt ist, hat Weiß manchmal im Mittelspiel die Möglichkeit, das klassische Läuferopfer **Lxh7 Kxh7, Sg5 +**

nebst **Dh5** oder **Dg4** zu spielen. Die gute Entwicklung und die Initiative im Zentrum garantieren dem Anziehenden gutes Spiel.

KAPITEL SECHS

ANALYSE:
COLLE-KOLTANOWSKI-
SYSTEM
Schwarz spielt frühzeitig...d7-d5.

1. d4   d5

In der Hauptvariante des Colle-Systems spielt Schwarz diesen Zug früher oder später (1.d4 Sf6 2.Sf3 e6 3.e3 d5 ist z.B. eine mögliche Zugumstellung.). Der schwarze d-Bauer erschwert es dem Anziehenden, seinen Plan **e3-e4** auszuführen, daher muß Weiß seine gesamte Armee so aufstellen, daß sie diesen Zentrumsvorstoß unterstützt. Vergessen Sie nicht: Alle ihre Figuren sollten zusammen auf das Ziel hinarbeiten.

2. Sf3   Sf6
3. e3   e6

Statt **3. ...e6** kann Schwarz versuchen, gegen das erwartete **4.Ld3** mit **4. ...Lf5** seinen eigenen Läufer auf diese Diagonale zu bringen. Das macht auf den ersten Blick einen guten Eindruck, schwächt jedoch den schwarzen Damenflügel - besonders **b7** - und lädt den Anziehenden ein, aus dem „normalen" Colle mit **4.c4!** in eine günstige Variante des Damengambits überzuleiten. Z.B.: **3. ...Lf5 4.c4! e6 5.Db3** gefolgt von **6.Sc3** ergibt einen leichten, aber dauerhaften Vorteil für Weiß (Kapitel Vier).

Eine andere Idee, Weiß an seinem Aufbau zu hindern, ist **3. ...c5,** wonach **4.Ld3 c4** den weißen Läufer sofort wieder von der aktiven Diagonale **b1-h7** vertreibt. Daher ist die korrekte Zugfolge für Weiß (nach **3. ...c5) 4.c3, 5.Ld3,** und falls dann **5. ...c4,** so bleibt der Läufer mit **6.Lc2** auf seiner Lieblingsdiagonalen. Nach **4.c3** sollte Weiß sich über **4. ...c4** (um 5.Ld3 zu verhindern) freuen, weil er nach **5.b3!** besser steht, nach z.B. **5. ...cxb3 6.axb3** kann Weiß doch **Ld3** spielen, und die a-Linie ist auch immer nützlich. Beachten Sie, daß nach **5.b3 b5 6.a4** die gesamte schwarze Bauernkette zusammenbricht, weil **6. ...a6** an **7.axb5** scheitert. Nach diesen Erläuterungen dürfte es klar sein, daß Schwarz den Anziehenden nicht erfolgreich daran hindern kann, seine Pläne auszuführen.

4. Ld3   c5

Schwarz übt Druck auf **d4** aus, und hofft, diesen Bauern vereinzeln zu können, nachdem Weiß **e3-e4** gespielt haben wird.

Ein passiver Zug wie **4. ...c6** würde es dem Anziehenden gestatten, ruhig seine normale Colle-Entwicklung auszuführen oder aggressiver **5.Se5 Sbd7 6.f4** mit guten Aussichten auf Königsangriff zu spielen.

Nach **4. ...c5** sollte Weiß **5.c3** spielen, weil **5.0-0** zu **5. ...c4** einlädt, und genau das passierte in der Partie **Dizdar-Chandler, Jurmala 1983: 1.Sf3 Sf6 2.d4 d5 3.e3 e6 4.Ld3 c5 5.0-0!? c4! 6.Le2 b5 7.b3** (7.a4 b4) **7. ...Lb7 8.bxc4 bxc4 9.Sc3 Sbd7 10.Tb1 Lc6 11.e4! dxe4** (11. ...Sxe4 12.Sxe4 dxe4 13.Sd2 c3 14.Sc4 nebst Tb3 und Txc3) **12.Sd2 Da5! 13.Lb2 Sb6 14.Sxc4 Sxc4 15.Lxc4 Ld6 16.d5! exd5 17.Lb5! Lxb5 18.Sxb5 Dxb5 19.Lxf6 Dd7 20.Lxg7 Tg8 21.Dd4** (21.Ld4 Dh3 22.g3 Lxg3 23.fxg3 Txg3+, und Weiß muß das Remis durch Stellungswieder-

holung hinnehmen, weil 24.Kf2? Tg2+ 25.Ke1 e3! verliert.) **21. ...f6** (21. ...Tc8 22.g3 Lc5 23.De5+ De6 ist unklar.) **22.Lxf6!** (Erzwungen.) **22.Txg2+ 23.Kxg2 Dg4+, remis,** (24.Kh1 Df4? 25.Da4+ Kf8 26.Le5!! Lxe5 [26. ...Dxe5 27.f4] 27.Da3+, dann Dh3, und Weiß steht besser, aber 24. ...Df3 hält remis - Anmerkungen von Chandler, Informator #35.

5. c3

Dieser Zug verstärkt das Zentrum und verschafft dem **Ld3** ein Feld auf der Diagonalen **b1-h7**, falls Schwarz ...c5-c4 spielt.

In diesem Kapitel werden wir folgende Varianten untersuchen:

A 5. ...Sc6 (mit **Ld6**)
B 5. ...Sc6 (mit **Le7**)
C 5. ...Le7
D 5. ...Ld7
E 5. ...b6
F 5. ...Sbd7 (mit **Ld6**)
G 5. ...Sbd7 (mit **Le7**

A

(1.d4 d5 2.Sf3 Sf6 3.e3 e6 4.Ld3 c5
5.c3)

5. ...   Sc6

Im Gegensatz zu **5. ...Sbd7** übt
Schwarz mit dem Textzug Druck auf
d4 aus und macht es damit dem An-
ziehenden etwas schwerer, seinen
Plan **e3-e4** auszuführen.

6. Sbd2

Entwickelt und hindert Schwarz
daran, ...Se4 nebst ...f7-f5 zu spielen.

6. ...   Ld6

Schlecht ist **6. ...Db6**, nach **7.0-0 Ld7
8.dxc5 Lxc5 9.e4 Td8 10.exd5 exd5
11.Sb3 Le7 12.h3 0-0 13.Le3 Dc7**
stand Weiß in der Partie **Gothilf-
Romanowski, Leningrad 1930**,
wegen des vereinzelten schwarzen
d-Bauern deutlich besser.
Auch **6. ...a6** ist schwach. In der
Partie **Przepiorka-Gilfer, Hamburg
1930**, folgte **7.0-0 Dc7 8.De2 Le7**

9.dxc5 Lxc5 10.e4 mit sehr starkem
Spiel für Weiß.

7. 0-0

7.e4 ist verfrüht, da nach **7. ...cxd4
8.cxd4 dxe4 9.Sxe4 Sxe4 10.Lxe4
Lb4+** die Stellung zu einfach wird
und Weiß einen Isolani hat.
Interessant ist aber **7.De2 0-0
8.dxc5!? Lxc5 9.e4**, und jetzt wird
aus **9. ...Dc7 10.0-0** die Haupt-
variante, in der Partie **Koltanowski-
Domenech, Sitges 1934**, folgte
allerdings **9. ...dxe4 10.Sxe4 Sxe4
11.Lxe4 Ld7 12.0-0 Tc8 13.Lf4** mit
deutlichem Vorteil für Weiß. Auch
7.dxc5 Lxc5 8.0-0 0-0 9.e4 führt
durch Zugumstellung zu unserer
Hauptvariante.

7. ...   0-0

7. ...Dc7 8.dxc5 Lxc5 9.e4 0-0 -
Zugumstellung.

Falls Schwarz mit **7. ...e5** als Erster
im Zentrum losschlagen will, sollte
er Probleme bekommen. In der Par-
tie **Charousek-Suchting** folgte z.B.
**8.dxc5 Lxc5 9.e4 d4?! 10.Sb3 Lb6
11.cxd4 exd4 12.e5! Sd7 13.Lg5 Dc7
14.Tc1** mit beträchtlichem Vorteil
für Weiß. Günstiger wäre **9. ...dxe4**,
obwohl Weiß nach **10.Sxe4 Sxe4
11.Lxe4 Dxd1 12.Txd1 Lg4** (12. ...f6
13.b4 Lb6 14.a4 mit klarem Vorteil
für Weiß.) **13.h3 Lxf3 14.Lxf3** für
das Endspiel etwas besser gerüstet

ist. Die beste Fortsetzung für Weiß ist **8.dxe5 Sxe5 9.Sxe5 Lxe5 10.f4 Lc7 11.e4 dxe4 12.Sxe4 Sxe4 13.Lxe4 Dxd1 14.Txd1 Tb8 15.Le3**, und Weiß hat großen Vorteil. Auch Koltanowski's Empfehlung **8.e4** ist gut.

Falls Schwarz **7. ...cxd4** versucht, hat Weiß nach **8.exd4** wegen der halboffenen e-Linie gute Aussichten, Vorteil zu erlangen, z.B. **8. ...Dc7 9.Te1**, und nun **9. ...0-0 10.De2 Te8 11.Se5 Te7 12.Sdf3** (Am besten ist **12.f4!**, wonach Weiß klar im Vorteil ist). **12. ...Sd7 13.Sg5? Sf8 14.Sxh7?!**, und Schwarz hätte remis halten können (s. Beispielpartie #11, **Colle - Soultanbeieff, Lüttich 1930**) oder **9. ...Ld7 10.De2 0-0-0 11.Se5 Le8 12.Sdf3 Sd7 13.Ld2 Sf8 14.c4 f6 15.cxd5 exd5 16.Sxc6 bxc6 17.b4** nebst **Tfc1, Tab1, a4** und **b5** mit starkem Druck gegen die schwarze Rochadestellung (Koltanowski).

8. dxc5

Dieser Zug wurde erstmals von Capablanca in einer Simultan-

vorstellung gespielt und später von Colle gründlich untersucht. Weiß möchte nicht mit einem Isolani auf der d-Linie spielen müssen, was nach **8.e4** unvermeidbar wäre, z.B. **8. ...cxd4 9.cxd4 dxe4 10.Sxe4 Le7** mit etwas günstigerer Stellung für Schwarz. Eine Alternative zum Textzug ist **8.De2**, sehen Sie dazu die Beispielpartie #14.

8. ...	Lxc5
9. e4	

Schließlich kommt Weiß zu seinem thematischen Zentrumsdurchbruch.

9. ...	Dc7

Da **e4-e5** dem Anziehenden zu guten Angriffschancen verhelfen würde, muß Schwarz diesen Zug verhindern.

Außer dem Textzug wurde an dieser Stelle gespielt:

1) 9. ...d4? 10.Sb3 ist zu stark für Weiß - **Koltanowski-Domenech, Barcelona 1934.**

2) 9. ...Db6?! läßt 10.e5 zu, wonach Weiß gefährliche Drohungen gegen den schwarzen Königsflügel aufstellen kann.

3) 9. ...e5 10.exd5 (Möglich ist auch 10.De2 Te8 11.h3 mit leichtem Vorteil für Weiß.) und jetzt:

3a) 10. ...Dxd5 11.De2 Lg4 (Gegen 11. ...Le6 ist 12.Se4 gut, und auch nach 11. ...Te8 12.Lc4 Dd7 13.Sg5 Tf8 14.Sde4 steht Weiß klar besser, **Colle- Rubinstein, Budapest 1926.**) 12.Se4 Tfd8 13.Sxf6+ gxf6 14.Le4, und wegen des geschwächten schwarzen Königsflügels hat Weiß klaren Vorteil, **Colle-Sir Thomas, George A., Ghent 1926** - Beispielpartie # 13.)

3b) 10. ...Sxd5 11.Se4 Le7 12.Sg3 f5 13.Lc4 Le6 14.Te1 e4 15.Lg5 Kh8 16.Lxe7 Scxe7 17.Sd4, und Weiß steht etwas besser, **Colle-Euwe, 1. Matchpartie 1928.**

4) 9. ...dxe4 10.Sxe4 Le7 11.De2 Dc7 12.Sxf6+ Lxf6 13.Lg5 De7 14.De4 g6, **Colle-Maroczy, San Remo 1930,** und jetzt hätte Weiß durch 15.h4! e5 16.De3 ein sehr druckvolles Spiel erhalten. Statt 10. ...Le7 kann Schwarz versuchen, die Stellung mit 10. ...Sxe4 zu vereinfachen, aber nach 11.Lxe4 Dxd1 12.Txd1 hat Weiß wegen seiner Bauernmajorität auf dem Damenflügel und des leichten Entwicklungsvorsprun-

ges die Oberhand. In der Partie **Colle-Rubinstein, Berlin 1926,** folgte 12. ...f6 13.b4 Le7 14.a3 a5 15.b5 mit großem Vorteil für Weiß. 11. ...Le7 12.Dxd8 Txd8 13.Lf4 ergibt im Prinzip das gleiche für Weiß günstige Endspiel, **Rudenko-Zubarew, UDSSR 1939.** In **Gilg-Holzhausen, Breslau 1925,** versuchte Schwarz 11. ...Dc7, aber nach 12.Sg5 h6 13.Lh7+ Kh8 14.Lc2 e5 15.Dh5 mit den Drohungen Se4 und Lxh6 hatte Weiß eine riesige Stellung.

9. ...Lb6 oder 9. ...Le7 sind zwar spielbar, der damit verbundene Zeitverlust gibt dem Anziehenden jedoch die Initiative.

10. De2

Jetzt droht Weiß wieder, e4-e5 zu spielen. **10.exd5** ist auch nicht schlecht; da durch diesen Zug jedoch die Spannung im Zentrum abgebaut wird, ist er wohl nicht so vielversprechend wie **10.De2.**

10. ...   Ld6

Eine Alternative ist **10. ...Sg4** (verhindert immer noch e4-e5). Nun ist **11.exd5** für Weiß günstig (eine Empfehlung des sowjetischen IM Rawinski). Nach **11. ...exd5 12.Sb3 Lb6 13.Lg5** haben wir eine Stellung erreicht, die einer Position aus der Französichen Tarrasch-Variante sehr ähnlich ist. Weiß wird **Lh4-g3** spielen und wegen seines aktiven Figurenspiels und des schwarzen Einzelbauern auf der d-Linie positionellen Vorteil haben. Nach **13. ...Ld7** könnte z.B. folgen: **14.Lh4 Tae8 15.Dc2 h6 16.Lg3 nebst 17.Tae1**, und auf *13. ...Sce5* (oder 13.Sge5) ist **14.Lf4** günstig für Weiß - Harding.

Andere Züge sind schlechter:
1) **10. ...Te8?** **11.e5 Sd7** (In der Partie **Belawenets-Fomina, UDSSR 1975**, versuchte Schwarz 11. ...Sg4, aber nach 12.Sb3 Le7 - 12. ...Lb6 13.Lf4 f6 14.h3 ist gut für Weiß - 13.Te1 f6 14.exf6 Lxf6 15.h3 Sge5 16.Sxe5 Dxe5 17.Lxh7+!, gewinnt Weiß einen Bauern: 17. ...Kxh7 scheitert an 18.Dc2: 18. ...Df5 19.Dxf5+ und 20.Txe8.) **12.Sb3** (Aber nicht 12.Te1?! f6! 13.Sg5 Dxe5!, und Schwarz gewinnt, **Winter-Lasker, Nottingham 1936**.) **12. ...Lb6** (Auch nach dem etwas besseren 12. ...Lf8 erhält Weiß durch 13.Sbd4 oder 13.Lf4 Vorteil.) **13.Lf4 f6 14.Tae1 Sdxe5?** (14. ...Tf8 war der einzige, allerdings letzt-

endlich auch unzureichende Versuch.) **15.Sxe5 Sxe5 16.Lxh7+ Kf8** (16. ...Kxh7 17.Dh5+, und Weiß kassiert den Turm e8 ein.) **17.Lg6 Td8 18.Dh5 Ke7 19.Sd4! Ld7 20.Txe5! fxe5 21.Lxe5**, und Schwarz gab auf, **Koltanowski-O'Hanlon, Dublin 1937**.

2) **10. ...e5?** (Stellt einen Bauern ein.) **11.exd5 Sxd5 12.Lxh7+ Kxh7 13.De4+** und **14.Dxd5**.

3) **10. ...h6** (Eine Empfehlung von Robert Reynolds in „The Chess Correspondent", Dezember 1986. Er analysierte nur 3a) **11.e5** - eine schwache Antwort, besser ist 3b) **11.h3**

3a) **11.e5? Sg4 12.Sb3 Lb6 13.Lf4 f6 14.Sbd4** (In der Partie **Feagins-Reynolds, Endrunde der 6. US-Fernschachmeisterschaft**, folgte 14.c4 fxe5 15.Lg3 Df7 16.h3 e4 17.hxg4 exf3 18.Dd1 Sb4, und Weiß gab auf.) **14. ...Scxe5 15.h3 g5!** mit gutem Spiel für Schwarz, **Callaway-Reynolds, Vorrunde der 6. US-Fernschachmeisterschaft**.)

3b) **11.h3!** mit dem Plan, **12.Te1** oder **12.exd5** (wie in der Hauptvariante) folgen zu lassen.

4) **10. ...dxe4 11.Sxe4 Le7 12.Sfg5** mit der Drohung **Sxf6+** und **Sxh7** oder **Lxh7**. Weiß hat klaren Vorteil.

5) **10. ...Se5** ist eine wichtige Alternative, die wir in unserer ersten Ausgabe nicht behandelt haben. Wir haben die Analyse dieses Vereinfachungszuges an das Ende der Variante A gehängt, s. Seite 52.

11. Te1

Wiederum mit der Drohung **12.e5**, doch Schwarz läßt diesen Zug immer noch nicht zu:

11. ...   Sg4
12. h3

Aber nicht **12.Sf1**, denn Schwarz erhält nach **12. ...dxe4 13.Lxe4 f5** einen starken Gegenangriff, **Engelmann-Soultanbeieff, Belgien 1934.**

12. ...   Sge5
13. Sxe5

Normalerweise würde Weiß sich in ähnlichen Stellungen mit **13.Lc2** das Läuferpaar erhalten, der damit verbundene Zeitverlust macht sich hier allerdings negativ bemerkbar. In der Partie **Gilg-Aljechin, Kecskemet 1927**, erzielte Schwarz Ausgleich: **13.Lc2 h6 14.Sxe5 Sxe5 15.Sf3 Sxf3+ 16.Dxf3 dxe4 17.Dxe4 f5.**

13. ...   Sxe5
14. exd5

Auch jetzt ist **14.Lc2** nicht ratsam: **14. ...d4 15.cxd4 Dxc2 16.dxe5 Lxe5 17.Sf3 Dxe2 18.Txe2** - Judowitsch-Kirillow, **UDSSR-Meisterschaft 1931**, und jetzt steht Schwarz nach **18. ...Lc7** im Endspiel wegen des Läuferpaares etwas besser. Nach **14.Lb1** (Um 14. ...d4 zu verhindern.) **14. ...Ld7 15.exd5 exd5 16.Sf3 Tae8** hat Schwarz ebenfalls einen zu großen Entwicklungsvorsprung, **Colle-Ahues, Frankfurt 1930.**

14. ...   exd5
15. Sf3

Weiß vervollständigt seine Entwicklung und steht wegen des schwarzen Einzelbauern etwas besser. Einige Beispiele:

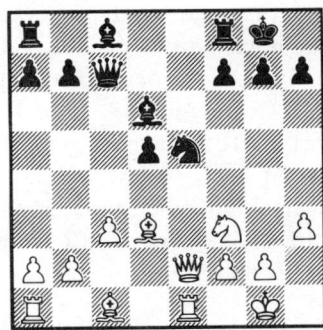

1) 15. ...Sxd3 (Schwarz „halbiert" das weiße Läuferpaar, kann aber die Probleme mit seinem Einzelbauern nicht lösen.) **16.Dxd3 Dc4 17.Td1 Dxd3 18.Txd3 Td8 19.Le3**

Le6 20.Tad1 mit Druck auf den Isolani, **Koltanowski-Soultanbeieff, Brüssel 1935.** Nach **15. ...Sxd3 16.Dxd3** kann Schwarz den d-Bauern mit der „Falle" **16. ...Td8** nicht verteidigen, da **17.Dxd5 Lh2+ 18.Sxh2 Txd5 19.Te8 matt** ist. **2) 15. ...Sxf3+** (Schwarz gibt zu, daß er keine Kompensation für seinen isolierten d-Bauern hat, will aber „durchhalten".) **16.Dxf3 Le6 17.Le3 Tad8 18.Lc2 b5** (Um eventuell mit b5-b4 Gegenspiel auf dem Damenflügel zu erhalten.) **19.Ld4 Lc5** (Es drohte 20.Dh5 g6 21.Dh6.) **20.Tad1 b4 21.Le5 Ld6 22.Lxh7+!** (Eine brillante Kombination, die dem schwarzen König seinen Bauernschutz nimmt.) **22. ...Kxh7 23.Dh5+ Kg8 24.Lxg7!! Kxg7 25.Dg5+ Kh7 26.Td4,** und Weiß gewann schnell, **Koltanowski-Defosse, Belgien 1936.** Falls Schwarz **17. ...Le5** (statt 17. ...Tad8) versucht, um **18.Ld4** mit **18. ...Lxd4** und **18.Lxa7** (Hoffend auf 18. ...Txa7 19.De3) mit **18. ...Lh2+** zu beantworten, behält der Anziehende nach **18.Kh1** (vermeidet Schachgebote) einen gewissen Vorteil: **18. ...Lf6 19.Te2** nebst **Tae1** und **Lb1** - Harding.

Die Eröffnungsphase der Variante A ist vorbei, und Weiß steht nach dieser populärsten Zugfolge etwas besser. Lassen Sie uns jetzt einige Züge zurückgehen und eine Alternative für Schwarz im 10. Zug

analysieren, die in älteren Büchern noch nicht berücksichtigt wurde.

VEREINFACHUNGS-STRATEGIE IN DER HAUPTVARIANTE mit 10. ...Se5
(1.d4 d5 2.Sf3 Sf6 3.e3 e6 4.Ld3 c5 5.c3 Sc6 6.Sbd2 Ld6 7.0-0 0-0 8.dxc5 Lxc5 9.e4 Dc7 10.De2)

10. ...   Se5

Schwarz hofft, daß diese Vereinfachung seine Lage erleichtern wird, in Wirklichkeit verliert er mit dem Textzug Zeit, da Weiß die schwarze Dame mit Tempogewinn verjagen kann.

11. Sxe5   Dxe5
12. Kh1

Weiß zieht seinen König von der Diagonalen, um **13.f4** spielen zu können. Das nach **12. ...Sxe4 13.Sxe4 dxe4 14.Dxe4 Dxe4 15.Lxe4** entstehende Endspiel ist ganz klar besser für Weiß, denn erstens hat er

die Bauernmajorität am Damen-
flügel, und zweitens hat Schwarz
große Probleme mit der Entwick-
lung seines Damenflügels.

12. ...	b6
13. f4	Dc7

Etwas besser ist **13. ... Dh5 14.Dxh5
Sxh5**, obwohl Weiß nach **15.e5**
(Jetzt droht 16.g4 mit Springer-
gewinn.) **15. ...g6 16.g4** einen großen
positionellen Vorteil im Endspiel
hat.

14. e5

Aber jetzt bekommt Weiß einen
starken Königsflügelangriff.

14. ...	Sd7
15. Sf3	Lb7
16. Le3	Tfe8

Schwarz verschafft seinem König
(für alle Fälle) ein Fluchtfeld,
außerdem kann er - wenn nötig -
...Sf8 spielen (Z.B. 17.Lxh7+ Kxh7
18.Sg5+ Kg8 19.Dh5 Sf8, und
Schwarz kann sich halten.)

17. Ld4	Sf8
18. h4!	

Weiß möchte eventuell später h5-
h6 oder h5, g4 und Tg1 spielen,

18. ...	Le7
19. Kh2	

aber zunächst einmal faßt er sich in
Geduld, da Schwarz kein ernst-
zunehmendes Gegenspiel hat.

19. ...	Dd8
20. g3	f5

Schwarz versucht, den weißen
Angriff abzublocken, er macht
damit dem Anziehenden das Leben
allerdings nur leichter. Vorzuziehen
war **20. ...a5**, um zu versuchen, mit
...Dc8 und **...La6** den gefährlichen
weißen **Ld3** abzutauschen.

21. exf6	Lxf6
22. Tae1	

Weiß beendet seine Entwicklung
und drückt auf **e5** und den rück-
ständigen Bauern **e6**.

22. ...	Sd7
23. Se5	

Vergleichen Sie die Harmonie der
weißen Kräfte mit der traurigen
schwarzen Aufstellung!

23. ...	Lxe5

Es drohte **24.Dh5 Sf8** (24. ...g6
25.Lxg6! hxg6 26.Dxg6+ Lg7 27.Sf7,
und jetzt droht sowohl matt als auch
Damengewinn.) **25.Df7+ Kh8
26.Dxb7.**

24. fxe5	

Öffnet wirkungsvoll die f-Linie.

24. ...	De7

Auf 24. ...Tf8 (um die f-Linie nicht in Gegner's Hand zu lassen) hat Weiß **25.Dh5 g6 26.Dg4 De7 27.h5** mit sehr starkem Angriff.

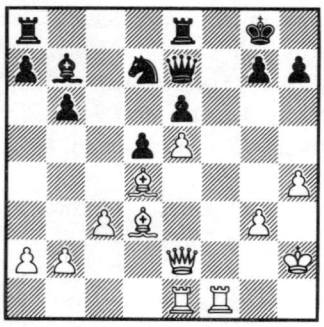

25. Dh5

Erzwingt eine Schwächung des schwarzen Königsflügels, 25. ...Sf8 scheitert an **26.Txf8 + !: 26. ...Dxf8** (Oder 26. ...Txf8) **27.Lxh7 + Kh8 28.Lg6 + Kg8 29.Dh7** matt, oder auch **26. ...Kxf8 27.Tf1 + Kg8 28.Dxh7 matt.**

25. ...	g6
26. Dg4	Sc5

Schwarz möchte den Läufer **d3** mit **...Se4** blockieren. Eine subtilere Verteidigungsidee war **26. ...Kh8,** obwohl Weiß nach **27.h5 g5 28.Tf6! Sxf6 29.exf6 Df7** mit **30.Txe6!!** den Tag für sich entscheidet (Drohung: 31.Te7 - falls 31. ...Lc8, so 32.Txe8 +

Dxe8 f7 + und matt im nächsten Zug.) **30. ...Txe6 31.Dxe6 Dxe6 32.f7 +** nebst matt.

27. Lxc5	bxc5
28. Tf6	

Mit der Drohung **29.Lxg6 hxg6 30.Txg6 + Kh8 31.Dh5 + Dh7 32.Th6.**

28. ...	Kh8
29. h5!	gxh5
30. Dxh5	

Jetzt droht vernichtend **31.Tf7.**

30. ...	Tf8
31. Tef1	Txf6
32. exf6	Dd7
33. f7	Kg7

Jetzt wird's Matt, aber es gab sowieso keine Verteidigung mehr.

34. f8D + !	Txf8
35. Dxh7 +	matt
(Analyse)	

B
(1.d4 d5 2.Sf3 Sf6 3.e3 e6 4.Ld3 c5 5.c3)

5. ...   Sc6

An dieser Stelle hat Schwarz verschiedene Möglichkeiten:

B1 7. ...0-0
B2 7. ...Dc7
B3 7. ...Ld7
B4 7. ...c4

Wenn Schwarz im Folgenden seinen schwarzfeldrigen Läufer nach **d6** oder **e7** entwickelt und Weiß seinen normalen Plan mit **dxc5** und **e3-e4** verfolgt, entstehen natürlich oft Stellungen aus Variante A.

6. Sbd2   Le7

Hier weicht Schwarz von A ab.

B1
(1.d4 d5 2.Sf3 Sf6 3.e3 e6 4.Ld3 c5 5.c3 Sc6 6.Sbd2 Le7 7.0-0)

7. ...   0-0

7. 0-0

Alternativ zu diesem „Normalplan" kann Weiß versuchen, mit **a3** und **b4** Raum auf dem Damenflügel zu gewinnen. In der Partie **Klaman-Wladimirow, UDSSR 1963,** folgte **7.a3 0-0 8.b4 b6 9.Lb2 Lb7 10.0-0 Dc7 11.Tc1 Tae8 12.Da4 c4 13.Lb1 Ld6 14.Dc2 Se7** mit kompliziertem Spiel.

8. De2

8.dxc5 leitet in Variante A über.

8. ...   **b6**

Alternativen:
1) **8. ...Te8 9.dxc5** (Der Auftakt zu e3-e4.) **9. ...Lxc5 10.e4 Sd7 11.Sb3** (Schlechter ist 11.Te1?, weil Schwarz mit 11. ...Sde5! die Initiative ergreifen kann, **Riumin-Lasker, Moskau 1936.**) **11. ...dxe4 12.Lxe4** mit leichtem Vorteil für Weiß.
2) **8. ...Sd7 9.e4 cxd4 10.cxd4 Sb4 11.Lb1 b6 12.Te1 La6 13.De3 Tc8 14.a3 Sc6** (Der verführerische Zug 14. ...Sc2 verliert ohne ausreichende Kompensation einen Bauern: 15.Lxc2 Txc2 16.exd5.) **15.b4** (Um ...Sa5 zu verhindern.) **15. ...dxe4 16.Sxe4 Sf6 17.Sc3 Sd5 18.Sxd5 exd5** mit kompliziertem Spiel, **Kan-Tschechower, Meisterschaft der UDSSR 1945.**

9. dxc5

Sofort mit **9.e4** im Zentrum vorzustoßen, ist schlecht: **9. ...cxd4 10.cxd4 Sb4**, da **11.Lb1** an **11. ...La6** mit Qualitätsgewinn scheitert.

9. ...   **bxc5**

9. ...Lxc5 - Variante A.

10. e4   **Dc7**

In der Partie **Ragosin-Stahlberg, Moskau 1935**, erhielt Weiß gute Angriffschancen nach **10. ...dxe4?**

11.Sxe4 Lb7 12.Lg5 Sxe4 13.Dxe4 g6 14.Lh6 Te8 15.Tad1 Db6 16.Df4! (Drohung 17.Sg5).
Nach **10. ...Dc7** sollte Weiß **11.e5** vermeiden, da Schwarz **11. ...Sg4!** spielen kann: **12.Te1 f6! 13.exf6 Lxf6 14.Se4?! Ld4!!** (Ein toller Gegenstoß - Weiß rechnete nur mit 14. ...dxe4 15.Dxe4.) **15.Seg5** (Nach 15.cxd4? Sxd4 beseitigt Schwarz den Springer f3, und seine Dame dringt vernichtend auf h2 ein. 15.h3 dxe4 16.Dxe4 Txf3!.) **15. ...Lxf2+ 16.Kh1 Lxe1**, und Schwarz gewann die Partie **Franklin-Carleton, England 1971**. Statt **11.e5** sollte Weiß **11.Te1** spielen und gute Chancen haben.

VARIANTE B1 MIT UNSERER EMPFEHLUNG 11.Te1
(1.d4 d5 2.Sf3 Sf6 3.e3 e6 4.Ld3 c5 5.c3 Sc6 6.Sbd2 Le7 7.0-0 0-0 8.De2 b6 9.dxc5 bxc5 10.e4 Dc7 11.Te1)

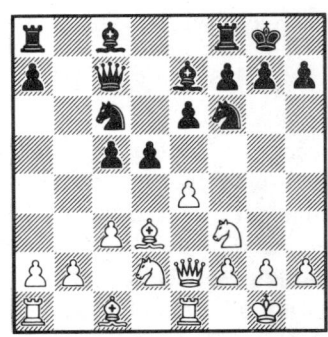

11. ...   **Sd7**

Ein trickreicher Zug, mit dem Schwarz um die Kontrolle über **e5** kämpfen will.

12. Sf1!

Auf 12.e5 könnte 12. ...f6! folgen: 13.exf6 (Erzwungen) 13. ...Sxf6, und Schwarz wird mit ...e5 hervorragendes Spiel erhalten, z.B. 14.h3 (14.Se5 Sxe5 15.Dxe5 Ld6, gefolgt von 16. ...Lxh2.) 14. ...Ld6 gefolgt von 15. ...e5.

12. ...	Lb7
13. e5!	

Da der weißfeldrige Läufer jetzt den Bauern **e6** nicht mehr deckt, ist 13. ...f6 schlecht, z.B. 13. ...f6? 14.exf6 Txf6 15.Sg5! (Aber nicht 15.Lg5 Txf3! 16.Lxe7 Txd3, und Schwarz hat die Oberhand.)

13. ...	Tae8

Deckt den Bauern **e6** und bereitet damit ...f6 vor.

14. Lf4	Ld8

14. ...f6 (oder 14. ...f5) 15.exf6 Dxf4 16.Dxe6+ und 17.Dxd7 ist günstig für Weiß.

15. Lg3	Db8

Schwarz beabsichtigt, mit ...Lc7 mehr Druck auf **e5** auszuüben.

16. h4!

Weiß möchte **h5-h6** oder eventuell **Lxh7** nebst **Sg5+** spielen.

16. ...	Lc7
17. Sg5!	f5

Auf 17. ...h6 gewinnt 18.Sh7 die Qualität, nach 17. ...g6 hat Weiß Zeit für 18.f4, falls dann z.B. 18. ...f6, so 19.Sxh7! Kxh7 20.Dh5+ Kg8 21.Dxg6+ und matt im nächsten Zug.

18. exf6	Sxf6
19. Lxc7	Dxc7

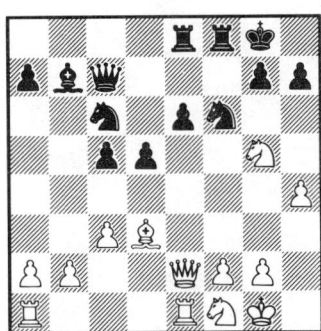

20. Dc2!	e5

Schwarz kann nicht beide Bauern (e6 und h7) decken.

21. Lxh7+	Kh8
22. Lg6	

Weiß hat einen Bauern mehr und steht auf Gewinn.

22. ...   Te7
23. f3

Natürlich gegen 23...e4 gerichtet.

23. ...   La8
24. Sg3

Jetzt droht 25.Sf5 Td7 26.Se6 mit Qualitätsgewinn.

24. ...   Sd8
25. Sf5   Td7
26. De2

Zwingt den e-Bauern nach vorn.

26. ...   e4
27. fxe4   dxe4
28. Tad1

Bringt den bisher unbeteiligten Turm in's Spiel.

28. ...   Txd1
29. Dxd1   De5?

Ein Fehlgriff in verlorener Stellung, es drohte 30.Sxe4 Lxe4 31.Txe4!, da Schwarz nach 31. ...Sxe4 32.Dh5+ matt wird.

30. Dxd8!

Gewinnt eine Figur: 30. ...Txd8 31.Sf7+ Kg8 32.Sxe5, daher gibt Schwarz auf.

(Analyse)

B2

(1.d4 d5 2.Sf3 Sf6 3.e3 e6 4.Ld3 c5 5.c3 Sc6 6.Sbd2 Le7 7.0-0)

7. ...   Dc7

Schwarz verhindert Se5 und hofft, später ...e5 durchsetzen zu können.

8. De2   0-0
9. e4

9.dxc5 Lxc5 10.e4 - Abspiel A.

9. ...   dxe4

9. ...cxd4 ist schlecht, weil Weiß nach 10.e5! Sd7 11.cxd4 Sb4 12.Lb5! a6 13.La4 wegen seines starken, den schwarzen Königsflügel einengenden Zentrums erheblichen Vorteil hat.

10. Sxe4   cxd4
11. Sxd4

Wir folgen der Partie **Aljechin-Flohr, Bern 1932**. Aljechin schrieb, er habe nicht **11.cxd4** gespielt, weil der Springer **c6** seinem Isolani eventuell das Leben schwer machen könne.

11. ...	Sxd4
12. cxd4	Sxe4

12. ...Dd8 13.Sxf6+ Lxf6 14.De4 ist sehr gut für Weiß (Koltanowski); auf **12. ...Sd5** ist sowohl **13.Df3** (Aljechin) als auch **13.Dh5** (Koltanowski) besser für Weiß. Auch nach **12. ...Ld7 13.Lg5** behält der Anziehende die Initiative.

13. Lxe4	f5?

Das schwächt die schwarze Stellung zu sehr, besser war **13. ...Ld7**, obwohl wir der Meinung sind, daß Weiß sich auch nach dieser Fortsetzung mit **14.Le3 Lc6 15.Tfc1** nebst **16.Lxc6** wegen des isolierten schwarzen c-Bauern einen winzigen Vorteil erhält.

14. Lf3	Lf6
15. Td1	Td8
16. Le3	

In der Partie folgte **16. ...f4(?) 17.Tac1 Dd6 18.Ld2 Lxd4 19.La5 Td7** (Auf **19. ...Te8** antwortet Weiß **20.Dc4.**) **20.Txd4 Dxd4 21.Dxe6+**, und Aljechin gewann.

B3

(**1.d4 d5 2.Sf3 Sf6 3.e3 e6 4.Ld3 c5 5.c3 Sc6 6.Sbd2 Le7 7.0-0**)

7. ...	Ld7

Das ist zu passiv, um den Anziehenden bei der Ausführung seiner Pläne zu behindern.

8. dxc5

Nach **8.e4 cxd4 9.cxd4 Sb4** hätte Schwarz schönes Spiel.

8. ...	Lxc5
9. e4	

In dieser Variante ist der typische Zentrumsdurchbruch (wegen des faden **7. ...Ld7**) noch stärker als gewöhnlich.

9. ...	dxe4

Um **e4-e5** zu verhindern, aber jetzt werden die weißen Figuren sehr aktiv.

10. Sxe4   Sxe4
11. Lxe4   Le7

Schwarz hat Angst vor dem gefährlichen **Sg5**.

12. Dc2

Weiß schlägt Profit aus der Tatsache, daß der Verteidiger von **h7** (Sf6) schon abgetauscht worden ist.

12. ...   h6

Auf **12. ...g6** ist **13.Lh6** zu stark.

13. Lf4   0-0
14. Tad1

Vergleichen Sie die prachtvolle Entwicklung der weißen Kräfte mit der recht traurigen schwarzen Stellung! In der Partie **Colle-Piccardt, Amsterdam 1931**, folgte **14. ...De8 15.Dd2 f5 16.Lc2 Lc8** (16. ...Td8 17.Lc7) **17.Tfe1** mit überwältigender Stellung für Weiß.

B4

(1.d4 d5 2.Sf3 Sf6 3.e3 e6 4.Ld3 c5 5.c3 Sc6 6.Sbd2 Le7 7.0-0)

7. ...   c4

Dieser Zug ist fast immer ein strategischer (wenn nicht sogar taktischer) Fehler, da er den Druck auf den weißen d-Bauern praktisch aufgibt und somit das weiße Zentrum stärkt.

8. Lc2

Natürlich nicht **8.Le2?**, wo der Läufer wirklich traurig herumsteht und den Zentrumsvorstoß **e3-e4** nicht unterstützen kann.

8. ...   b5

Schwarz träumt von Gegenspiel auf dem Damenflügel...

9. e4

...während Weiß das Zentrum stürmt.

9. ...	dxe4

Sonst ist **10.e5** zu stark.

10. Sxe4	0-0
11. De2	

Jetzt droht Weiß, mit **12.Sxf6+** nebst **13.De4** (Doppelangriff auf **h7** und **c6**) Material zu gewinnen.

11. ...	Lb7
12. Sfg5	

Weiß hat aktives Spiel im Zentrum und übt gefährlichen Druck auf die schwarze Königsstellung aus (beachten Sie, daß alle weißen Leichtfiguren auf den schwarzen Königsflügel gerichtet sind!).

C

(1.d4 d5 2.Sf3 Sf6 3.e3 e6 4.Ld3 c5
5.c3)

5. ...   Le7

Ein solider Entwicklungszug.

6. Se5

Weil Schwarz momentan das Feld
e5 nicht kontrolliert, besetzt Weiß
sofort das „Vakuum".

| 6. ... | 0-0 |
| 7. 0-0 | b6 |

Plant, mit ...La6 den starken weißen
Läufer d3 abzutauschen, aber Weiß
verhindert dies:

8. De2	Lb7
9. Sd2	Sbd7
10. f4	

Verstärkt den Se5. Nach 10. ...Sxe5
11.fxe5 hat Weiß wegen der f-Linie
und des die schwarze Stellung
einengenden Bauern e5 das bessere
Spiel, **Karaklajic-Andric, Belgrad
1961.**

VARIANTE C NACH DER ERÖFFNUNG

(1.d4 d5 2.Sf3 Sf6 3.e3 e6 4.Ld3 c5
5.c3 Le7 6.Se5 0-0 7.0-0 b6 8.De2
Lb7 9.Sd2 Sbd7 10.f4)

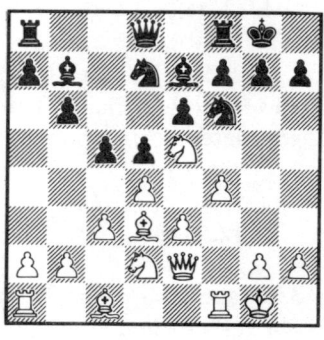

10. ...   Dc7

Verbindet die Türme.

11. Df3!

Ein positionell guter Zug, mit dem
Weiß e4 kontrolliert und damit den
Nachziehenden daran hindert,
...Se4 nebst ...f5 zu spielen.

11. ...   a5

Ein logischer Plan: Schwarz möchte
mittels ...La6 seinen schlechten
weißfeldrigen Läufer gegen seinen
guten Gegenspieler auf d3 abtau-
schen.

12. Tf2!

Einfach, aber stark, da Weiß nach
...La6 jetzt auf der guten Diagonale
b1-h7 bleiben kann.

12. ...	La6
13. Lb1	b5

Schwarz strebt nach Gegenspiel auf dem Damenflügel.

14. g4!

Aber jetzt kommt der weiße Angriff in's Rollen, und er ist gefährlicher, weil er auf den schwarzen König gerichtet ist.

14. ...	Sb6

Damit schwächt Schwarz seinen gefährdeten Königsflügel, besser **14. ...b4.**

15. g5	Se8

Schwarz möchte nach **16.Dh5** mit **16. ...g6** die Stellung verbarrikadieren. Auch danach ist der weiße Angriff sehr gefährlich, aber Weiß hat Besseres:

16. Lxh7+!

Der Hauptzweck dieses Opfers ist die Öffnung der h-Linie für Dame und Turm.

16. ...	Kxh7
17. Dh5+	Kg8
18. Tf3!	

Jetzt droht fürchterlich 19.Th3 nebst Dh7 oder Dh8 matt.

18. ...	g6
19. Dh6	Sg7
20. Th3	Sh5

Schwarz scheint alles im Griff zu haben, aber der nächste Zug von Weiß nimmt dem Nachziehenden alle Illusionen.

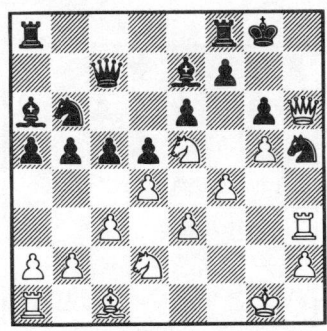

21. Sxg6!

Die schützenden Bauern werden weggefegt.

21. ...	fxg6

Auf **21. ...Lf6** spielt Weiß **22.Se7+ Dxe7** (22. ...Lxe7 23.Txh5, und matt im nächsten Zug.) **23.Txh5**, und Schwarz kann getrost aufgeben.

22. Dxg6+	Sg7
23. Th8+!	

Ein glanzvolles Finish.

23. ...	Kxh8
24. Dh6+	Kg8
25. g6	Tf5
26. Dh7+	Kf8
27. Dh8	matt
(Analyse)	

D

(1.d4 d5 2.Sf3 Sf6 3.e3 e6 4.Ld3 c5
5.c3)

10. 0-0	a6
11. c4	0-0
12. Lb2	

| 5. ... | Ld7 |

Die weiße Stellung ist eindeutig vorzuziehen, **Schlechter-Napier, Monte Carlo 1903.**

Dieser Aufstellung ist zu passiv - der Läufer sollte fianchettiert werden.

| 6. Sbd2 | Lc6 |

Jetzt ist der schwarze Plan klar: Ein „Fianchetto" ohne ...b7-b6. Der Läufer steht jedoch auf c6 etwas exponiert.

7. dxc5!

Weiß plant, unter Tempogewinn Raum auf dem Damenflügel zu gewinnen, indem er die beiden schwarzen Läufer angreift.

7. ...	Lxc5
8. b4	Ld6
9. b5	Ld7

Nun ist der Läufer eingesperrt, aber Schwarz hatte keine andere Wahl.

E

(1.d4 d5 2.Sf3 Sf6 3.e3 e6 4.Ld3 c5
5.c3)

5. ...   b6

Schwarz beeilt sich mit der Entwicklung seines weißfeldrigen Läufers.

6. 0-0

Eine andere gute Variante ist **6.Sbd2 Lb7 7.Se5 Sbd7 8.f4 Ld6 9.Df3!** (Verhindert ...Se4.) mit Vorteil für Weiß. In der Partie **Colle-Snosko-Borowski, Nizza 1930,** folgte **9. ...0-0 10.0-0 Tc8 11.g4 Tc7 12.g5 Lxe5 13.fxe5 Se4** (13. ...Se8 **14.Lxh7+! Kxh7 15.Dh5+ Kg8 16.Tf3**, und der weiße Angriff ist zu stark.), und jetzt hätte Weiß statt der Partiefortsetzung **14.h4?** vorteilhaft **14.Sxe4 dxe4 15.Lxe4** spielen sollen.

6. ...   Lb7

Natürlich nicht 6. ...La6?, da Weiß mit **7.Lxa6 Sxa6 8.Da4+** eine Figur gewinnt.

7. Se5

Weiß ergreift die Gelegenheit, den Vorposten **e5** zu besetzen, weil Schwarz (wie in Variante C) dieses Feld noch nicht kontrolliert.

7. ...   Ld6

Besser ist wahrscheinlich 7. ...Le7, da Schwarz nach dem Textzug nicht mit seinem Springer (von d7 oder c6 aus) auf **e5** schlagen kann, weil Weiß mit einem Bauern zurückschlagen wird und damit sowohl den Läufer **d6** als auch den Springer **f6** angreift.

8. f4

Nachdem es Weiß gelungen ist, **Se5** und **f4** zu spielen, steht er schon besser.

8. ...   Dc7

Schwarz vermeidet es, in den zu erwartenden Königsflügelangriff hineinzurochieren, aber er kann nicht bis in alle Ewigkeit warten.

9. Ld2

Ein nützliches Manöver; Weiß bringt seinen schwarzfeldrigen Läufer in's Spiel, bevor er **Sbd2** zieht.

9. ...   Sc6

10. Le1   a6
11. Sd2

Soweit die Partie **Damjanovic-Kortschnoi, Palma de Mallorca 1969**. Wegen seines starken **Se5** steht Weiß deutlich besser.

VARIANTE E NACH DER ERÖFFNUNG
(1.d4 d5 2.Sf3 Sf6 3.e3 e6 4.Ld3 c5 5.c3 b6 6.0-0 Lb7 7.Se5 Ld6 8.f4 Dc7 9.Ld2 Sc6 10.Le1 a6 11.Sd2)

11. ...   0-0
12. g4!

Das Signal zum Angriff.

12. ...   b5

Schwarz sucht Gegenspiel auf dem Damenflügel.

13. g5   Se8
14. Dh5

Zwingt den Nachziehenden, seine Königsstellung zu lockern.

14. ...   g6

Möglich ist auch 14. ...f5, aber auch danach hat Weiß gefährlichen Angriff: 15.gxf6 gxf6 (15. ...Sxf6 16.Dh3 ist günstig für Weiß.) 16.Lh4! fxe5 17.fxe5 mit schrecklichem Angriff.

15. Dh6   Sg7

Ein besserer Versuch ist 15. ...f6. Nach 16.gxf6 steht Weiß allerdings auch besser - sein **Se5** und der **Ld3** in Verbindung mit der g-Linie sind sehr stark.

16. Sg4!   Le7

Aber nicht 16. ...Se8 17.Sf6+ Sxf6 18.gxf6 und matt im nächsten Zug.

17. Sf6+   Lxf6
18. gxf6   Se8

Auf 18. ...Sh5 setzt Weiß - ähnlich wie in der Partie - mit 19.Tf3-h3 fort.

19. Tf3!   Sxf6

Nach **Th3** geht es sowieso nicht mehr ohne diesen Zug.

20. Th3   Sb8
21. Sf3   Sbd7
22. Sg5

Jetzt ist **h7** nicht mehr zu halten.

22. ...   Tfc8
23. Lh4!

Drohung: 24.Sxh7 Sxh7 25.Dxh7+!
Kxh7 26.Lf6+ und 27.Th8 matt.

23. ...   Sf8
24. Sxh7!

Der Hammer fällt!

24. ...   S6xh7

Auf 24. ...S8xh7 gewinnt 25.Lxf6
leicht, während auf 24. ...Sg4,
wonach die Dame „gefangen" ist,
25.Sf6+! Sxf6 26.Lxf6 matt wird.

25. Lf6!

Es gibt keine Verteidigung mehr
gegen das Matt.
 Schwarz gibt auf. (Analyse)

F
(1.d4 d5 2.Sf3 Sf6 3.e3 e6 4.Ld3 c5
5.c3)

5. ...   Sbd7

Der Hauptvorteil dieses Zuges ge-
genüber 5. ...Sc6 liegt darin, daß
Schwarz mit ...Sxc5 spielen kann
(was den Läufer d3 angreift), falls
Weiß seinen Zentrumsvorstoß e3-
e4 - wie so oft - mit d4xc5 vor-
bereitet. Außerdem blockiert der
Springer die lange Diagonale nicht.
Natürlich hat der Textzug auch
Nachteile: Von d7 aus übt der
Springer keinerlei Druck auf das
wichtige Feld d4 aus; auch das
manchmal störende ...Sc6-b4 (das
wir in einigen der vorher analysier-
ten Varianten gesehen haben) ist
nicht möglich.

6. Sbd2

Weiß setzt seine Standard-Entwick-
lung fort. Möglich wäre auch (wie in
der sogenannten Stonewall-Vari-
ante) 6.Se5, aber nach 6. ...Sxe5

7.dxe5 Sd7 8.f4 Le7 ist die schwarze Stellung gesund.

6. ...   Ld6

Alternativen sind:

1) **6. ...cxd4** (Dieser Abtausch begünstigt Weiß, der die geöffnete e-Linie dazu nutzen kann, einen Vorposten auf e5 zu etablieren. Außerdem kann der schwarzfeldrige Läufer bequem auf der Diagonale c1-h6 entwickelt werden.) **7.exd4 Ld6 8.0-0 0-0 9.Te1 Dc7 10.De2 Te8 11.Se5 Sf8 12.Sdf3 S6d7 13.Sg5 f6** (Das verliert sofort; Schwarz hätte 13. ...Lxe5 14.dxe5 Dxe5 15.Dxe5 Sxe5 16.Txe5 f6 versuchen sollen, obwohl der Anziehende auch in dieser Variante besser steht - Läuferpaar, bessere Bauernstruktur, Entwicklungsvorsprung.) **14.Dh5 g6 15.Sxg6 fxg5** (Auf 15. ...hxg6 16.Lxg6 Te7 17.Sf7 mit der Drohung Dh8 gewinnt Weiß leicht.) **16.Sxf8 Sf6** (Auf 16. ...Kxf8 entscheidet 17.Dh6+.) **17.Dxg5+ Dg7 18.Sxh7!**, und wegen 18. ...Sxh7 **19.Lxh7+ Kxh7 20.Dh5+ Kg8 21.Dxe8+** gab Schwarz auf, **Colle-Schubert, Scarborough 1928**, Beispielpartie #18.

2) **6. ...Dc7 7.0-0 b6 8.e4 dxe4 9.Sxe4 Lb7 10.De2 Le7 11.Lg5!** mit etwas besseren Chancen für Weiß, **Bisguier-Portisch, Zagreb 1965**.

3) **6. ...b6** wird mit **7.Se5** treffend beantwortet, z.B. **7. ...Sxe5** (Gegen 7. ...Lb7 konsolidiert Weiß mit **8.f4** seinen Vorposten auf e5.) **8.dxe5 Sd7 9.f4 Dh4+ 10.g3 Dh3 11.Df3 f5 12.exf6 Sxf6 13.e4 Lb7 14.e5 Sd7 15.Lf1 Df5 16.Lg2 Le7 17.0-0 0-0 18.g4 Dg6** (18. ...Df7 19.De2 und 20.f5) **19.f5 exf5 20.gxf5 Dg5 21.Sc4!** mit hervorragendem Spiel für Weiß, **Apostopoulos-Madsen,E., Fernschachpartie 1959**.

7. 0-0

An dieser Stelle ist **7.e4** nicht zu empfehlen. In der Partie **Goglidse-Lisitzin, UDSSR-Meisterschaft 1931**, folgte **7. ...cxd4 8.cxd4 dxe4 9.Sxe4 Sxe4 10.Lxe4 Sf6 11.Lc2 Lb4+** (Dieses vereinfachende Zwischenschach nimmt der weißen Aufstellung die Kraft.) **12.Ld2 Lxd2+ 13.Dxd2 0-0 14.0-0 b6 15.Df4 Lb7 16.Tad1 Tc8**, und Schwarz stand besser.

Eine interessante Alternative ist **7.De2**, und auf **7. ...Dc7** (Möglich ist auch 7. ...e5!? 8.e4 mit kompliziertem Spiel.) **8.0-0**, und nun:

1) **8. ...e5?** (Weil der schwarze König noch nicht rochiert hat, ist dieser

Zug zu gefährlich.) 9.Sxe5 Sxe5 10.dxe5 Lxe5 11.f4, und 11. ...Ld6 bringt Weiß nach 12.e4! Lxf4 13.Txf4 Dxf4 14.e5 einen sehr starken Angriff.)

2) 8. ...0-0 9.e4 cxd4 10.cxd4 dxe4 11.Sxe4, und jetzt:

2a) 11. ...Lf4 12.g3 Lxc1 13.Tfxc1 Db6 mit vielleicht minimal besserer Stellung für Weiß, **Prins-Keres, Zandvoort 1936.**

2b) 11. ...Sd5 12.Sxd6 Dxd6 13.De4 S7f6 14.Dh4 Ld7 15.Te1 Tfc8 16.Te5 g6 17.Ld2 17. ...a6 18.Tae1 La4 19.b3 Lb5 20.Lb1 a5 21.Sg5! Te8 22.Le4 Lc6 23.Lxd5 Lxd5 24.Sxe6! Sd7 25.Sg5! Sxe5 26.Dxh7+ Kf8 27.dxe5 Db6 28.e6!, und Schwarz gab auf, **O'Kelly-Book, Dubrownik 1950.**

2c) 11. ...Le7 ist möglich, aber nach 12.Lg5! hat Weiß - hauptsächlich wegen seines Entwicklungsvorsprunges - beträchtlichen Vorteil.

7. ...   0-0

In der Partie **Koltanowski-Catala, Spanien 1934**, versuchte der Nachziehende 7. ...b6. Es folgte 8.e4 dxe4 9.Sxe4 Sxe4 (Besser ist 9. ...Le7) 10.Lxe4 Tb8 11.dxc5! Sxc5 (Gegen 11. ...Lxc5 ist 12.Lf4 vernichtend) 12.Lc6+ Ke7 13.b4 Sb7 14.Sd4 Dc7 15.Dh5 Sd8 16.b5 f6? (Schlecht, aber auch nach 16. ...Lb7 17.Lxb7 steht Weiß ausgezeichnet.) 17.Te1 e5 18.Txe5+!! Lxe5 (18. ...fxe5 19.Lg5+ Kf8 20.De8+ matt.)

19.La3+ Ld6 20.Te1+ Se6 21.Sf5+, und Schwarz gab auf, da 21. ...Kf8 22.De8 matt ist, während 21. ...Kd8 22.Lxd6 die Dame verliert.

8. Te1

Dieser vorbereitende Zug scheint der beste zu sein. Nach 8.e4 cxd4 9.cxd4 dxe4 10.Sxe4 Sxe4 11.Lxe4 Db6 sollte Weiß 12.De2!? mit der Idee Le3 versuchen (Empfehlung von Shakhmatny Listok).

8. ...   Dc7

Andere Möglichkeiten sind:

1) 8. ...Db6!? 9.b3 (Erwägenswert ist 9.e4 cxd4 10.cxd4 dxe4 11.Sxe4 Sxe4 12.Txe4!?.) 9. ...e5 10.e4 cxd4 11.cxd4 dxe4 12.Sxe4 Sxe4 13.Lxe4 exd4 14.Lb2 Sf6 15.Lxd4 Lc5 16.Lxc5 Dxc5 17.Tc1 Da5 18.Dd2 Db6 mit ungefähr gleichen Chancen, **Fine-Keres, Kemeri 1937.**

2) 8. ...Te8?! 9.e4 dxe4 10.Sxe4 Sxe4 11.Lxe4 cxd4 (Nach dem besseren 11. ...Sf6 hat Weiß nur leichten Vorteil.) und Weiß erhält nach 12.Sxd4 oder 12.cxd4 das deutlich bessere Spiel. Das berühmte Opfer aus der Partie **Colle-O'Hanlon, Nizza 1930** - 12.Lxh7+ - ist nicht gesund. Nach 12. ...Kxh7 13.Sg5+ Kg6 (13. ...Kg8 14.Dh5 Se5 15.cxd4! Sg6 16.Dh7+ Kf8 17.h4! ist sehr stark für Weiß.) 14.h4 f5! (anstelle des tatsächlich gespielten 14. ...Th8?) sollte Schwarz die besseren Karten haben - Beispielpartie #15.

3) 8. ...b6 9.e4 dxe4 10.Sxe4 Le7 (Oder 10. ...Sxe4 11.Lxe4 Tb8 12.Dc2 f5 13.Ld3 Te8 14.Lc4 mit Vorteil für Weiß, **Reilly-Tumurbator, Olympiade Moskau 1956.**) **11.De2 cxd4 12.Sxd4 Lb7 13.Lg5 Lxe4 14.Lxe4 Sxe4 15.Sc6 Sxc3 16.Dc4 Tc8 17.Lxe7 Txc6 18.Dxc6 Dxe7 19.Dxc3**, und Weiß hatte entscheidenden Materialvorteil in **Marjanovic-Popovic, Jugoslawische Meisterschaft 1985.**

4) 8. ...e5 ist an dieser Stelle zu optimistisch, nach **9.e4 cxd4 10.cxd4 dxe4 11.Sxe4 Sxe4 12.Lxe4 exd4 13.Dxd4** hat Weiß wegen seiner zentralisierten Dame und seiner schnellen Entwicklung die besseren Aussichten, **Colle- Thomas, Karlsbad 1929.**

9. e4

Der thematische Vorstoß ist durchgesetzt.

9. ...   cxd4

Wie fast immer, wenn sich ihm die Gelegenheit bietet, so tauscht auch hier Schwarz Bauern im Zentrum, um dem Anziehenden einen Einzelbauern zu „verpassen". Der weiße Entwicklungsvorsprung bietet jedoch mehr als genug Kompensation für diese statische Schwäche.

10. cxd4   dxe4

Sonst ist **e4-e5** zu stark.

11. Sxe4

11. ...   Sd5

Schwarz blockiert den isolierten d-Bauern. Alternativen:

1) 11. ...Lf4 (Dieser Abtausch scheint den Druck zu reduzieren, außerdem kann auch Weiß das Läuferpaar nicht behalten - der weiße Entwicklungsvorsprung vergrößert sich jedoch weiter.) **12.Sxf6+ Sxf6 13.Se5 Lxc1 14.Txc1.** In der Folge wird Weiß **g2-g4** spielen und drohen, den **Sf6** zu vertreiben, wonach die Verteidigung von **h7** geschwächt ist - Weiß hat gute Angriffschancen. Ebenso günstig für Weiß ist **12.Le3** gefolgt von **Tc1**.

2) 11. ...b6 12.Lg5 (Auch **12.Sxf6+ Sxf6 13.Ld2** nebst **Tc1** verheißt dem Anziehenden einen gewissen Vorteil.) **12. ...Lf4** mit etwas besserem Spiel für Weiß. **12. ...Sxe4 13.Txe4! Lb7 14.Th4!**, und Weiß erhielt einen starken Angriff in der Partie

Knezevic-Dizdar, Trencianske Teplice 1985.

3) 11. ...Sxe4? (Dieser Zug macht es dem Anziehenden nur leichter, seinen Turm in's Spiel zu bringen.) 12.Txe4 Te8 13.Th4 Sf8 14.Sg5 h6 15.Dh5! e5 16.Ld2 exd4 17.Tc1 De7 18.Se4 Sg6 19.Lg5! De5 20.f4 Dd5 (Besser 20. ...Da5, aber nach 21.b4 steht Weiß immer noch auf Gewinn.) 21.Sf6+!, **Landau-Book, Kemeri 1937.**

12. Ld2

Das ist besser, als mit **12.Sxd6** das schwarze Läuferpaar zu „halbieren"wonach in der Partie **Koltanowski-Feigin, Hastings 1936/37,** 12. ..Dxd6 13.Se5 b6 14.a3 Lb7 15.Ld2 a5 16.Df3 La6 17.Sc4 Lxc4 18.Lxc4 S7f6 mit etwas besserem Spiel für Schwarz folgte. Der sowjetische Meister Dus-Chotimirski empfahl 13.Sg5 (anstelle von 13.Se5) mit unklarer Stellung nach 13. ...S7f6 14.Df3 Db4.
Nach **12.Ld2** wird Weiß Tc1 folgen lassen und wegen seines Entwicklungsvorsprunges einen kleinen, aber spürbaren Vorteil behalten.

G
(1.d4 d5 2.Sf3 Sf6 3.e3 e6 4.Ld3 c5 5.c3)

5. ...   Sbd7

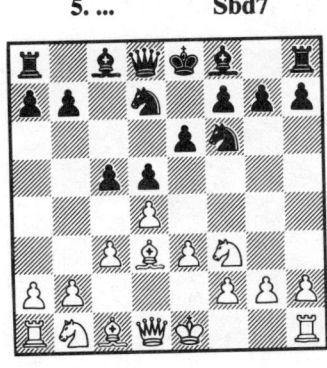

6. Sbd2   Le7

Dieser Zug wurde von Euwe und Pachman empfohlen.

7. 0-0

Auch **7.De2 0-0** wurde schon gespielt, danach ist **8.e4** noch nicht ratsam: 8. ...dxe4 9.Sxe4 cxd4 10.Sxd4 (10.cxd4 Lb4+ mit gutem Spiel für Schwarz.), und Schwarz hat keine Probleme. Anstelle von **8.e4** könnte Weiß **8.Se5!?** versuchen: 8. ...Sxe5 (Nach 8. ...Dc7 9.f4 hat der weiße Springer sich zu gut eingenistet.) 9.dxe5 Sd7 10.f4 f5 (Oder 10. ...f6 11.e4 fxe5 und jetzt 12.exd5.)11.b3 Sb8 12.Lb2 Sc6 13.0-0 Ld7 14.Kh1 Kh8 15.g4 g6 16.Tg1 Tg8 17.Tg3 Df8 18.Tag1 mit etwa gleichen Chancen, **Landau-Berger, Matchpartie 1932.**

7. ...   0-0

Auf 7. ...Dc7 8.De2 a6 erhält Weiß mit 9.e4 leichten Vorteil: 9. ...dxe4 10.Sxe4 b5 11.Lg5 Lb7 12.Tfe1.

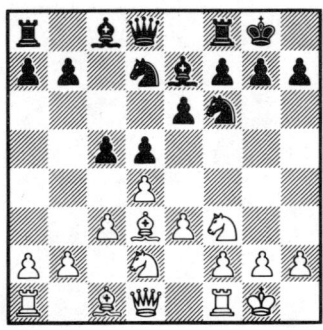

8. De2

Weiß hat mehrere Alternativen:
1) 8.Se5 Sxe5 9.dxe5 Sd7 10.f4 f5 11.exf6, und jetzt folgte in Breyer-Maroczy, Berlin 1920, 11. ...Txf6 12.e4 Sf8 13.Sf3 Sg6 14.e5 Tf8 15.Dc2 De8 16.c4 d4 17.h4 mit starkem Druck für Weiß. Auch nach 11. ...Sxf6 12.e4 c4 13.Le2 (Das beste. Auf 13.Lc2 kann der Nachziehende 13. ...e5! spielen, und falls dann 14.fxe5 , so 14. ...Sg4.) hat Weiß leichten Vorteil.

2) 8.Te1 Dc7 9.e4 dxe4 10.Sxe4 Sxe4 11.Lxe4 Sf6 12.Lc2 b6 13.Lg5 Lb7 14.Dd3 g6 15.Se5 Tac8 16.dxc5 Tfd8 17.Dh3 mit deutlich besserer Stellung für den Anziehenden, Colle-Rubinstein, San Remo 1930. Besser als 8. ...Dc7 ist 8. ...b6, danach ist 9.e4 dxe4 10.Sxe4 Lb7 11.De2 ausgegli-

chen, während 11.Lf4?! in der Partie Voellmy-Staehelin, Bern 1932, nach 11. ...cxd4 12.cxd4 Sxe4 13.Lxe4 Lxe4 14.Txe4 Sf6 15.Te1 Sd5 zu Vorteil für Schwarz führte.

3) 8.e4 dxe4 (Aber nicht 8. ...cxd4? 9.e5, und der weiße Bauer e5 engt die schwarze Stellung stark ein.) 9.Sxe4 cxd4 10.cxd4 (10.Sxd4 Sxe4 ist recht gut für Schwarz, Larrain-Lundin, Leipzig 1960.) 10. ...Sxe4 11.Lxe4 Sf6 12.Ld3 b6 13.Se5 Lb7 14.Te1 Dc7 15.Lf4, und jetzt muß Schwarz 15. ...Ld6 ziehen. In der Partie Koltanowski-Lev, Zürich 1936 folgte stattdessen 15. ...Lb4?, und nach 16.Te3 Tfd8 (16. ...Sd5 17.Lxh7+ Kxh7 18.Dh5+ Kg8 19.Th3 mit baldigem Matt.) 17.Tg3 Ld6 (17. ...Txd4 scheitert an 18.Lxh7+.) 18.Tc1 Db8 19.De2 (Um Lg5 zu spielen.) 19. ...g6 20.Lg5 Le7 (20. ...Sh5 21.Dxh5! gxh5 22.Le7+ Kh8 23.Lf6 matt.) 21.Lxg6!! fxg6 22.Sxg6, und Weiß gewann schnell. Anstelle von 9. ...cxd4 empfiehlt Euwe 9. ...Sxe4!, z.B. 10.Lxe4 Sf6 11.Lc2 b6 mit Ausgleich. Wir sind jedoch der Meinung, daß Weiß mit 12.De2 (Um den Turm f1 nach d1 zu bringen.) 12. ...cxd4 13.Td1 d3 14.Lxd3 Dc7 15.Lg5 Lb7 16.Se5 Sd5 leichten Vorteil bekommt, weil er besser entwickelt ist und das Zentrum kontrolliert, Colle-Steiner,L., Budapest 1929.

8. ...   b6

9. e4   dxe4
10. Sxe4   Lb7
11. Td1

Mit versteckten Drohungen auf der d-Linie.

11. ...   Dc7
12. Lg5   Tfe8

Auf 12. ...Sxe4 erhält Weiß nach 13.Lxe7 Tfe8 14.Lh4 dank seines Läuferpaares einigen Druck. Wir sind der Partie **Kashdan-Steiner,-H., Pasadena 1932**, gefolgt, in der Weiß (nach 12.Tfe8)**13.dxc5** spielte (Um eine Bauernmajorität auf dem Damenflügel zu erhalten - eines der Motive, die von Koltanowski „entdeckt" wurden.) **13. ...Lxe4 14.Lxe4 Sxe4 15.Dxe4 Sxc5 16.Dc4 Lxg5 17.Sxg5** (Jetzt droht 18.b4 De5 19.Sf3 De4 20.Td4 mit Figurengewinn.) **17. ...De7 18.Sf3 Ted8 19.Sd4 Dh4** (Für das plausibel aussehende 19. ...Tac8 hatte Weiß 20.b4! vorbereitet: 20. ...Sa4 21.Sc6 Dc7 [Oder 21. ...Txd1+ 22.Txd1 Dc7 23.Se7+ Kf8 24.Sxc8! Dxc4

25.Td8 matt.] 22.Txd8+ Txd8 [Oder 22. ...Dxd8 23.Se7+] 23.b5 Sb2 24.Db3, und Weiß gewinnt Material.) **20.De2 Tac8 21.a4** (Weiß fängt an, seine Damenflügelmajorität in Gang zu setzen.) **21. ...Df6 22.b4 Sd7 23.Sb5 Sf8** (Auf 23. ...a6 ist 24.Sd6 gut für Weiß.) **24.De3 a6 25.Sd6 Tb8** (Schwarz kann den c-Bauern nicht nehmen: 25. ...Txc3 26.Se4 Txe3 27.Sxf6+, und Schwarz verliert.) **26.Td2 De7 27.Tad1 Dc7 28.c4 Td7 29.Dc3 h6 30.Se4 Txd2 31.Txd2 Tc8 32.Sd6** (Wieder da!) **32. ...Td8 33.c5!** (Der Schlüsselzug. Auf 33. ...bxc5 34.Dxc5 Dxc5 35.bxc5 Td7 36.c6 Tc7 37.Tc2 Sg6 38.Se8 Tc8 39.c7 Se7 40.Sd6 hat Weiß leichtes Spiel.), und Weiß gewann ein wunderschön geführtes Endspiel. Diese Partie ist von der Eröffnung über das Mittelspiel bis zum Endspiel eines der klassischen Modelle dafür, wie man im Colle-System eine Bauernmajorität auf dem Damenflügel kreiert und ausnutzt.

KAPITEL SIEBEN
COLLE-KOLTANOWSKI-SYSTEM
Verschiedene Systeme mit 2. ...d5

In diesem Kapitel werden wir Ihnen verschiedene Varianten vorstellen, die Schwarz gegen das Colle-Koltanowski-System (Bauern c3, d4, e3 und Figuren Sf3, Ld3, Sbd2) versuchen kann.

1. d4	Sf6
2. Sf3	d5
3. e3	

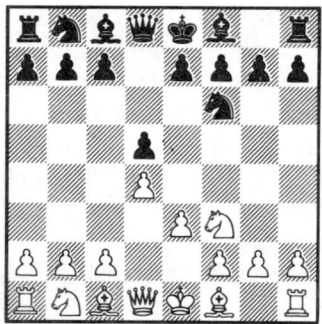

Jetzt untersuchen wir:

A) 3. ...g6 **Sneaky Grünfeld**
B) 3. ...c5 **Damengambit mit vertauschten Farben**
C) 3. ...c6 **Slawische Muster**

A
(1.d4 Sf6 2.Sf3 d5 3.e3)

3. ...	g6

Jetzt ist eine Art Grünfeld entstanden. Beachten Sie, daß Schwarz den Anziehenden „ausgetrickst" hat: Unser „Anti-indischer" Colle-Aufbau, den wir gegen die Grünfeld-Verteidigung (und auch gegen Königsindisch) empfehlen (siehe Kapitel 14), ist nicht mehr möglich. Aber trotzdem bekommt Weiß gutes Spiel, wenn er sich an unsere Vorschläge hält.

4. Ld3	Lg7
5. Sbd2	Sbd7

Nach 5. ...0-0 6.c3 c5 7.0-0 b6 8.e4 cxd4 9.e5 Sh5 10.cxd4 Sf4 11.Lb1 Dd7 12.g3 Sh3+ 13.Kg2 Dg4 14.Sb3 f6 steht Schwarz besser, **Solmanis-Cholmow, Halbfinale der 17. sowjetischen Meisterschaft 1949.**
Dem Anziehenden steht jedoch eine viel bessere Strategie zur

Verfügung: Er kann mit **b2-b4** Druck auf **c5** ausüben und Linien auf dem Damenflügel öffnen. Beachten Sie dabei, daß der schwarzfeldrige Läufer des Nachziehenden von **g7** aus seinen Bauern **c5** nicht (wie von einem der „klassischen" Entwicklungsfelder e7 oder d6 aus) deckt. Z.B. **7.0-0 b6 8.b4!**, und falls jetzt **8. ...La6**, dann **9.Lxa6 Sxa6 10.Da4! Sc7** (10. ...Dc8 11.bxc5 bxc5 12.La3 nebst 13.Tfc1! und der Drohung, mit c3-c4 starken Druck auszuüben.)**11.bxc5 bxc5 12.La3** mit Vorteil für Weiß nach **12. ...Se6 13.Se5!**

6. 0-0   c5
7. c3   0-0

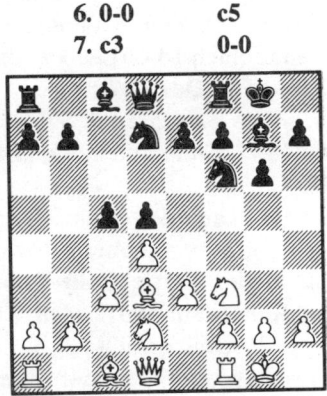

Jetzt ist eine Katalanisch-Formation mit vertauschten Farben entstanden, in der Weiß einen Extrazug hat, daher sollte er zufriedenstellende Möglichkeiten haben. Einige Beispiele:

1) **8.b4!** (Wir legen Ihnen diesen Zug als schärfsten Versuch, Vorteil zu erlangen, an's Herz.) **8. ...cxb4** (Vorsichtig ist 8. ...b6. Nach 9.bxc5 bxc5 10.Da4 steht Weiß allerdings besser.) **9.cxb4** (Die Abwesenheit des schwarzfeldrigen Läufers vom Damenflügel wird fühlbar.) **9. ...Se8 10.Lb2 Sd6 11.Db3 Sb6 12.a4 Lf5 13.Le2!** (Eine Verbesserung gegenüber 13.Lxf5 aus der Partie Prins-Landau, in der Weiß nur Ausgleich hatte.) **13. ...Lg4 14.Tfc1** mit Vorteil für Weiß. Falls **14. ...Lxf3 15.Lxf3 Sbc4**, so **16.Sxc4 Sxc4 17.Lxd5! Sxb2 18.Lf3**, und Weiß hat einen gesunden Mehrbauern; auch nach **16. ...dxc4** hat Weiß wegen seiner starken Zentumsbauern und seines Läuferpaars Vorteil.

2) **8.De2.** An dieser Stelle ist Koltanowski's Zug **8. ...Dc7** kritisch. Weniger stark ist jedoch **8. ...Te8?**, wonach Weiß **9.Se5!** (Gegen ...e5 gerichtet) spielen sollte: **9. ...Sxe5 10.dxe5 Sd7 11.f4 Db6 12.Df3 e6 13.c4!** mit ausgezeichnetem Spiel, **Seitz- O'Hanlon, Nizza 1930**, nicht jedoch (nach 8. ...Te8) **9.e4?! e5 10.dxe5 Sxe4 11.Sxe4 dxe4 12.Lxe4 Sxe5 13.Sxe5?** (13.Dc2 f5 14.Td1 war notwendig.) **13. ...Lxe5**, und Weiß hat keinen guten Zug mehr, **Colle-Fairhurst, Scarborough 1927**.

3) **8.e4 dxe4** (Nach 8. ...cxd4 9.e5 steht Weiß besser.) **9.Sxe4 Sxe4 10.Lxe4 cxd4 11.Sxd4 Sc5 12.Lc2 Dc7** mit Ausgleich, **Nestler-Pachman, Venedig 1950**.

Diese Variante (**Matanovic-Trifunovic, Belgrad 1964**) ist tatsächlich die einzige Verteidigung gegen das Colle-System, die Marovic und Parma in Ihrer Ausgabe von 1987 ihres Buches „Ein Eröffnungsrepertoire für Schwarz" empfehlen. Sie bevorzugen eine andere Zugfolge: 1.d4 d5 2.Sf3 Sf6 3.e3 Sbd7 4.Ld3 c5 5.c3 g6 6.0-0 Lg7 7.Sbd2 0-0 8.e4 dxe4 9.Sxe4 Sxe4 10.Lxe4 Dc7 =. Allerdings erwähnen sie 8.b4 (unsere Variante 1) nicht, in der Weiß einen gewissen Vorteil erhält.

B
(1.d4 Sf6 2.Sf3 d5 3.e3)

3. ...   **c5**

Schwarz spielt Damengambit mit vertauschten Farben.

4. c3

Droht, auf **c5** zu schlagen und mit **b2-b4** den Raub zu behaupten.

4. ...   **Sbd7**

5. Sbd2

Spielbar ist auch **5.Ld3**, nach **5. ...e6** muß Weiß aber **6.Da4?!** vermeiden, in **Nestler-Szabados, Venedig 1950**, hatte Schwarz nach **6. ...Le7 7.Sbd2 0-0 8.0-0 Dc7 9.e4 cxd4 10.cxd4 dxe4 11.Sxe4 Sxe4 12.Lxe4 Sf6 13.Ld3 Ld7** Vorteil.

5. ...   **Dc7**

5. ...g6 - Variante A.

6. Ld3

Auf **6.Da4 e6 7.Ld3** hat Schwarz:
1) **7. ...c4** (Von Neikirch und Zwetkow empfohlen.) **8.Lb1 a6 9.e4 dxe4 10.Sxe4 b5 11.Dd1 Lb7.**)
2) **7. ...Ld6 8.dxc5 Lxc5 9.0-0 0-0 10.Dh4 Le7**, **Colle-Spielmann, Bled 1931**.

Auf **6.Da4** kann der Nachziehende auch **6. ...g6** versuchen, obwohl Weiß in der Partie **Colle-Rubinstein, Rotterdam 1931,** nach **7.c4!** großen Vorteil erhielt: **7. ...Lg7** (Notwendig war **7. ...cxd4**). **8.cxd5 Sxd5 9.e4! S5b6 10.Dc2! Dd6 11.a4** - Beispielpartie #24.

6. ...   **e5**
7. e4

7.dxe5 bringt dem Anziehenden nichts. In **Makagonow-Fridstein, Halbfinale der 15. sowjetischen Meisterschaft 1947**, erhielt Schwarz

mit **7. ...Sxe5 8.Sxe5 Dxe5 9.Sf3 Dc7
10.b3 Le7 11.c4 dxc4 12.bxc4 0-0
13.0-0 Lg4 14.Lb2 Tad8 15.Dc2** aus-
geglichenes Spiel.

7. ...	Sxe4
8. Sxe4	dxe4
9. Lxe4	Sf6

**9. ...cxd4 10.cxd4 Lb4+ 11.Ld2
Lxd2+ 12.Dxd2 0-0 13.Tc1**, und
jetzt mußte Schwarz **13. ...Db8**
spielen, um sofortigen Materialver-
lust zu vermeiden, **Koltanowski-
Sebestany, Barcelona 1934.**

10. Lc2

Mit den Möglichkeiten:
1) **10. ...Ld6 11.dxe5 Lxe5 12.De2 0-0
13.Sxe5 Te8 14.f4**, und Weiß steht -
gemäß Tartakower - auf Gewinn.
2) **10. ...exd4 11.0-0 Le7** ist vor-
zuziehen - Tartakower.
3) **10. ...cxd4!? 11.0-0** (Aber nicht
11.cxd4? 11. ...Lb4+.) **11. ...dxc3**
(Zu gefräßig, 11. ...Ld6 war besser.)
12.Sxe5! Ld6 13.La4+ mit großem
Vorteil für Weiß, **Colle-Stoltz, Bled
1931** - Beispielpartie #23.

C
(1.d4 Sf6 2.Sf3 d5 3.e3)

| 3. ... | c6 |

Ein ziemlich solider Zug - Schwarz
spielt nach Slawischem Vorbild.
Wenn Schwarz **3. ...Sbd7** zieht, so
leitet **4.Sbd2 c5** in Variante B über.

| 4. Ld3 | g6 |

Jetzt entsteht eine Art Schlechter
Grünfeld-Aufbau.

5. Sbd2	Lg7
6. 0-0	0-0
7. e4	dxe4
8. Sxe4	Sxe4
9. Lxe4	Lg4
10. c3	Sd7
11. h3	

So weit **Aronson-Stolyar, 24.
UDSSR-Meisterschaft 1957.** In
dieser Partie folgte weiter **11. ...Le6
12.Te1 Te8 13.Lf4 Da5 14.De2 Dh5
15.Lc2 Ld5 16.Le4** (Um die Verdopp-
lung des f-Bauern zu verhindern.)
16. ...Lxe4 17.Dxe4 mit Ausgleich.

KAPITEL ACHT
COLLE-KOLTANOWSKI
Damenindisches Verteidigungs-system

Schwarz fianchettiert seinen weiß-feldrigen Läufer und zieht nicht frühzeitig **...d7-d5**. In beiden unten angegebenen Verteidigungssy-stemen gehört der Benoni-Zug **...c5** zur Gegenangriffsstrategie.

1. d4	Sf6
2. Sf3	

Jetzt untersuchen wir:

A) **2. ...b6** gefolgt von einem Königsflügelfianchetto.

B) **2. ...e6** gefolgt von einem Damenflügelfianchetto.

A
(1.d4 Sf6 2.Sf3)

2. ...	b6 (mit ...g6)

Ohne einen Zentrumsbauern gezo-gen zu haben, fianchettiert Schwarz, um Einfluß auf die wich-tige Diagonale **a8-h1** zu nehmen.

3. e3	Lb7
4. Sbd2	

Weiß baut sich nach dem normalen Colle-Schema auf.

4. ...	c5

Wie in den meisten Varianten des Colle-Systems benutzt Schwarz auch hier seinen c-Bauern, um den weißen d-Bauern unter Druck zu setzen und dem Anziehenden die Durchführung seines Planes, **e3-e4**, nach Kräften zu erschweren.

5. c3	g6

Schwarz entscheidet sich für ein hypermodernes Doppelfianchetto.

6. Ld3	Lg7
7. b4!	

Erobert Raum auf dem Damenflügel.

Schwächer ist **7.e4 d6 8.0-0 0-0 9.De2 cxd4 10.cxd4 Sc6 11.a3 Sd7 12.Sb3 a5 13.a4 Sb4!**, und laut „Enzyklopädie der Schacheröffnungen" steht Schwarz besser, **Koltanowski-Aljechin, Hastings 1936/37.** Die komplette Partie finden Sie in Kapitel vier.

Weiß wird sich mit **a4** weiter auf dem Damenflügel ausbreiten, sein schwarzfeldriger Läufer wird nach **a3** oder **b4**, die Dame nach **b3** und der Turm **f1** nach **c1** oder **b1** ziehen. Dieses Abweichen von dem normalen **e4** gibt dem Anziehenden die Initiative und vielversprechendes Spiel.

B
(1.d4 Sf6 2.Sf3)

2. ...	e6

Ein solider Zug. Normalerweise fianchettiert Schwarz seinen weißfeldrigen Läufer in diesem Abspiel, da die lange Diagonale noch nicht durch **d7-d5** blockiert worden ist.

3. e3	b6

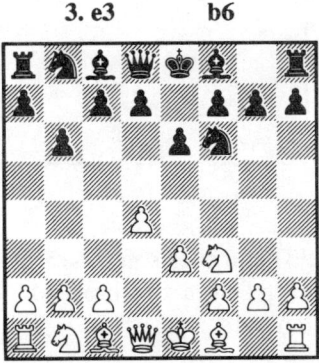

Mit **3. ...b6** plaziert Schwarz seinen Damenläufer auf der langen Diagonale und vermeidet **...d7-d5,** um diese Diagonale nicht zu versperren.

4. Sbd2

Spielbar ist auch **4.Ld3,** da **4. ...La6** keine wirkliche strategische Drohung darstellt, weil Weiß **...Lxd3** mit **cxd3**(!) beantworten kann, wonach **e4** „überdeckt" ist und die Öffnung der c-Linie sich als günstig für den Anziehenden erweist.

4. ...	Lb7
5. Ld3	c5

Varianten mit **5. ...d5** finden Sie in den vorhergehenden Kapitel an.

6. 0-0

Weiß kann auch sofort **6.c3** spielen, wonach Schwarz mehrere Möglichkeiten hat:

1) 6. ...Le7, und nun:

1a) 7.e4 d6 8.De2 cxd4 9.cxd4 (Mit 9.Sxd4 gibt Weiß sein „klassisches" Bauernzentrum auf, und Schwarz kann ausgleichen - **Schenk-Spielmann, Ebensee 1933.**) mit gewissem Vorteil für Weiß. Jetzt kann Weiß auf **9. ...Sc6** (mit der Drohung ...Sb4) **10.a3!** antworten, womit er ...Sb4 verhindert und die Weichen für eine mögliche Expansion auf dem Damenflügel mit **b2-b4** stellt.

1b) 7.De2 Sd5! (Ein subtile Resource. Jetzt eliminiert Schwarz

auf **8.e4** mit **8. ...Sf4** den starken Ld3, während **8.c4** das immer störende **8. ...Sb4** gestattet.) **8.dxc5 bxc5 9.Sf1 Dc7 10.Sg3 Sc6 11.Ld2 g5!**, und Schwarz hatte die Initiative in der Partie **Ahues-Aljechin, San Remo 1930.**

1c) 7.0-0 0-0 8.e4 Sc6 9.a3 mit leichtem Vorteil für Weiß, **Koltanowki-Anderson, Tim, Ohio 1957** - Beispielpartie #30.

2) 6. ...Sc6 7.a3 (Bereitet e4 vor; auf 7.e4 hat Schwarz 7. ...cxd4 8.cxd4 Sb4 9.Lb1 La6.) **7. ...Dc7 8.e4 cxd4** (Auf 8. ...e5 schließt Weiß mit 9.d5 den Läufer b7 ein und sichert sich einen beträchtlichen Raumvorteil.) **9.cxd4 Le7 10.0-0 0-0 11.b4 Tac8 12.Lb2 d6 13.Tc1 Db8** (Besser wäre 13. ...Dd8.)**14.De2 Tfe8 15.Sb3 Lf8** (Der einzige Versuch war 15. ...h6.) **16.e5 Sd5 17.Lxh7+!**, und Weiß gewann, **Koltanowski-Reilly, Barcelona 1935.**

3) 6. ...cxd4 7.exd4 (7.cxd4 ist antithematisch, weil die e-Linie für Weiß nützlicher ist als die c-Linie.) **7. ...Sc6 8.0-0 Le7** (Nach 8. ...Dc7 9.Te1 h5? erhält Weiß mit 10.Sc4 Sg4 11.Lg5! die Oberhand.) **9.De2**, und nun:

3a) 9. ...Dc7 10.Se5 0-0 11.f4 d6 12.Sg4 Sb8 13.f5 e5 14.Sxf6+ Lxf6 15.Se4 Sd7 mit Vorteil für Weiß, **Popov-Koch, Sopot 1951.**

3b) 9. ...0-0 10.Se4?! (Zweifelhaft. Weiß sollte lieber 10.Te1 oder 10.Sc4 mit winzigem Vorteil spielen.) **10. ...Sxe4 11.Dxe4 f5 12.De2 Ld6 13.Lg5 Sxd4! 14.Sxd4** (Oder 14.cxd4 Lxf3 usw.) **14. ...Dxg5 15.f3 Tf6 16.Lb5 Th6 17.f4 Lxf4 18.g3 Lxg3! 19.hxg3 Dxg3+** nebst matt, **Mouracheff-Soultanbeieff, Lüttich 1930.**

6. ...   Sc6

Alternativen:

1) 6. ...cxd4 (Öffnet dem Anziehenden unnötigerweise die e-Linie.) **7.exd4 d5?!** (Dieser Zug blockiert die lange Diagonale. Sinnvoller ist 7. ...Le7, obwohl Weiß auch danach die Initiative hat - Beispielpartie #31.) **8.Se5 Sc6 9.Sdf3 Dc7 10.Sg5 Sxe5 11.dxe5 Sd7** (Zu gefährlich ist 11. ...Dxe5, da der schwarze König nach 12.Lb5+ bald unter Angriff stehen wird.) **12.Dh5 g6 13.Df3 Sxe5 14.Df6 Sg4 15.Lb5+ Lc6 16.Lxc6+ Dxc6 17.Dxf7+ Kd8 18.Sxe6+ Kc8 19.Sxf8 Dd6 20.De6+ Kc7 21.Dxg4**

Taxf8 22.Dg3, und Weiß gewann die Partie **Denker- Tschernew, US-Meisterschaft 1942.**

2) 6. ...d6 7.De2 Sbd7 8.c3 Le7 9.e4 cxd4 10.cxd4 a6 11.b3 0-0 12.Lb2 g6 13.Tfd1 Db8 14.h3 Td8 15.Sf1 Sh5 16.De3 e5 17.dxe5 dxe5 18.Lc4 b5 19.Txd7! Txd7 20.Sxe5 bxc4 21.Sxd7 Dc7 22.Sb6 Td8 23.Sxc4 Lc5 24.Df3, und Weiß gewann, **Denker-Ervin, Lone Pine 1976.**

3) 6. ...Le7 7.c3 0-0 (Vielleicht sollte Schwarz hier noch nicht rochieren.) **8.e4**, und jetzt:

3a) 8. ...Sc6 - Hauptvariante.

3b) 8. ...cxd4 9.Sxd4?! (Lahm; natürlich und gut ist 9.cxd4 mit leichtem Vorteil.) **9. ...d6 10.De2 Sbd7 11.f4 Sc5 12.Lc2 La6 13.c4 Tc8 14.b4 e5 15.bxc5 exd4 16.cxd6 Dxd6 17.Ld3 Sd7**, und die Partie **Colle-Mattison, Budapest 1926** endete mit Remis.

7. c3   Le7

Schwarz kann auch **7. ...Dc7** spielen:

1) 8.De2 Le7 9.e4, und nun:

1a) 9. ...cxd4 10.Sxd4 Se5 11.Lc2 Dc8 12.h3 Sc6 13.S2f3 Sxd4 14.Sxd4 d6, die schwarze Stellung ist solide, **Spielmann-Eliskases, 9. Matchpartie 1936.**

1b) 9. ...d6 10.e5 dxe5 11.dxe5 Sd5 12.Sc4 h6 13.a4 g5 14.h3? (Gibt dem Nachziehenden die Möglichkeit, mit ...g5-g4 Linienöffnung zu erzwingen.) **14. ...0-0-0 15.a5 Tdg8 16.axb6 axb6 17.Sa3 g4 18.hxg4 Txg4 19.Sh2?** (Besser war 19.La6.) **19. ...Txg2+! 20.Kxg2 Sd4! 21.De4** (21.cxd4 Sf4 +) **21. ...f5 22.Sb5 Dd8 23.cxd4 fxe4,** und Schwarz gewann, **Iglitzki-Kan, Moskau 1928.**

2) 8.a3 Le7 9.e4 d6 10.Te1 h6 11.Sf1 0-0-0?! (Besser ist 11. ...g5 mit der Idee ...g4 - auf 12.e5 dxe5 13.dxe5 Sd5 nebst 0-0-0 ist die Stellung unklar.)**12.d5 exd5 13.exd5 Se5 14.Sxe5 dxe5 15.c4 Ld6 16.Ld2 Tde8 17.Lc3 h5,** und Schwarz hat ausreichendes Gegenspiel, **Lilienthal-Kan, Moskau 1936.**

Mit **7. ...Le7** verzögert Schwarz die Rochade, um dem Anziehenden nicht zu früh ein Angriffsziel zu bieten.

8. De2

Und wieder gibt es Abweichungen:
1) 8.Se5 d6 9.Sxc6 Lxc6 10.De2 e5 11.e4 0-0 12.d5 Ld7 13.c4 Dc8 14.f3 Sh5 15.g3 g6 16.Tf2 f5 17.Sf1 f4 18.g4 Lxg4! 19.fxg4 f3 20.Txf3

Dxg4+ 21.Tg3 Txf1+! 22.Kxf1 Sxg3+ 23.hxg3 Dxg3, und Schwarz gewann, **Aliega-Aljechin, Paris 1914.**

2) 8.dxc5 bxc5! (Behält die Kontrolle über d4.) **9.e4 Dc7 10.De2 d6 11.Sc4 0-0 12.e5 dxe5 13.Scxe5 Sxe5** mit Ausgleich, **Colle-Pirc, Frankfurt 1930.**

3) 8.e4, und jetzt:
3a) 8. ...cxd4! 9.Sxd4 (Wie üblich lädt 9.cxd4 zu 9. ...Sb4 10.Lb1 La6 ein.), und nun:
3a1) 9. ...Se5!? 10.Lc2 La6 11.Te1 Sd3 (Euwe's Empfehlung. In der Partie **Colle-Steiner, L., Niendort 1927,** spielte Schwarz 11. ...Dc7, aber nach 12.S2f3 Sg6 hatte Weiß leichten Vorteil.) **12.Te3 Sxc1** und das Läuferpaar verhilft dem Nachziehenden zu leichtem Spiel.

3a2) 9. ...0-0 10.De2 (Genauer ist 10.Sxc6.) **10. ...Se5 11.Lc2 Dc8! 12.f4 La6 13.Dd1 Sc6** (13. ...Lxf1? 14.fxe5.) **14.Tf3 g6! 15.S2b3 Sxd4 16.Sxd4 Lb7 17.De2 Lc5 18.Th3 Dc6! 19.e5 Sd5 20.Df2?!** (Besser ist Vukovic's Vorschlag 20.Le3 Lxd4 21.cxd4 Tac8 22.Lb3 mit Ausgleich.) **20. ...Lxd4?!** (Nach dem korrekten 20. ...f5 hätte Schwarz etwas besser gestanden.) **21.cxd4 Tac8 22.Ld1! f6! 23.Dh4** (Gemäß Vukovic hat Weiß nach 23.Ld2 einen kleinen Vorteil.) **23. ...Tf7 24.Lf3 Dc4 25.Le3 Sxe3 26.Lxb7 Sf5!,** Schwarz

parierte den weißen Angriff und
gewann.

4) 8.Te1 Tc8 9.a3, und jetzt:
**4a) 9. ...Dc7 10.e4 cxd4 11.cxd4 d6
12.b4 e5 13.Lb2 exd4 14.Sxd4 Sxd4
15.Lxd4 0-0 16.Te3 Tfd8 17.Th3 g6
18.Df3 Sh5 19.g4 Sg7 20.De3 g5
21.Lb2! f6 22.e5 dxe5 23.Lxh7+ Kf7
24.Se4 Dd7 25.Df3!**, Soultanbeieff-
Kramer, Beverwijk 1950.

4b) 9 ...d5 (9. ...cxd4!? ist vielleicht
besser.) **10.e4 dxe4 11.Sxe4 cxd4
12.cxd4 0-0**, und die schwarze Stel-
lung ist etwas günstiger. Weiß sollte
8.a3 mit ähnlichen Absichten wie in
der Hauptvariante erwägen.

8. ...	0-0

Auf **8. ...d5** (Schwächt e5.) kann
Weiß mit **9.Se5** nebst **10.f4** eine Art
„Stonewall"-Angriffsformation
einnehmen.

Soweit die Partie **Koltanowski-
Flohr, Antwerpen 1932,** in der
weiter folgte: **13.g3 g6 14.Lb2 d5
15.e5 Sg7 16.Sb3 a5?! 17.b5 Sb8
18.Tfc1 Sd7 19.Txc8 Dxc8 20.Tc1
Db8 21.Dc2 Se8** (Verhindert Dc7.
21. ...Tc8 22.Dd2 mit der Idee Dh6
ist günstig für Weiß.) **22.Dd2**
(Trotzdem) **22. ...Kg7 23.Tc2 h6
24.Lc1 Th8 25.h4 Sf8 26.Df4 Dd8
27.Tc3 Lc8 28.Sa1 Ld7 29.Sc2 a4
30.Sb4**, und Schwarz sah sich bald
zur Aufgabe gezwungen.

9. a3

Um **...Sb4** nach **e4** zu verhindern;
sofort **9.e4** läßt **9. ...cxd4 10.cxd4 Sb4**
zu.

9. ...	Tc8
10. e4	cxd4
11. cxd4	d6
12. b4	Sh5

KAPITEL NEUN

EINFÜHRUNG: COLLE-ZUKERTORT-SYSTEM

Zukertort, einer der besten Spieler des neunzehnten Jahrhunderts, „erfand" dieses System und erzielte viele brillante Siege damit. Dieses System beinhaltet das Fianchettieren des schwarzfeldrigen Läufers, Weiß vermeidet daher das normale c2-c3, um die Diagonale nicht zu blockieren. Die weitere Strategie von Weiß sieht vor, möglichst einen Springer auf e5 festzusetzen und ihn mit f2-f4 zu unterstützen. Danach kann oftmals ein routinemäßiger (aber trotzdem starker) Königsangriff mit g2-g4 (Idee g4-g5) und Tf3-h3 durchgeführt werden.

In diesem Kapitel wollen wir Ihnen die grundlegenden Züge des Colle-Zukertort-Systems vorstellen.

1. d4	d5
2. Sf3	

Oder 2.e3.

2. ...	Sf6

Möglich ist auch 2. ...e6, führt aber wahrscheinlich durch Zugumstellung in die Hauptvariante.

3. e3	

Öffnet dem weißfeldrigen Läufer den Weg nach d3, von wo aus er die wichtige Diagonale b1-h7 überwacht.

3. ...	e6

Durch Zugumstellung kann Schwarz hier in die Grünfeld-Verteidigung überleiten: 3. ...g6.

4. Ld3	

Das Normalfeld für diesen Läufer in allen Colle-Abspielen; 4.Le2 ist spielbar, das Angriffspotential des Läufers ist auf diesem Feld allerdings nicht sehr groß.

4. ...	c5

Jetzt droht Schwarz, mit 5. ...c4 den Ld3 von der wichtigen Diagonalen b1-h7 zu vertreiben.

5. b3	

Das ist der Signalzug der Colle-Zukertort-Variante. Weiß verhindert 5. ...c4 und bereitet die Entwicklung seines schwarzfeldrigen Läufers auf die exzellente lange Diagonale a1-h8 vor. 5.c3 ist das Colle-Koltanowski-System.

5. ...	Sc6

Ein solider Entwicklungszug, mit dem Schwarz Druck auf d4 und e5 ausübt. Eine sehr scharfe Alternative ist **5. ...Da5+!?**, (um c2-c3 provozieren), wonach die lange Diagonale blockiert ist. Detaillierte Analysen zu diesem Zug finden Sie in Kapitel 10, Abspiel C.

6. 0-0

6.Lb2 ist normalerweise nur Zugumstellung.

6. ...	Ld6
7. Lb2	

Von diesem Feld aus hat der Läufer Einfluß auf **e5** und hindert Schwarz daran, mit **...e6-e5** durchzubrechen.

7. ...	0-0
8. Sbd2	

Kontrolliert **e4** und verhindert damit **...Se4**.

8. ...	De7

Jetzt droht wiederum **9. ...e6-e5**. Auf **8. ...Dc7** nutzt Weiß die unsichere Stellung der schwarzen Dame auf der c-Linie mit **9.c4!** aus.

9. Se5

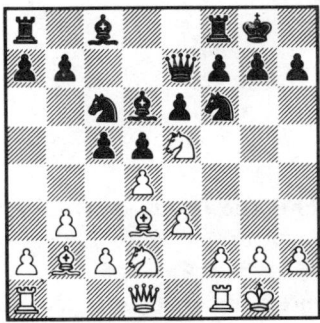

Verhindert **9. ...e5** dauerhaft und kreiert als Einleitung zu einem Königsangriff einen starken Vorposten. Die Diagrammstellung stammt aus der Partie **Bogoljubow-Capablanca, New York 1924**. Weil Capablanca diese Partie mit brillantem Positionsspiel gewann, erfuhr der Colle-Zukertort-Aufbau einen harten Rückschlag. Wie unsere Hauptvariante im nächsten Kapitel zeigen wird, wurde eine moderne Verbesserung gefunden, die die „versprochene" weiße Initiative wiederherstellt - Kapitel 10, Abspiel D1.

KAPITEL ZEHN
ANALYSE:
COLLE-ZUKERTORT-SYSTEM
Schwarz spielt ...d5 und ...e6

1. d4	**Sf6**
2. Sf3	**e6**
3. e3	**d5**
4. Ld3	**c5**

In der Partie **Jusupow-Sosonko, Interzonenturnier Tunis 1985** spielte Schwarz mit **4. ...g6** eine Art Grünfeld-Verteidigung. Der Zug ...e6 scheint jedoch dabei verfrüht. Jusupow setzte mit einer originellen Idee fort: **5.b3 Lg7 6.La3!** (Vielleicht ein „Hyper-Fianchetto"? Dieser Zug hindert den Nachziehenden momentan an der Rochade und übt strategischen Druck auf c5 aus.) **6. ...Sbd7 7.Sbd2 c5 8.0-0 0-0 9.c4 Da5 10.Lb2 Td8 11.De2 cxd4 12.Lxd4!** mit einer sehr vielversprechenden Stellung für Weiß - sehen Sie dazu Beispielpartie #3.

5. b3

Dieser Zug ist eine Erfindung des polnischen Großmeisters Johannes Zukertort (1842-1888), der 1886 gegen Steinitz den ersten Weltmeisterschaftskampf aller Zeiten austrug.
Sehen Sie sich zunächst die Partie an, in der Zukertort (gegen Blackburne, 1883) seine neue Idee zum ersten Mal anwendete (Die Anmerkungen basieren auf Zukertort's Kommentaren aus dem Turnierbuch London 1883): **1.d4 e6 2.Sf3 Sf6 3.e3 d5 4.Ld3 Le7 5.0-0 0-0 6.b3 c5 7.Lb2 Sc6 8.Sbd2** („Ich war entschlossen, den ganzen Kampf auf dem Damen-flügel stattfinden zu lassen".) **8. ...cxd4** (Das ist ein strategischer Fehler, da Weiß nun die halboffene e-Linie mit einem möglichen Vorposten auf e5 hat.) **9.exd4 b6 10.c4 La6** („Der Anfang eines wirkungslosen Angriffs.") **11.Te1 Tc8 12.Tc1 Sa5 13.Se5 Lb4?** (Läßt den folgenden Schlag zu.) **14.c5 Lxd3 15.Sxd3 Lxd2** (Jetzt hat Weiß eine sehr gefährliche, bewegliche Damenflügelmajorität.) **16.Dxd2 Se4 17.De3 Te8 18.f3 Sf6 19.Tc2 Sd7 20.Tec1 bxc5 21.dxc5 Sb8 22.Se5 f6** („Nach 22. ...Sbc6 23.Sxc6 Sxc6 [Auf 23. ...Txc6 folgt 24.Lc3] wollte ich mit 24.b4 fortsetzen, weil Schwarz den Bauern wegen 25. Dc3! nicht nehmen kann.") **23.c6 Tc7** (Oder 23. ...fxe5 24.c7 Dd7 25.cxb8D Txb8 26.Tc7, und Schwarz kann getrost

aufgeben.) **24.Dd2** (24.Lc3?? d4!)
24. ...fxe5 25.Dxa5 Dc8 (Aber nicht
25. ...Sxc6 26.Da4.) **26.Lxe5 Tf7**
(Oder 26. ...Txc6 27.Dxa7) **27.Lxb8
Dxb8 28.c7 Dc8 29.Dxa7 e5 30.Tc5
e4 31.Tb5 Tef8 32.Tb8 Dd7
33.Txf8+ Txf8 34.Da4 Dxa4
35.bxa4 Tc8 36.fxe4 dxe4 37.Kf2**
(37.a5 gewinnt auch.) **37. ...Kf7
38.Ke3 Ke6 39.Kxe4 g6 40.Tc6+
Kd7 41.Kd5, Schwarz gibt auf.**

Diese Partie zeigt, welche Kraft der
weiße Angriff nach **8. ...cxd4?**
bekommen kann. In der Folge wur-
den Verbesserungen für Schwarz
gefunden, und nach einigen Jahr-
zehnten der Popularität ver-
schwand der Colle-Zukertort aus
der Turnierszene. In den letzten
Jahren haben jedoch einige starke
Spieler, besonders der sowjetische
Super-GM Arthur Jusupow und der
jugoslawische GM Vlado Kovacevic
mit innovativem Spiel den Colle-
Zukertort-Aufbau in ein lebens-
fähiges System von beträchtlicher
Schlagkraft verwandelt.

Wir untersuchen hier vier
Möglichkeiten für Schwarz:

(A) **5. ...cxd4?!**
(B) **5. ...Sbd7**
(C) **5. ...Da5+**
(D) **5. ...Sc6**

In **Hartston-Upton, London 1984**,
schlug eine fünfte Alternative fehl:
**5. ...Le7 6.Lb2 0-0 7.0-0 b6 8.Se5 Lb7
9.Sd2 Sbd7 10.Df3 Tc8 11.Dh3 Sxe5
12.dxe5 Se4 13.Tad1 Sg5 14.Dh5 g6
15.De2** (Nachdem die Dame eine
Schwächung des Königsflügels
provoziert hat, kehrt sie nach Hause
zurück.) **15. ...Dc7 16.c4 f5 17.f4 Se4
18.cxd5 exd5 19.Sxe4 fxe4 20.Lxe4!
Tfd8 21.f5! dxe4 22.Dc4+ Kg7
23.f6+ Lxf6 24.exf6+ Kf8
25.Txd8+ Dxd8 26.f7 Dd2 27.De6!
Dxe3+ 28.Kh1 Dd3 29.Dxc8+ Lxc8
30.Lg7+, 1-0.**

A
(1.d4 Sf6 2.Sf3 e6 3.e3 d5 4.Ld3 c5 5.b3)

5. ...	cxd4?!

Das ist der gleiche strategische Fehler, den Blackburne begangen hat.

6. exd4

Wegen der halboffenen e-Linie kann Weiß das wichtige Feld e5 jetzt leichter kontrollieren.

6. ...	Lb4+

Diese „Finesse" ist nicht effektiv, aber die schwarze Stellung ist sowieso schon ziemlich schlecht, wie die Partie **Kosten-Dickenson, Northampton 1984**, zeigt: 6. ...Le7 7.0-0 Dc7 8.Lb2 Sbd7 9.Sbd2 b6 10.De2 Lb7 11.Se5! 0-0 12.f4 g6 13.Tac1 Tac8 14.g4! Sxe5 15.fxe5 Se8 16.Tf2 Sg7 17.Tcf1 Dd8 18.Sf3 Tc7 19.Lc1 Lc6 20.Lh6 Le8 21.De3 b5 22.Sg5 b4 23.Tf6! Kh8 24.Dh3 Tg8 25.Sxh7 1-0.

7. c3

Aljechin empfahl 7.Kf1!?.

7. ...	Ld6
8. 0-0	Sc6
9. De2	

Weiß baut systematisch Druck auf der e-Linie auf.

9. ...	Dc7
10. Te1	0-0
11. Se5	

Die Besetzung dieses Vorposten gibt dem Anziehenden starken Druck im Zentrum und auf dem Königsflügel.

11. ...	b6
12. Lg5!	

Hier steht der Läufer viel besser als auf **b2**.

12. ...	Se7
13. Df3	

Über dem Haupt des schwarzen Königs braut sich ein starker Angriff zusammen, **Euwe-Beffie, Hastings 1922**.

Variante A nach der Eröffnung (1.d4 Sf6 2.Sf3 e6 3.e3 d5 4.Ld3 c5 5.b3 cxd4?! 6.exd4 Lb4+ 7.c3 Ld6 8.0-0 Sc6 9.De2 Dc7 10.Te1 0-0 11.Se5 b6 12.Lg5! Se7 13.Df3)

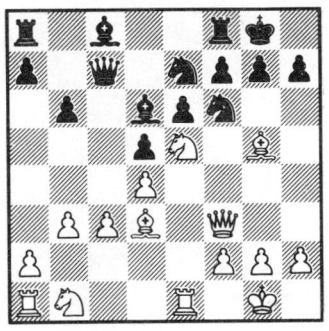

13. ...　　Sd7

Schwarz hofft, mit ...f6 den weißen Vorposten unterminieren zu können, 13. ...Se8 war aber vorzuziehen.

14. Dh3!

Nach diesem Schlüsselzug muß Schwarz sich entscheiden, wie er sich gegen das drohende Matt verteidigen will.

14. ...　　h6?

Plausibel, aber schwach, wie Weiß schnell demonstriert. Schwarz mußte 14. ...Sg6 versuchen, hätte nach 15.Sxg6 hxg6 16.Dh4! (Mit der Drohung 17.Te3 und Th3.) allerdings auch ernsthafte Probleme gehabt, so z. B. 16. ...f6 17.Lxg6!, und Weiß gewinnt.

15. Lxh6!

Ein für Stellungen dieser Art charakteristisches Opfer. Schwarz hat keine ausreichende Verteidigung gegen den Angriff von Dame und Ld3 in Verbindung mit der Möglichkeit Te3-g3 oder -h3.

15. ...　　gxh6

Nach 15. ...Sxe5 16.dxe5 Lxe5 bricht Weiß mit 17.Lxg7 durch, 17. ...Lxg7 verbietet sich wegen 18.Dh7 matt, 17. ...Kxg7 verliert aber auch: 18.Dh7+ Kf6 19.Dh6+ Sg6 20.Lxg6 fxg6 21.Dxf8+. Eine Alternative ist 15. ...Lxe5, da 16.Lxg7 Kxg7 17.Dh7+ Kf6 18.Dh6+ Sg6 jetzt nicht effektiv ist. Weiß gewinnt aber trotzdem: 16.Lf4! (Mattdrohung auf h7), und nach 16. ...g6 17.Lxe5 Sxe5 18.Txe5 hat Weiß bei besserer Stellung einen Bauern mehr.

16. Dxh6　　Sf5

Schwarz muß den todbringenden Ld3 blockieren, aber 16. ...f5 scheitert an 17.Dg5+ Kh8 18.Te3 nebst Th3 matt. Auf 16. ...Te8(d8) folgt einfach 17.Dh7+ und 18.Dxf7 matt.

17. Lxf5　　exf5
18. Dg5+

Zwingt den König auf die h-Linie.

18. ...   Kh8
19. Te3

Und da keine Hilfe gegen **20.Th3 matt** in Sicht ist, gibt Schwarz auf. (Analyse)

B

(1.d4 Sf6 2.Sf3 e6 3.e3 d5 4.Ld3 c5 5.b3)

5. ...   Sbd7

Der Vorteil dieses Zuges (gegenüber ...Sc6) liegt darin, daß die Diagonale **a8-h1** nicht blockiert ist, negativ ist allerdings, daß der Springer von **d7** aus keinen Druck auf **d4** ausübt.

6. Lb2

Genauer ist vielleicht **6.Sbd2**, womit **...Se4** verhindert wird und die Möglichkeit, frühzeitig **e3-e4** zu spielen, offen bleibt - ein Vorschlag des sowjetischen Analytikers Sozin.

An dieser Stelle hat Schwarz mehrere Alternativen:

(B1) **6. ...Da5+**
(B2) **6. ...Ld6**
(B3) **6. ...b6**
(B4) **6. ...cxd4**
(B5) **6. ...Le7**

B1

(1.d4 Sf6 2.Sf3 e6 3.e3 d5 4.Ld3 c5
5.b3 Sbd7 6.Lb2)

6. ...	Da5+

Schwarz hofft, mit diesem Zug Unruhe auf den schwarzen Feldern des Damenflügels stiften zu können.

7. Sbd2	Se4
8. 0-0	

Schlecht ist **8.Lxe4 dxe4 9.Sg5 cxd4!
10.Sgxe4 dxe3** - Sozin.

8. ...	f5

Soweit die Partie **Nenarokow-Sozin, 6. Matchpartie 1929.** Hier empfiehlt Sozin **9.c4!** mit Vorteil für Weiß.

B2

(1.d4 Sf6 2.Sf3 e6 3.e3 d5 4.Ld3 c5
5.b3 Sbd7 6.Lb2)

6. ...	Ld6

Schwarz entwickelt seinen Königsflügel und beäugt das Feld **e5.**

7. 0-0	Dc7

Auch die Dame kontrolliert **e5,** um Se5 nebst **f2-f4** zu verhindern.

8. c4

Weniger effektiv ist **8.Sbd2**, weil Schwarz **8. ...e5!** spielen kann, in der Partie **Tartakower-Orbach, Gießen 1928,** folgte **9.dxe5 Sxe5 10.Lb5+ Ld7 11.Lxd7+ Sfxd7 12.Sxe5 Lxe5 13.Lxe5 Sxe5 14.Sf3 Td8 15.De2 0-0 16.Tad1** mit gleichen Chancen.

8. ...	0-0
9. Sc3	a6
10. cxd5	exd5
11. Tc1	

Die weiße Stellung ist vorzuziehen; Schwarz wird mit seiner Dame auf der c- Linie Probleme bekommen.

B3
(1.d4 Sf6 2.Sf3 e6 3.e3 d5 4.Ld3 c5 5.b3 Sbd7 6.Lb2)

6. ...   **b6**

Schwarz möchte seinen weiß-feldrigen Läufer auf die lange Diagonale bringen, von wo aus er dazu beiträgt, das Feld **e4** zu kontrollieren.

7. 0-0   **Lb7**
8. Se5

Am genauesten. Nach **8.Sbd2** kann Schwarz mit **8. ...Se4!** ein Zentrumsfeld besetzen. Nach **8.Se5!** ist **8. ...Se4** jedoch ein Schlag in's Wasser, da Weiß mit **9.Lb5!** antworten kann, und auf **9. ...Sef6** (9. ...Lc8 10.c4) erhält Weiß mit **10.Df3!** und der Drohung **11.Lxd7+** (11. ...Sxd7 12.Dxf7 matt) eine starke Initiative.

8. ...   **a6**

Nach **8. ...Sxe5 9.dxe5** engt der „neue" Bauer **e5** das schwarze Zentrum und den schwarzen Königsflügel stark ein, und Weiß hat gute Angriffschancen. Eine vernünftige Alternative ist **8. ...Le7**.

9. Sd2   **b5**

Nach **9. ...Se4** erhält Weiß durch **10.Lxe4! dxe4 11.Sxd7 Dxd7 12.Sc4** Vorteil.

10. Sxd7   **Dxd7**

Nach **10. ...Sxd7** kann der Anziehende das Spiel vorteilhaft mit **11.c4** öffnen.

11. dxc5

Um die lange Diagonale für den schwarzfeldrigen Läufer zu öffnen und das möglicherweise unangenehme ...c5-c4 zu verhindern. Schwächer ist **11.c4?! dxc4 12.bxc4 cxd4 13.exd4** mit unklarem Spiel.

11. ...   **Lxc5**
12. Df3!

Die Dame nimmt eine aggressive Stellung ein, jetzt droht Bauern-gewinn mit **13.Lxf6**.

12. ...   **Le7**

Vorzuziehen war **12. ...De7**. Danach kann folgen: **13.Dg3 0-0** (13. ...Ld6 scheitert an **14.Dxg7! Tg8 15.Dxf6! Txg2+! 16.Kxg2 d4+ 17.Le4**, und nach **17. ...Dxf6 18.Lxb7** hat Weiß mit Turm und zwei Leichtfiguren definitiv die besseren Karten.)**14.a3** (Verhindert 14. ...La3.) mit leichtem Vorteil für Weiß. Auf das offensichtliche **12. ...d4** hat Weiß die starke Antwort **13.Se4!** parat.

13. Dg3

Auf **13.Dh3** (Um Schwarz an der Rochade zu hindern - 13. ...0-0?? 14.Lxf6 mit der Drohung 15.Dxh7 matt) kann Schwarz mit **13. ...h6!** die Drohung gegen **h7** abwehren.

13. ...   0-0
14. Sf3

Eine andere gute Idee ist **14.e4 dxe4 15.Sxe4 Lxe4 16.Lxe4**, wonach die beiden weißen Läufer unangenehm auf die schwarze Königsstellung zielen.

14. ...   Tac8

Das ist ein Fehlgriff, der unverzüglich Schwierigkeiten heraufbeschwört. Notwendig war **14. ...h6.**

15. Sg5!   g6

Auf **15. ...h6** wollte Weiß **16.Sh7!** spielen (16. ...Sxh7?? 17.Dxg7 matt).

16. Dh4!   h5

Unangenehm, aber erzwungen, weil 16. ...**Sh5** an **17.Dxh5!** scheitert.

17. Tad1

Auch **17.Df4** ist stark.

17. ...   Sh7

In der Partie **Jusupow-Scheeren, Plovdiv 1983**, folgte noch **18.Dxh5!**, und Weiß stand auf Gewinn - Beispielpartie #35.

B4
(1.d4 Sf6 2.Sf3 e6 3.e3 d5 4.Ld3 c5 5.b3 Sbd7 6.Lb2)

6. ...   cxd4

Auch hier ist dieser Abtausch schlecht, da Weiß die zentrale, halboffene e- Linie erhält.

7. exd4   Ld6

Schwarz versucht, **e5** zu kontrollieren, aber wegen des fragwürdigen

6. ...cxd4?! hat Weiß schon ziemlich viel Einfluß auf dieses Feld.

8. Sbd2	Dc7
9. 0-0	0-0
10.De2	

Bereitet die Besetzung von **e5** vor.

10. ...	Te8

Schwarz hofft, zu **e6-e5** zu kommen.

11. Se5	Sf8
12. f4	Ld7
13. g4	

Weiß möchte den Springer von **f6** vertreiben.

13. ...	Lc6
14. g5	

In der Partie **Eljaschoff-Hilse, Düsseldorf 1908**, folgte **14. ...S6d7 15.Dh5 Te7 16.Tf3,** und Weiß hatte eine starke Angriffsstellung.

B5
(1.d4 Sf6 2.Sf3 e6 3.e3 d5 4.Ld3 c5 5.b3 Sbd7 6.Lb2)

6. ...	Le7

Schwarz setzt auf einfache, gesunde Entwicklung. Außerdem kann er einen weißen Springer auf **e5** abtauschen, ohne sich - wie mit dem Läufer auf **d6** - vor einer „Bauerngabel" (d4xe5) fürchten zu müssen.

7. 0-0	0-0
8. Sbd2	

An dieser Stelle hat Schwarz drei Möglichkeiten:

(B51) **8. ...Dc7**
(B52) **8. ...b6**
(B53) **8. ...a6**

B51
**(1.d4 Sf6 2.Sf3 e6 3.e3 d5 4.Ld3 c5
5.b3 Sbd7 6.Lb2 Le7 7.0-0 0-0
8.Sbd2)**

8. ...	Dc7

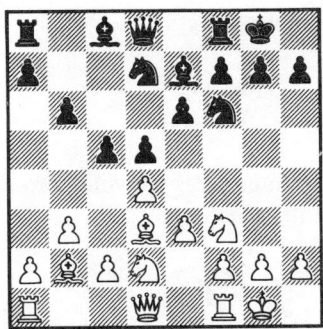

Die Dame räumt die Grundreihe und nimmt Einfluß auf das Feld **e5**, das Weiß sogleich mit seinem Standardmanöver besetzt:

9. Se5	b6
10. f4	Lb7
11. c4	

Weiß möchte Linien im Zentrum öffnen. **11.Df3 (verhindert11...Se4)** ist auch gut.

11. ...	Se4
12. cxd5	exd5
13. Sxe4	dxe4
14. Lc4	

Hier steht der Läufer aggressiver.

14. ...	Sf6

15. De2	Tad8
16. Tad1	

Weiß steht etwas besser, **Rabino-witsch-Magakonow, UDSSR-Meisterschaft 1937.**

B52
**(1.d4 Sf6 2.Sf3 e6 3.e3 d5 4.Ld3 c5
5.b3 Sbd7 6.Lb2 Le7 7.0-0 0-0
8.Sbd2)**

8. ...	b6

Diese Stellung ist auch über die Zugfolge **7. ...b6 8.Sbd2 0-0** zu erreichen.

Schwarz fianchettiert in der Hoffnung, **e4** ausreichend zu kontrollieren, um einen Springer als Vorposten auf diesem Feld etablieren zu können.

9. Se5	

Aber Weiß kommt ihm zuvor.

9. ...	Lb7

10. f4	Se4
11. De2	Tc8
12. Sxe4	dxe4
13. Lb5	Sxe5
14. dxe5	

Diese Stellung ist einer der ungewöhnlichen Fälle, in denen **d4xe5** besser ist als **f4xe5**. Die d-Linie wird sich als sehr nützlich erweisen. Außerdem kann Weiß mit **f4-f5** weitere Angriffslinien öffnen.

14. ...	Dc7
15. f5	

Drohung **16.f6**.

15. ...	exf5
16. Lc4!	

Weiß nimmt das verwundbare Feld **f7** unter Beschuß.

16. ...	Tfd8

Soweit die Partie **Guimard-Lundin, Groningen 1946**, in der Weiß nach **17.Txf5 Ld5 18.Lxd5 Txd5 19.Dg4** starken Angriff hatte.

B53

(**1.d4 Sf6 2.Sf3 e6 3.e3 d5 4.Ld3 c5 5.b3 Sbd7 6.Lb2 Le7 7.0-0 0-0 8.Sbd2**)

8. ...	a6

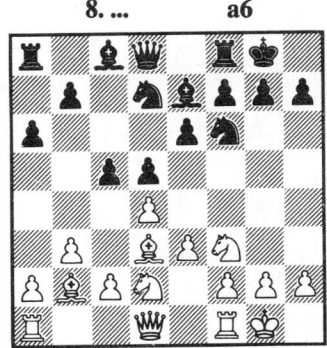

Schwarz möchte sich mit **...b7-b5** und möglicherweise **...c5-d4** auf dem Damenflügel betätigen. Dabei verliert er jedoch viel Zeit und vernachlässigt das Zentrum.

9. Se5

Natürlich besetzt Weiß „sein" Vorpostenfeld.

9. ...	Sxe5
10. dxe5	Sd7
11. f4	b5
12. c4	

Verhindert **...c5-c4** mit leichter Hand.

12. ...	bxc4
13. bxc4	Sb6

In der Partie **Judowitsch-Blumenfeld, UDSSR 1934**, hatte Weiß nach **14.Dc2 g6 15.Tad1** großen Vorteil.

C	**C1**
(1.d4 Sf6 2.Sf3 e6 3.e3 d5 4.Ld3 c5 5.b3)	(1.d4 Sf6 2.Sf3 e6 3.e3 d5 4.Ld3 c5 5.b3 Da5+)

5. ... Da5+	6. Sbd2

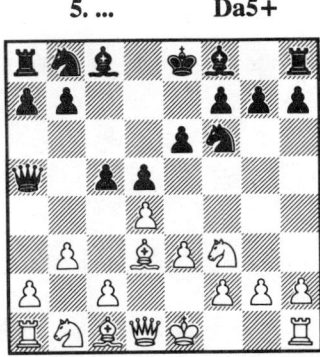
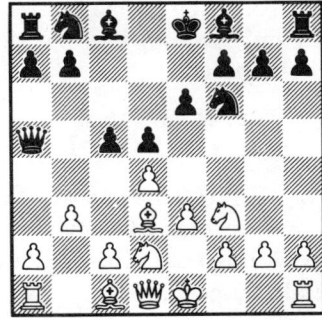

Diese Variante war in den letzten Jahren in mehreren Partien zwischen Spitzenspielern zu sehen. Schwarz möchte den Anziehenden zwingen, mit **c3** die Läuferdiagonale zu versperren, und auf **6.Sbd2** will Schwarz nach **6. ...cxd4 7.exd4 Lb4** auf **c3** eindringen.

Weiß hat also zwei Möglichkeiten:

(C1) 6.Sbd2
(C2) 6.c3!

Weiß setzt mit dem natürlichsten Entwicklungszug fort.

6. ...   cxd4
7. exd4   Lb4

Das verführerische **7. ...Se4 8.0-0 Sc3** ist schlecht, weil Weiß den Eindringling mit **9.De1** nebst **10.a3** und **11.Lb2** wieder hinausbefördern kann.

8. 0-0!

Dieser Zug ist der beste. Schlecht hingegen ist **8.a3 Lc3 9.Tb1**, da nach **9. ...Sc6** der d-Bauer zu schwach ist.

8. ...   Lc3
9. b4!

Ein dynamischer Zug, der dem Nachziehenden gute Chancen gibt, einen falschen Weg einzuschlagen.

9. ...   Dc7

Die beste Antwort. **9. ...Lxb4 10.c4**
gibt dem Anziehenden gute Kom-
pensation für den geopferten Bau-
ern, während Weiß nach **9. ...
Dxb4 10.Tb1 De7 11.Tb3 Lb4 12.Se5**,
gefolgt von **S2f3** und **Lg5**, starken
Druck im Zentrum und auf dem
Königsflügel hat.

10. Tb1	Sc6
11. Lb5	a5?!

Das bringt Probleme mit sich. Vor-
zuziehen war **11. ...0-0**, und nach
12.Lxc6 Dxc6 ist die Stellung
ungefähr ausgeglichen.

12. bxa5	0-0
13. La3	Td8
14. Lc5	Sd7

Auf **14. ...Lxa5 15.Sb3? Lb6** hat
Schwarz Ausgleich, aber nach
15.Tb3! steht Weiß etwas besser.

15. Tb3!	Lxa5

Auf **15. ...Sxc5 16.Txc3 Se4 17.Sxe4
dxe4 18.Sg5! Dxa5 19.Dh5!** gewinnt
Weiß, und auf **15. ...Lxd2 ist 16.Lb6!
Sxb6 17.axb6 Dxb6 18.Dxd2 Txa2
19.Df4 Txc2** (19. ...Sa5 **20.Le8!**)
20.Dh4 nebst **21.Ld3** oder **21.Lc6**
sehr gut für Weiß.

16. La3	Sf6
17. c3	

Weiß hat einen kleinen, aber deut-
lichen Vorteil, **Jusupow-Miles,
London 1984.**

C2

(**1.d4 Sf6 2.Sf3 e6 3.e3 d5 4.Ld3 c5
5.b3 Da5+**)

6. c3

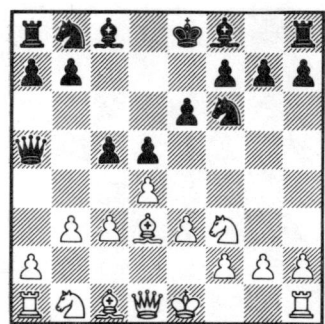

Das scheint die für Weiß günstigste
Variante zu sein.

6. ...	Sc6
7. 0-0	Dc7
8. c4!	

Weiß möchte Linien öffnen, um
Entwicklungsvorsprung zu erhal-
ten.

8. ...	dxc4
9. bxc4	Le7

9. ...Ld6 wäre nur günstig für Weiß,
weil nach **10.Sc3** unange-
nehm **11.Sb5** droht.

10. Lb2	cxd4?!

Diese weitere Linienöffnung hätte
Schwarz besser vermeiden sollen.

11. exd4	**0-0**
12. Sbd2	**b6**
13. Tc1	

Weiß hat wegen seiner hervorragenden Entwicklung die deutlich bessere Stellung, **Kovacevic-Popovic,P., Zagreb 1985** - Beispielpartie #2.

D

(1.d4 Sf6 2.Sf3 e6 3.e3 d5 4.Ld3 c5 5.b3)

5. ...	**Sc6**

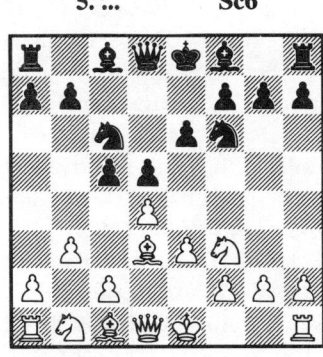

6. 0-0

6.Lb2 ist normalerweise nur eine Zugumstellung, aber die Rochade ist besser, da Weiß nicht aktiv werden kann, solange sein König noch im Zentrum steht.

6. ...	**Ld6**

Alternativen:

1) **6. ...Le7**, wonach **7.Lb2** dem Anziehenden Vorteil gibt, **7. ...0-0 8.Sbd2**, und nun:

1a) **8. ...cxd4 9.exd4 b6 10.Te1 Lb7 11.a3 Tc8 12.Te3!** (Noch besser als 12.Se5 Sxe5 13.dxe5 mit nur leichtem Vorteil für Weiß.) **12. ...Sg4 13.Te2 Dc7 14.Df1 Sb8!?** (14. ...Ld6 15.g3 und 16.Dh3) **15.g3 Sf6 16.Tc1**

Sbd7 17.Dh3 mit klarem Vorteil für Weiß, **Kovacevic-Farago, Hastings 1982/83.**

1b) 8. ...b6 9.Se5 Sb4 (9. ...Lb7 +=, Informator 35) **10.Le2 Lb7 11.f4 Se4!? 12.Sxe4 dxe4 13.a3 Sd5** (Etwas besser ist 13. ...Sc6, um den Springer e5 abzutauschen.) **14.Dd2 Tc8?!** (Besser 14. ...f6.) **15.c4 Sf6 16.Tad1,** und Weiß stand deutlich besser in der Partie **Jusupow-Spiridonow, Plovdiv 1983.**

2) 6. ...Tb8 7.Lb2 b5 8.dxc5 Lxc5 9.Sd4 Sxd4 10.exd4 Ld6 11.De2 b4 12.Sd2 0-0 13.Sf3 Lb7 14.Se5 Tc8 mit leichtem Vorteil für Weiß, **Worotnikow-Kortschnoi, UDSSR 1964.** Vielleicht ist **9.Sbd2** mit der Idee **e4** eine vielversprechende Möglichkeit.

3) 6. ...cxd4 7.exd4 Ld7, so weit **Beltran-Djurasevic, Oberhausen 1961.** Die Enzyklopädie schlägt hier **8.Te1!?** oder **8.Lb2!?** vor.

4) 6. ...Dc7 7.Lb2 (Nicht aber 7.a3 e5!) **7. ...cxd4 8.exd4 Sb4 9.Se5 Ld7 10.Te1 Tc8 11.c4 Sxd3 12.Dxd3 dxc4 13.bxc4 Ld6 14.Sd2 0-0 15.Te3 Tfd8 16.Th3,** und Weiß hat gute Angriffschancen, **Chawin-Rawinski, Halbfinale der Vereinsmeisterschaft von Burewestnik 1956.**

7. Lb2   0-0

In der Partie **Gerasimow-Smyslow, Pionierturnier Moskau 1935,** folgte **7. ...Dc7 8.a3?!** (Tartakower schrieb, 8.c4 sei wegen 8. ...dxc4 9.bxc4 verfrüht, könne jedoch mit 8.Sbd2 0-0 (Nicht jedoch 8. ...cxd4 9.exd4 Sb4 10.Lb5+ Ld7 11.Lxd7+ Sxd7 12.c4 - Tartakower.) 9.c4 vorbereitet werden, und nach Tc1 stünde die Dame auf c7 ziemlich schlecht.) **8. ...b6 9.c4 Lb7 10.Sc3 a6 11.Te1?** (Smyslow empfahl 11.dxc5 bxc5 12.cxd5 exd5 13.Tc1, wonach Weiß einen gewissen Druck gegen die hängenden Bauern des Nachziehenden hat. Diese Empfehlung besagt im Wesentlichen das gleiche wie unsere Anmerkung zum 8. Zug - der Hauptunterschied ist, daß Weiß hier schon mit 8.a3 ein Tempo verloren hat.) **11. ...cxd4 12.exd4 0-0 13.Sa4 Lf4 14.Se5** (Günstiger war wohl 14.c5!?) **14. ...dxc4 15.bxc4 Sxe5** mit besseren Chancen für Schwarz.

Weiß hat hier zwei Möglichkeiten:

(D1) 8.Sbd2
(D2) 8.a3

D1

(1.d4 Sf6 2.Sf3 e6 3.e3 d5 4.Ld3 c5
5.b3 Sc6 6.0-0 Ld6 7.Lb2 0-0)

8. Sbd2

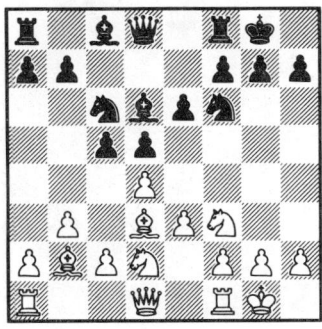

8. ...   De7

Schwarz droht, mit **...e6-e5** im
Zentrum durchzubrechen, und
gemäß altehrwürdiger Partien und
Analysen (die wir widerlegen wer-
den) erhält Schwarz wegen des
außerdem drohenden **9. ...cxd4
10.exd4 La3** ausgezeichnetes Spiel.

9. Se5

Weiß muß **...e6-e5** unterbinden.

9. ...   cxd4
10. exd4   La3

Schwarz folgt der berühmten Partie
**Bogoljubow-Capablanca, New York
1924,** also fühlt er sich zweifellos
wohl in seiner Haut. Aber Weiß
wartet bald mit einer Neuerung auf.

11. Lxa3!

In der Partie **Lobron-Georgiew,Kir.
Wijk aan Zee 1985,** folgte ziemlich
lahm **11.Dc1,** und nach **11. ...Lxb2
12.Dxb2 Ld7** (Nicht 12. ...Sd7 13.f4
f6 14.Sxd7 Lxd7 15.c4! mit leichtem
Vorteil für Weiß, da 13. ...f6 die
schwarze Stellung geschwächt hat.)
13.a3 Dd6 (Schwarz beabsichtigt,
mit 14. ...Se7, 15. ...a6 und 16. ...Lb5
seinen eigenen schlechten Läufer
gegen den aktiven Ld3 zu tau-
schen.) **14.Tae1 h6 15.f4 Se7 16.g4!?**
waren die Chancen ungefähr aus-
geglichen.

11. ...   Dxa3

Jetzt steht die schwarze Dame
schlecht und Weiß kann auf dem
Königsflügel die Initiative ergrei-
fen, bevor Schwarz zu ernstzuneh-
mendem Gegenspiel auf dem
Damenflügel kommt. In der Partie
Hulak-Spiridonow, Opatija 1985,
folgte **12.c3! Ld7 13.f4!** mit sehr
guten Chancen für Weiß (allerdings
warf er später in praktisch gewon-
nener Stellung seinen gesamten
Vorteil weg und verlor) - Beispiel-
partie #4. Dieses **12.c3!** ist viel bes-
ser als das von Bogoljubow
gespielte **12.Sdf3.**

D2
1.d4 Sf6 2.Sf3 e6 3.e3 d5 4.Ld3 c5
5.b3 Sc6 6.0-0 Ld6 7.Lb2 0-0)

8. a3

Das ist der „ältere" Zug, der verhindern soll, daß Schwarz mit **...La3** die schwarzfeldrigen Läufer tauscht. Falls Schwarz jetzt **8. ...Dc7** versucht, so ist **9.c4!** das Beste, und auf **8. ...De7** erhält Weiß Vorteil durch **9.Se5 Td8** (9. ...Lxe5 ist ein positioneller Fehler, weil Weiß auf den schwarzen Feldern zu mächtig ist.) **10.Sd2 Sd7 11.f4** (11.Sxd7!?, nebst 12.c4 ist nicht uninteressant.) **11. ...Sf8.**

In der Diagrammstellung untersuchen wir:

(D21) 8. ...cxd4
(D22) 8. ...b6

D21
(**1.d4 Sf6 2.Sf3 e6 3.e3 d5 4.Ld3 c5**
5.b3 Sc6 6.0-0 Ld6 7.Lb2 0-0 8.a3)

8. ...   cxd4

Dieser Zug gibt dem Anziehenden die wertvolle halboffene e-Linie.

9. exd4	**b6**
10. Sbd2	**Lb7**
11. De2	**Dc7**
12. Se5	

Wie üblich folgt der Besetzung dieses Schlüsselvorpostens ein starker Königsflügelangriff.

12. ...Se7

In der Hoffnung, den Königsflügel zu verstärken.

13. f4	**Tac8**
14. Tac1	

Weiß beabsichtigt, seinen c-Bauern zu dynamisieren (Aljechin's Ausdruck).

14. ...   g6

Der Versuch, den Springer **f6** auf **e4** unterzubringen, scheitert: **14. ...Db8 15.Tf2! Da8 16.Te1** nebst **g2-g4**.

15. g4

Soweit die Partie **Aljechin-Rosselli, Zürich 1934**, in der folgte: **15. ...h5 16.h3 Kg7 17.c4 Dd8 18.c5!**, und Weiß stand auf Gewinn, **18. ...bxc5 19.dxc5 Lxc5+** verliert wegen **20.Txc5!** und **21.g5**.

D22
(1.d4 Sf6 2.Sf3 e6 3.e3 d5 4.Ld3 c5 5.b3 Sc6 6.0-0 Ld6 7.Lb2 0-0 8.a3)

8. ...   b6

Geradlinige Entwicklung.

9. Se5   Lb7
10. Sd2   De7

Interessant ist auch **10. ...a6 11.f4 b5 12.dxc5 Lxc5 13.Df3 Tc8 14.Dg3 Sxe5 15.Lxe5 Ld6 16.Ld4 De7 17.b4 g6 18.Dg5** - soweit **Dus-Chotimirski-Nimzowitsch,**

Karlsbad 1907 - hier gibt Nimzowitsch **18. ...Sd7 19.Dxe7 Lxe7 20.e4 Sf6** mit Ausgleich an.

11. f4   Tfd8

Aber nicht **11. ...Sd7** wegen **12.Sxd7! Dxd7 13.dxc5 Lxc5 14.Lxh7+ Kxh7 15.Dh5+ Kg8 16.Lxg7!**, und Weiß gewinnt.

12. Tf3   Se4!

Die beste Chance ist, **e4** zu besetzen, wodurch der gefährliche **Ld3** blockiert wird.

13. Th3   f5
14. Lxe4   dxe4
15. Dh5   Lxe5

Auf **15. ...h6** hat Weiß nach **16.Sxc6 Lxc6 17.Sc4** und **18.Tg3** starken Angriff.

16. Dxh7+   Kf7
17. fxe5   Th8

17. ...Sxe5 18.Dh5+ oder **18.Tg3**, und Weiß steht deutlich besser.

18. Dxh8   Txh8
19. Txh8   La6!

Wir sind der Partie **Euwe-Rubinstein, Mährisch-Ostrau 1923**, gefolgt, in der weiter folgte: **20.Sf1 Dd7?** (Euwe empfiehlt 20. ...Lxf1 21.Txf1 Dg5 mit Remischancen.) **21.Td1 Sxe5** (Koltanowski's Empfehlung lautet 21. ...Lxf1 22.Kxf1 cxd4 mit gutem Gegenspiel.) **22.d5!**, und Weiß gewann später.

KAPITEL ELF

INDISCHE VERTEIDIGUNGEN:
Colle-Zukertort-System

In der Colle-Zukertort-Variante wird - im Unterschied zum normalen Colle - der schwarzfeldrige Läufer fianchettiert. Starke Spieler wie GM Arthur Jusupow (WM-Kandidat) und der jugoslawische GM Kovacevic haben diese Variante in ihrem Repertoire.

1. d4	Sf6
2. Sf3	d5
3. e3	

Hier hat Schwarz drei Möglichkeiten:

A 3. ...g6
B 3. ...c5
C 3. ...e6 (gefolgt von 4. ...b6)

A
(1.d4 Sf6 2.Sf3 d5 3.e3)

3. ...	g6

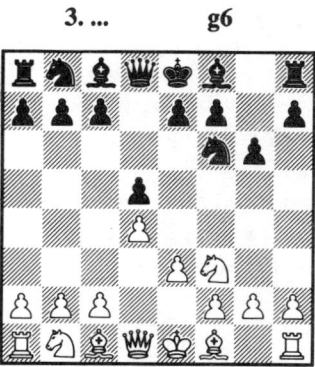

Schwarz entscheidet sich für einen Grünfeld-Aufbau.

4. Ld3	Lg7
5. Sbd2	Sbd7
6. b3	

Das ist der für den Colle-Zukertort charakteristische Zug.

Jetzt kann Schwarz unter zwei Zügen wählen:

(A1) 6. ...e5
(A2) 6. ...c5

A1
(1.d4 Sf6 2.Sf3 d5 3.e3 g6 4.Ld3
Lg7 5.Sbd2 Sbd7 6.b3)

6. ...   **e5**

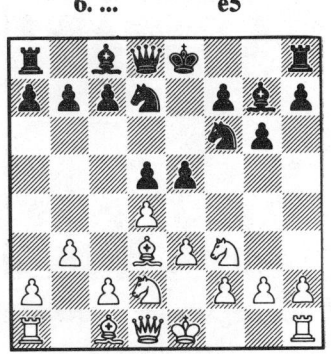

Ein scharfer Versuch, die Initiative
zu übernehmen.

7. Sxe5	Sxe5
8. dxe5	Sg4
9. f4!	Dh4+

Auf **9. ...Sxe3** ist **10.Df3!** gut.

10. g3	Dh3
11. Lf1!	Dh5
12. Df3	

Vorsichtiger ist **12.Sf3**, der Textzug
leitet aufregende Komplikationen
ein.

12. ...	Lxe5
13. fxe5	Dxe5
14. Tb1	Sxe3
15. Lb2!	

15.Le2, und Schwarz kann remis
machen: **15. ...Sxc2+**.

15. ...   **d4**

Jetzt kann der weiße König sich
nach **15. ...Sxc2+** auf **c1** in Sicher-
heit bringen.

| 16. De4 | Sxc2+ |
| 17. Kf2 | |

So weit die Partie **Sultan Khan-
Alexander, Britische Meisterschaft
1931**, in der weiter folgte: **17. ...Dxe4
18.Sxe4 Lf5** (Besser ist **18. ...f5** nebst
...c5, obwohl die weiße Stellung
auch danach besser ist.) **19.Ld3 Sb4
20.Sf6+**, und Weiß stand auf
Gewinn.

A2
(1.d4 Sf6 2.Sf3 d5 3.e3 g6 4.Ld3 Lg7 5.Sbd2 Sbd7 6.b3)

6. ...   c5

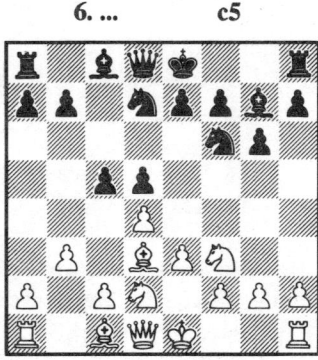

Schwarz drückt auf den weißen d-Bauern und hofft, später auf der c-Linie Gegenspiel zu bekommen.

7. Lb2   0-0
8. 0-0

Schwächer ist **8.h3(?)** In der Partie **Rellstab-Petrov, Kemeri 1937** folgte danach **8. ...cxd4 9.exd4 Sh5 10.g3 Dc7 11.De2 Sc5! 12.Se5 Sxd3+** (Jetzt hat Schwarz den Vorteil des Läuferpaars „gratis".) **13.Sxd3 Lf5 14.Tc1 Tac8 15.De3 Dd6 16.c3 Tfe8 17.f4 g5!** (Öffnet mit großem Effekt die g-Linie.) **18.0-0 gxf4 19.Sxf4 Lh6 20.Df3 Sxf4,** und nach wenigen weiteren Zügen gewann Schwarz.

8. ...   e5
9. Sxe5   Sxe5
10. dxe5   Sg4

Weiß steht etwas besser.

B
(1.d4 Sf6 2.Sf3 d5 3.e3)

3. ...   c5

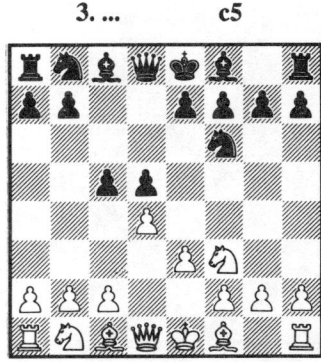

Ein Damengambit mit vertauschten Farben ist entstanden.

4. b3

Weiß läßt das üblichere **4.Ld3** aus, um sein Damenflügelfianchetto zu beschleunigen.

Hier untersuchen wir:

(B1) 4. ...Sc6
(B2) 4. ...cxd4

B1
(1.d4 Sf6 2.Sf3 d5 3.e3 c5 4.b3)

4. ...   Sc6

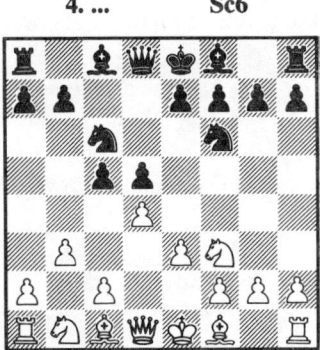

5. Lb2   Lg4

Ein Versuch, mit der Fesselung des **Sf3** das Feld **e5** indirekt zu kontrollieren. Schwarz möchte nicht ...e6 spielen, solange der weißfeldrige Läufer noch nicht entwickelt ist.

6. Le2

Weiß vermeidet korrekterweise das routinemäßige **6.Ld3**, um die Effektivität der Fesselung zu verringern.

6. ...   e6
7. 0-0   cxd4
8. exd4   Ld6

In der Partie **Halprin-Pillsbury, Wien 1898,** spielte Schwarz 8. ...Tc8.

9. Se5   Lf5
10. Ld3   Lg6
11. Kh1   Dc7

Dus-Chotimirski-Spielmann, Karlsbad 1907. Nach 12.f4 Se4 13.Sd2 stand Weiß besser.

B2
(1.d4 Sf6 2.Sf3 d5 3.e3 c5 4.b3)

4. ...   cxd4

Schwarz versucht eine Art Abtauschvariante mit vertauschten Farben.

5. exd4   Sc6
6. Lb2   Lg4
7. Sbd2   e6

Jetzt ist es für Weiß das Beste, mit **8.Le2** fortzusetzen. In **Gasic-Keres, Sarajewo 1972,** versuchte Weiß stattdessen **8.Ld3,** und nach **8. ...Ld6 9.h3 Lh5 10.0-0 0-0 11.Te1?** (11.a3 war notwendig.) **11. ...Sb4!** stand Schwarz besser.

C
(1.d4 Sf6 2.Sf3 d5 3.e3)

3. ...   **e6**

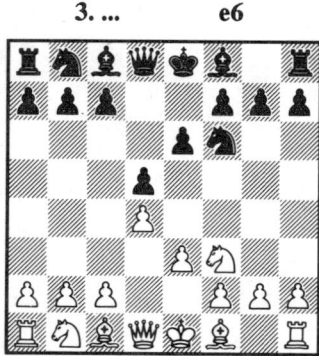

In diesem Abspiel werden wir uns mit einem frühen Damenflügel-fianchetto von Schwarz (4. ...b6) in Verbindung mit ...d5 anstelle von ...c5 beschäftigen.

4. Ld3   **b6**

Dieser Zug ist hier etwas weniger effektiv als in Varianten, in denen Schwarz noch nicht ...d5 gespielt hat, weil der Bauern **d5** die Diagonale blockiert. Hier kümmern wir uns nur um den Zukertort-Plan **b3**, andere Ideen für Weiß entnehmen Sie bitte dem Abschnitt A des nächsten Kapitels.

5. 0-0	**Lb7**
6. b3	**Sbd7**
7. Lb2	**Le7**

Nach **7. ...Ld6 8.c4** ist eine günstige Keres-Variante gegen die Damen-indische Verteidigung entstanden.

8. Sbd2	**0-0**
9. De2	

Aktiver ist wahrscheinlich **9.c4**.

9. ...	**Se4**
10. Tad1	**f5**
11. Se5	

Beide Kontrahenten kämpfen um die Kontrolle von **e4** bzw. **e5**.

11. ...	**Sxe5**
12. dxe5	**Sxd2**
13. Txd2	**De8**

Mit verzwicktem Spiel und beider-seitigen Chancen, **Gibson-Sultan Khan, Britische Meisterschaft 1931.**

KAPITEL ZWÖLF
Unregelmässige Colle-Systeme

In diesem Kapitel werden wir Abspiele sehen, in denen Weiß oder Schwarz von den normalen Zugfolgen abweichen. In diesem „Spaß"-Kapitel, das wir ohne weiteres auch hätten auslassen können, ist alles leicht zu verstehen, wenn Sie in den vorigen Kapiteln gut aufgepaßt haben.

1. d4	Sf6
2. Sf3	e6
3. e3	d5
4. Ld3	

Jetzt untersuchen wir:

A 4. ...b6
B 4. ...Le7
C 4. ...Ld6

A
(1.d4 Sf6 2.Sf3 e6 3.e3 d5 4.Ld3)

4. ...	b6

Dieser Zug ist weniger effektiv als in Abspielen, in denen Schwarz noch nicht ...d5 gezogen hat, da dieser Bauer die lange Diagonale versperrt.

5. Sbd2	Lb7

Weniger gut ist 5. ...La6?!: 6.c4! Ld6 (6. ...dxc4 7.Sxc4) 7.0-0 0-0 8.b3 c6 9.De2 Te8 10.Lb2 Sbd7 11.Se5 Tc8 12.f4, Koltanowski-Sunyer, Sitges 1934.

6. De2	

Oder:

1) **6.Se5!?** Ld6 (In der Partie **Colle-Sultan Khan, Hastings 1930/31,** versuchte Schwarz 6. ...a6, nach 7.f4 c5 8.c3 Sc6 9.Df3 stand Weiß jedoch besser.) **7.f4 Se4 8.Df3 Sxd2** (8. ...f5? 9.Dh5+) **9.Lxd2 Dh4+ 10.g3 Dh3 11.Lf1 Df5 12.Ld3, remis, Koltanowski-Spielmann, Sitges 1934.**

2) **6.0-0** kann zu Damenindisch werden, wenn Weiß **c4** spielt. Für **b3** - siehe Abschnitt C von Kapitel elf.

6. ...	Le7
7. e4	dxe4
8. Sxe4	Sbd7
9. 0-0	0-0

s.Diagramm auf der nächsten Seite

Weiß steht hier etwas besser, z.B.:
1) **10.Td1 Sxe4 11.Lxe4 Lxe4 12.Dxe4 Sf6 13.Dc6,** Pirc-Stahlberg, Moskau 1935.
2) **10.Te1,** und nun:
2a) **10. ...Sxe4 11.Lxe4 Lxe4 12.Dxe4 Sf6 13.Db7 Dc8 14.Dc6,** Franklin-Markland, Hastings 1971/72.
2b) **10. ...Te8** (wie in **Franklin-Najdorf, Hastings 1971/72**) **11.Seg5 Lxf3** (11. ...Ld6 12.Se5 ist deutlich besser für Weiß.) **12.Dxf3.**

B
(1.d4 Sf6 2.Sf3 e6 3.e3 d5 4.Ld3)

4. ...	Le7
5. Sbd2	0-0

In **Flohr-Noteboom, Hamburg 1930,** spielte Schwarz **5. ...Sbd7,** und nach **6.0-0 b6?! 7.Se5 Sxe5 8.dxe5 Sd7 9.f4 Sc5! 10.Lb5+ Ld7 11.Le2 a6 12.c4 dxc4 13.Lxc4 g6 14.Dc2!** war die weiße Stellung vorzuziehen. Eine andere gute Methode, diesen Aufbau zu behandeln, war in **Koltanowski- Cherta, Spanien 1935,** zu sehen, in der (anstelle von 6. ...b6) **6. ...0-0 7.De2 b6 8.e4** mit gutem Spiel für Weiß folgte - Beispielpartie #29.

6. 0-0

Riumin-Budo, Meisterschaft der UDSSR 1931: 6.De2 Sbd7 7.e4 dxe4 8.Sxe4 Sxe4?!
(8. ...b6 ist etwas besser, allerdings hat Weiß auch danach leichten Vorteil.) **9.Dxe4 Sf6 10.Dh4 c5 11.dxc5 Lxc5 12.0-0** mit großem Vorteil für Weiß.

6. ...	Sbd7

7. e4

Oder 7.De2 b6 8.e4 dxe4 9.Sxe4 Lb7
10.Sxf6+ Sxf6 11.Td1 Dd5 12.Lg5!
h6 13.c4 Da5 14.Lf4, Koltanowski-
Cherta, Spanien 1935.

7. ...	dxe4
8. Sxe4	Sxe4

Weiß steht besser. In der Partie
Colle-Bürger, Hastings 1928, folgte
9.Lxe4 Sf6 10.Ld3 c5 (10. ...b6
11.De2 Lb7 12.Td1 ist günstig für
Weiß.) **11.dxc5!** (Bauernmajorität
auf dem Damenflügel) **11. ...Lxc5
12.Lg5 Le7 13.De2 Dc7** (Aber nicht
13. ...b6 14.Lxf6 Lxf6 15.De4)
14.Tad1 Td8 15.Se5 Ld7 (15. ...h6
war notwendig.) **16.Lxh7+! Kxh7
17.Lxf6 Lxf6** (Besser 17. ...Le8.)
18.Dh5+ Kg8 19.Dxf7+, 1-0.

C
(1.d4 Sf6 2.Sf3 e6 3.e3 d5 4.Ld3)

4. ...	Ld6
5. Sbd2	Sbd7

Oder:
1) 5. ...c6 6.0-0 Sbd7 7.Te1 0-0 8.e4
dxe4 9.Sxe4 Sxe4 10.Lxe4 Dc7 11.c3,
Koltanowski-Silverman, Birming-
ham 1937, hier empfiehlt Kol-
tanowski 11. ...Sf6 oder 11. ...b6.
2) 5. ...b6 6.e4 ist sehr stark für Weiß,
Koltanowski-Ryden 1957 (Blind-
partie).

6. 0-0

6.e4 dxe4 7.Sxe4 b6 8.Sxd6+!? (8.0-
0 Lb7 ist die Partie **Blackburne-Las-
ker, London 1899**.)8. ...cxd6 9.Lf4
mit Vorteil für den Anziehenden.

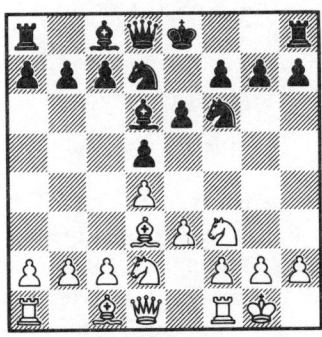

6. ...	e5?!

Schwarz kann 6. ...0-0 versuchen,
und dann:

1) **7.e4 e5?! 8.exd5 exd4 9.Se4 Se5
10.Lg5 Lg4 11.Lxf6 Lxf3** (11. ...gxf6
12.Le2) **12.Lxd8 Lxd1 13.Sxd6 Sxd3
14.Tfxd1 Tfxd8 15.Txd3 Txd6
16.Txd4,** und Schwarz hat Probleme
- Koltanowski.

2) **7.e4 dxe4 8.Sxe4 Sxe4 9.Lxe4 f5**
(9. ...e5 10.dxe5 Sxe5 11.Sxe5 Lxe5
12.Lxh7+! Kxh7 13.Dh5+.) **10.Ld3
e5 11.Lc4+** (Recht gut ist auch
11.Lg5 - Beispielpartie #1, Al-
jechin-Köhnlein, Düsseldorf 1908.)
11. ...Kh8 12.Sg5 De8 13.dxe5 Sxe5
(Oder 13. ...Dxe5 14.Dh5 Sf6
15.Dh4 De7 16.Ld2 h6 17.Tae1 Se4
18.Dh5)**14.Te1** mit großem Vorteil
für Weiß, z.B. **14. ...h6 15.Lf4 hxg5
16.Lxe5 Lxe5 17.Txe5 Dg6 18.Dd5
c6 19.Dd4** oder **14. ...Dg6 15.Txe5**
oder auch **14. ...f4 15.Dd4.**

7. e4!   dxe4

7. ...exd4 8.e5 ist schlecht für
Schwarz.

**8. Sxe4   Sxe4
9. Lxe4**

Schwarz ist in Schwierigkeiten. In
der Partie **Koltanowski-Golmayo,
Sitges 1934,** folgte **9. ...0-0? 10.dxe5
Sxe5 11.Sxe5 Lxe5 12.Lxh7+,** und
Weiß stand auf Gewinn (12. ...Kxh7
13.Dh5+ kassiert den Läufer e5 .)

KAPITEL DREIZEHN

KÖNIGSINDISCHE VERTEIDIGUNG: EINE SPEZIALVARIANTE

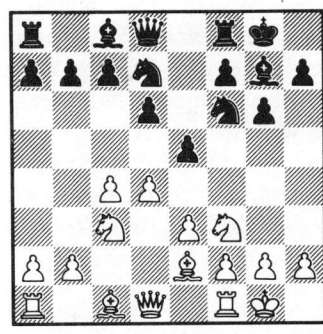

In diesem Kapitel untersuchen wir eine Spezialvariante gegen die Königsindische Verteidigung. Unsere Empfehlung beinhaltet die drei ersten Normalzüge des Colle-Systems - 1.d4 2.Sf3 3.e3. Anstatt des darauf normalerweise folgenden Aufbaus - Ld3, Sbd2, c3 usw.- werden wir c4, Sc3 und Le2 spielen. Das ist genau das System, das das Französisch-Spezialisten oft gegen den Königsindischen Angriff (1.e4 e6 2.d3 d5 3.Sd2 Sf6 4.Sgf3 c5 5.g3 Sc6 6.Lg2 Le7) anwenden. Laut Theorie ist diese Variante für Schwarz gut spielbar - es ist daher sicher, daß sie (mit einem Mehrtempo) für Weiß noch besser sein muß. Folgende Züge führen zu unserer Schlüsselstellung gegen die Königsindische Verteidigung:

1. d4	Sf6
2. Sf3	g6
3. e3	Lg7
4. c4	0-0
5. Sc3	d6
6. Le2	Sbd7
7. 0-0	e5

In dieser Stellung liegt die Strategie des Nachziehenden hauptsächlich in dem Vorstoß des e-Bauern nach e4. Das engt den weißen Königsflügel ein und schafft Voraussetzungen für einen Königsangriff. Nach e5-e4 geht der weißfeldrige Läufer normalerweise nach f5 („überdeckt" den e-Bauern) oder manchmal nach g4. Von besonderem Interesse ist der Marsch des h-Bauern h7-h5, der mit anschließendem h4-h3 Löcher in die weiße Bauernstellung reißen soll. Der Damenspringer vollzieht häufig das Manöver S(d7)-f8-h7-g5, um den vorgeschobenen e-Bauern weiter zu unterstützen.

All' das klingt hervorragend für Schwarz, aber die weiße Stellung ist so solide (außerdem hat Weiß - wie schon erwähnt - ein Mehrtempo) daß er gute Chancen hat, wenn er auf dem Königsflügel einfach „stillhält", während er auf dem Damenflügel seine Bauern vormarschieren läßt, eine Linie öffnet und in die schwarze Stellung eindringt oder einen Bauerndurchbruch inszeniert. Typisch ist auch die Wanderung des a-Bauern bis nach a6, um eine Schwächung der schwarzen Damenflügelbauern zu erzwingen (ein amüsantes „Spiegelbild" zu dem Vormarsch des schwarzen h-Bauern).

8. b4	Te8
9. a4	e4
10. Sd2	

Spielbar ist auch **10.Se1,** aber mit **10.Sd2** übt Weiß mehr Druck auf den wichtigen Bauern **e4** aus.

10. ...	De7

Schwarz überdeckt (wie Nimzowitsch zu sagen pflegte) den wichtigen e- Bauern. Abspiele ohne ...De7 finden Sie in Abschnitt C.

An dieser Stelle hat Weiß zwei Züge:

A 11.b5
B 11.Dc2

A
(1.d4 Sf6 2.Sf3 g6 3.e3 Lg7 4.c4
0-0 5.Sc3 d6 6.Le2 Sbd7 7.0-0 e5
8.b4 Te8 9.a4 e4 10.Sd2 De7)

11. b5

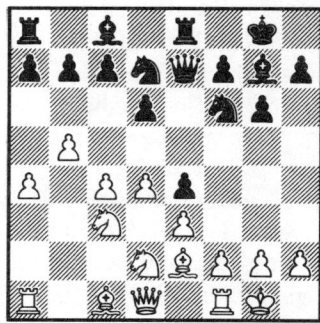

Weiß schiebt konsequent die Damenflügelbauern vor, um Raum zu gewinnen und schließlich Linien zu öffnen.

11. ...	Sf8
12. La3	

Das aktivste Feld für diesen Läufer.

12. ...	h5

Schwarz fängt an, mehr Gelände auf dem Königsflügel für sich abzustecken.

13. a5

Jetzt droht Weiß, mit **a6** oder **c5** und **b6** die schwarzen Bauern auf der c- und d-Linie zu unterminieren.

13. ...   a6

Schwarz verhindert **14.a6**, und **14.b6** wird jetzt einfach mit **14. ...c6** beantwortet, wonach sämtliche Linien geschlossen bleiben.

14. Lb4!

Deckt den a-Bauern (Schwarz drohte **14. ...axb5**) und hält die Spannung mit Ideen wie **c4-c5** und **b5-b6** aufrecht.

14. ...   c5

Ein Versuch, das geplante **c4-c5** zu verhindern.

15. bxc6   bxc6
16. Sa4!

Der Springer macht sich sofort auf, das „Loch" **b6** zu besetzen. Weiß steht besser; er kann sich die offene b-Linie zunutze machen, während Schwarz bisher wenig Fortschritt auf dem Königsflügel gemacht hat.

B

(1.d4 Sf6 2.Sf3 g6 3.e3 Lg7 4.c4 0-0 5.Sc3 d6 6.Le2 Sbd7 7.0-0 e5 8.b4 Te8 9.a4 e4 10.Sd2 De7)

11. Dc2

Weiß übt mehr Druck auf **e4** aus und bereitet sich darauf vor, nach **Sd5 Sxd5 cxd5** die c-Linie auszunutzen.

11. ...   Sf8

Die übliche Umgruppierung, die den weißfeldrigen Läufer des Nachziehenden befreit.

12. Sd5!

Erzwingt den Abtausch auf **d5**, da andernfalls der e-Bauer fällt.

12. ...   Sxd5
13. cxd5

Jetzt wird Weiß den rückständigen schwarzen c-Bauern angreifen.

13. ...	Lf5
14. Ta3!	

Eine gute Idee. Weiß bereitet die Versammlung seiner Schwerfiguren auf der c- Linie vor.

14. ...	Tac8

Das verführerische **14. ...Lxd4** ist nach **15.exd4(?)** erfolgreich: **15. ...e3 16.Txe3** (Nach 16.Ld3 spielt Schwarz 16. ...exd2 17.Lxd2 Lxd3 18.Dxd3 Sd7! mit der Drohung, den anämischen Bauern d5 anzugreifen, z.B. 19.Db5 Sb6 20.a5 a6, und Schwarz gewinnt.) **16. ...Lxc2 17.Txe7 Txe7**, und Schwarz hat eine Qualität gewonnen. Weiß hat jedoch eine Finesse in **15.Lb5!**, z.B. **15. ...Tec8 16.exd4 e3 17.Txe3! Dxe3** (17. ...Lxc2 18.Txe7 verliert Material.) **18.Dxf5! Dxd2** (Nach 18. ...gxf5 19.fxe3 hat Weiß Läuferpaar gegen Turm und die bessere Bauernstellung.) **19.Dxc8**, und Weiß gewinnt Material. Falls Schwarz versucht, mit **15. ...Teb8** die angegebene Variante zu verbessern (um 19.Dxc8 zu vermeiden), spielt Weiß **16.exd4 e3 17.Txe3 Dxe3 18.Dxf5 Dxd2 19.Df6!**, jetzt muß Schwarz seine Dame ziehen, und dann gewinnt **20.Lh6!** (Dasselbe taktische Motiv gewinnt natürlich auch in der Variante mit 15. ...Tec8 - d.h. 19.Df6! anstelle von 19.Dxc8.).

15.	Da2!

Weiß zieht seine Dame aus der Schußlinie des **Lf5**, so daß die Idee **...Lxd4** nebst **...e3** nicht mehr zu fürchten ist.

An dieser Stelle geben wir zwei Abspiele:

B1 15. ...h5
B2 15. ...c5

B1

(1.d4 Sf6 2.Sf3 g6 3.e3 Lg7 4.c4
0-0 5.Sc3 d6 6.Le2 Sbd7 7.0-0 e5
8.b4 Te8 9.a4 e4 10.Sd2 De7
11.Dc2 Sf8 12.Sd5! Sxd5 13.cxd5
Lf5 14.Ta3! Tac8 15.Da2!)

15. ...   h5

Ermöglicht das Springermanöver
...Sf8-h7-g5 (oder f6) und bereitet
die Schwächung der weißen Königs-
flügelfelder mit ...h4-h3 vor.

16. b5

Nagelt den Schwächling c7 fest.

16. ...   Sh7
17. Tc3   Dh4

Nach 17. ...Dg5 (mit der Drohung
18...Lh3) legt der Anziehende den
schwarzen Königsangriff mit
18.Kh1! einfach lahm und setzt sein
eigenes Spiel auf dem Damenflügel
wie geplant fort.

18. La3   Sf6
19. Tfc1

Wegen des Drucks auf c7 hat Weiß
deutlichen Vorteil, z.B. 19. ...Te7
20.Lxd6! oder 19. ...Sg4 20.Lxg4 und
21.Txc7.

B2

(1.d4 Sf6 2.Sf3 g6 3.e3 Lg7 4.c4
0-0 5.Sc3 d6 6.Le2 Sbd7 7.0-0 e5
8.b4 Te8 9.a4 e4 10.Sd2 De7
11.Dc2 Sf8 12.Sd5! Sxd5 13.cxd5
Lf5 14.Ta3! Tac8 15.Da2!)

15. ...   c5

Schwarz möchte den rückständigen
Bauern c7 loswerden. Damit sind
seine Probleme mit der c-Linie aber
noch nicht wirklich gelöst.

16. dxc6   bxc6

Natürlich nicht 16. ...Txc6 17.Lb5.

17. Tc3

Wieder mit der Idee 18.La3 und
19.Tfc1.

17. ...   c5

Ein verzweifelter Befreiungszug.

18. bxc5 dxc5
19. La3

Weiß hat deutlichen Vorteil. Falls **19. ...Dg5** (Drohung 20. ...Lh3), so spielt Weiß **20.Txc5! Txc5 21.Lxc5 Lh3 22.g3 Lxf1 23.**Lxf1 und wird nach dem Gewinn des a-Bauern mit seinem Läuferpaar und den beiden Freibauern (wovon der eine sogar ein gedeckter ist) auf Gewinn stehen. Falls Schwarz **23. ...a5** versucht, gewinnt Weiß mit **24.Lb5!**, da **24. ...Te6** (der einzige Weg, den e-Bauern noch zu halten) stark mit **25.Lc4!** beantwortet wird.

C
OHNE 10. ...De7
(1.d4 Sf6 2.Sf3 g6 3.e3 Lg7 4.c4 0-0 5.Sc3 d6 6.Le2 Sbd7 7.0-0 e5 8.b4 Te8 9.a4 e4 10.Sd2)

In dieser Variante versucht Schwarz, ohne **...De7** auszukommen, um ein Tempo für die üblichen Figuren- und Bauernmanöver zu sparen.

10. ... Sf8

Der Versuch, dem weißen Vormarsch auf dem Damenflügel mit **10. ...a5** zu begegnen, ist nur günstig für den Anziehenden.

11. b5

Jetzt ist **11.Sd5** nicht so effektiv wie in den anderen Varianten, da Schwarz nicht auf **d5** tauschen muß.

11. ... h5
12. a5

Mit der Idee, **a6** zu spielen, und falls Schwarz dann **...b6** erwidert, so **Sa2-b4-c6**. Ein anderer, sogar noch stärkerer Plan, ist **13.La3** nebst **c5** und **b6**.

12. ... a6

Nach **12. ...S8h7 13.La3 Sg5 14.Sd5!** hat Weiß die Drohung **b5-b6**, und auf **14. ...Sxd5** öffnet **15.cxd5** die c-Linie mit ähnlichen Konsequenzen wie in den Varianten A und B.

13. bxa6 bxa6

Schlecht ist **13. ...Txa6**, da **14.c5!** dem Anziehenden weitere Linien öffnet.

14. Db3! Lf5
15. Db7

Die weiße Damenflügelinvasion ist schneller als die schwarze Initiative auf dem Königsflügel, Weiß steht besser.

KAPITEL VIERZEHN
ANTI-INDISCHER COLLE

1. d4	Sf6
2. Sf3	g6
3. Lg5	

In diesem Kapitel untersuchen wir ein System, das auf unseren grundlegenden Colle-Zügen basiert, mit einer wichtigen Ausnahme: der schwarzfeldrige Läufer wird entwickelt, bevor die **c3/d4/e3**-Bauernstruktur eingenommen wird. Im normalen Colle-Koltanowski-System wird der Läufer innerhalb dieses „Bauerndreiecks" eingeschlossen. Das stellt kein ernstzunehmendes Problem dar, weil die Strategie des Anziehenden den Vorstoß **e3-e4** vorsieht, wonach der **Lc1** auf der Diagonalen **c1-h6** Bewegungsfreiheit hat. Da in der **Lg5**-Variante der Läufer jedoch schon entwickelt ist, verliert der Zentrumsdurchbruch **e3-e4** an Wichtigkeit.

In der Königsindischen Verteidigung spielt Schwarz normalerweise **e7-e5** und verhindert damit den weißen Plan **e3-e4-e5**. Außerdem ist der **Ld3**, der in den klassischen Verteidigungsmethoden gegen das Colle-Koltanowski-System oftmals einer der wichtigsten Angreifer ist, wegen der schwarzen Bauernformation **f7, g6, h7** weniger wirkungsvoll. Aus diesen Gründen ist ein Königsangriff gegen die Königsindische (oder die Grünfeld-indische) Verteidigung wesentlich schwerer durchzusetzen. Daher empfehlen wir dem Anziehenden, mit **b4** und **a4** oder **a3** nebst **b4** auf dem Damenflügel Raum zu erobern. In diesen Fällen kann es günstig sein, den Damenläufer nach **a3** oder **b2** zu entwickeln.

Eine gute Zugfolge ist unserer Meinung nach **1.d4 Sf6 2.Sf3 g6 3.Lg5 Lg7 4.Sbd2**, um **e2-e4** anzutäuschen und Schwarz zu **d7-d5** zu verleiten, wonach die Grünfeld-Verteidigung entstanden ist - sehen Sie dazu E2.

Sowohl gegen Königsindisch als auch gegen Grünfeld werden wir die normale Zentralbauernformation **c3/d4/e3** einnehmen, die die Aktivität des schwarzen Fianchettoläufers stark einschränkt.

EINFÜHRUNG:
ANTI-INDISCHER COLLE-AUF-
BAU

Unser Anti-indischer Colle-Aufbau ist eine nützliche Option sowohl gegen die theoretisch kritische Königsindische als auch gegen die Grünfeldindische Verteidigung. Wie wir in der Einleitung zu diesem Kapitel schon erwähnt haben, spielt Weiß normalerweise hauptsächlich auf dem Damenflügel.

Wir stellen Ihnen jetzt die grundlegenden Ideen vor, die hinter den Zügen der Eröffnungsphase des Anti-indischen Colle stecken.

1. d4   Sf6

Das ist der Zug, durch den Königsindisch und Grünfeld normalerweise eingeleitet werden - er verhindert das sofortige **2.e4**.

2. Sf3   g6

Schwarz zeigt eine hypermoderne Einstellung. Das klassische **2. ...d5** haben wir schon untersucht.

3. Lg5

Der für unseren Anti-indischen Colle-Aufbau charakteristische Zug. In einigen besonderen Fällen ist der Abtausch **Lxf6** positionell günstig für Weiß (z.B. in Abschnitt D).

3. ...   Lg7

Schwarz hofft, daß der Läufer starken Einfluß auf die lange Diagonale nehmen wird. Andere dritte Züge für Schwarz analysieren wir in A, B, C und D.

4. c3

Oder **4.e3**, gefolgt von **c3**.

4. ...   0-0

Am wenigsten verpflichtend, **4. ...d5** und **4. ...d6** werden aber auch häufig gespielt.

5. e3

Um den weißfeldrigen Läufer nach **d3** oder **e2** zu ziehen. Die durch das Fianchetto entstandene schwarze Bauernstruktur leistet auf der Diagonalen **b1- h7** ausgezeichneten Widerstand gegen weiße Angriffsversuche, die Entwicklung des Königsläufer nach **e2** in einigen Anti-indischen Abspielen ist daher nur logisch.

5. ...　　　　d6

Kontrolliert **e5** und hindert den An-ziehenden somit dauerhaft daran, einen Vorpo-stenspringer auf **e5** zu etablieren.

6. Le2

Auch der Standardzug **6.Ld3** ist spielbar.

6. ...　　　　Sbd7

Vernünftig ist auch **6. ...Sc6.**

7. Sbd2

Kontrolliert **e4.** Weiß hat ein solides Zentrum und gute Chancen, auf dem Damenflügel: Er spielt **b2-b4, a2-a4** und plaziert seine Schwer-figuren dahinter.

ANALYSE:
ANTI-INDISCHER COLLE

1. d4	Sf6
2. Sf3	g6
3. Lg5	

Wir analysieren hier mehrere Fortsetzungen:

A　3. ...Se4
B　3. ...d6
C　3. ...c5?!
D　3. ...h6
E　3. ...Lg7 4.Sbd2

E1　4. ...d6　Königsindisch
E2　4. ...d5　Grünfeld
E3　4. ...c5　Benoni

A
(1.d4 Sf6 2.Sf3 g6 3.Lg5)

3. ...　　　　Se4

Der Läufer wird sofort „befragt", aber die frühzeitige Besetzung von **e4** ist ein wenig voreilig.

4. Lh4

Spielbar ist auch **4.Lf4,** z.B. **4. ...d5** (Nach **4. ...Lg7 5.Sbd2 Sxd2 6.Dxd2 d6 7.Lh6! 0-0 8.h4!** hat Weiß einen starken Angriff auf der h-Linie. In der Partie **Sacharow-Kolpakow, UDSSR 1964,** wurde 4. ...c5 gespielt. Es folgte 5.c3 Lg7 6.Sbd2 Sxd2 7.Dxd2 cxd4 8.cxd4 Db6 9.e3 d6 10.Le2 0-0 11.0-0 Lg4 12.h3 Lxf3 13.Lxf3 e5 14.dxe5 dxe5 15.Lg5 f6 16.Dd5+ Tf7 17.Dc4 [Es droht 18.Ld5.] 17. ...Dc7 18.Ld5! Dxc4 19.Lxc4 fxg5 20.Tfd1! [Die Pointe der weißen Kombination - ein Turm steigt mit enormer Wirkung auf der 7. Reihe ein] 20. ...Lf6 21.Tac1 Sc6 22.Td7 Le7 23.Txb7, und die weiße Stellung war überwältigend.) **5.e3 Lg7** (Auf 5. ...c5 kann Weiß mit 6.Sbd2 fortsetzten, nach 6. ...Sc6 folgte in **Rytow-Waganian, Tallinn 1979** 7.c3 cxd4 8.Sxe4! dxe4 9.Sxd4 Db6 [Nach 9. ...Sxd4 10.Dxd4! Dxd4 11.cxd4 hat Weiß beträchtlichen Endspielvorteil.] 10.Sxc6 Dxc6 [Auf 10. ...bxc6 hat Weiß wieder 11.Dd4!, und nach 11. ...Dxb2 12.Td1 f6 - es drohte sowohl Matt als auch 13.Dxh8 - 13.Lc4 hat Weiß einen sehr starken Angriff.] 11.Db3 a6[12.Lb5 war die Drohung.] 12.Lc4 e6 13.Le5 mit hervorragender Stellung für den Anziehenden.) 6.Sbd2 c5 7.c3 0-0 (Falls 7. ...Sxd2, so 8.Dxd2 Sd7 9.0-0-0 c4 10.e4! - die Linienöffnung im Zentrum gibt dem Anziehenden die Initiative; nach 7. ...Db6 8.Db3 Sxd2 9.Sxd2 c4 10.Dxb6 axb6 11.Lxb8! Txb8 12.e4 hat Weiß das bessere Endspiel, **Kovacevic-Bertok, Zagreb 1969.** Auf 7. ...Sc6 schließlich kontrolliert Weiß das wichtige Feld e5 indirekt

mit 8.Lb5 und hat das etwas bessere Spiel.) **8.Sxe4 dxe4 9.Sd2 cxd4 10.exd4 f5 11.f3!** (Erzwingt die Öffnung der f-Linie.) **11. ...exf3 12.Lc4+ Kh8 13.Sxf3 Sc6 14.De2,** und wegen des Drucks auf der e-Linie gegen den rückständigen schwarzen e-Bauern in Verbindung mit der überragenden Figurenaktivität im Zentrum steht Weiß positionell auf Gewinn, **Rodriguez-Westerinen, Alicante 1980.**

4. ...	**d5**

Die solide, klassische Antwort. Möglich ist auch 4. ...c5, z.B. 5.c3 Db6 6.Sbd2! Sxd2 7.Dxd2 cxd4 8.Sxd4 (Gegen 8.cxd4 hat Schwarz 8. ...e5! und droht 9. ...Lb4.) 8. ...e5 (Weil der e-Bauer gedeckt werden muß, kann Schwarz nicht rochieren.) 9.Sf3 f6 10.e4 Le7 11.Lc4 Sc6 12.0-0-0, und gemäß einer Analyse des jugoslawischen GM Trifunovic hat Weiß großen Vorteil.

5. e3	**Lg7**
6. Sbd2	**c5**

Mit diesem Zug hofft Schwarz, auf d4 Druck auszuüben, aber Weiß hat c2-c3 „in Reserve" und kann daher mit seinem soliden Bollwerk im Zentrum die Effektivität des fianchettierten schwarzen Läufers im Rahmen zu halten.

7. c3	**cxd4**

Nach **7. ...Sxd2 8.Dxd2 b6 9.Se5 0-0 10.f4** hat Weiß wegen seines starken Vorpostens die besseren Karten.

8. exd4

Jetzt kann Weiß auf der halboffenen e-Linie operieren.

8. ...   0-0
9. Sxe4

Weiß tauscht ab, um mit zwingenden Zügen die Initiative zu ergreifen.

9. ...   dxe4
10. Sd2   f5

Anders kann Schwarz den e-Bauern nicht ausreichend decken: **10. ...Lf5 11.De2.**

11. Lc4+   Kh8
12. Lg5

Der Läufer macht Platz für den Vormarsch des h-Bauern.

12. ...   De8
13. h4!

Weiß hat sehr gute Angriffschancen - Spasski.

B
(1.d4 Sf6 2.Sf3 g6 3.Lg5)

3. ...   d6

Der d-Bauer kontrolliert **e5** und hindert den Anziehenden daran, **Sf3-e5** nebst **f2-f4** zu spielen, was nach dem Grünfeld-Zug **d7-d5** möglich wäre.

4. Sbd2   h6

Der Läufer soll sich entscheiden.

5. Lh4   g5

Auf Kosten einer Schwächung des Königsflügels jagt Schwarz den Läufer weiter.

6. Lg3   Lf5

Üblicher ist **6. ...Sh5**, um als Kompensation für die Schwächung das Läuferpaar zu erhalten.

7. h3

Weiß verschafft seinem Läufer ein Rückzugsfeld, so daß **7. ...Sh5** nicht länger droht.

7. ...	**Sbd7**
8. e3	**c6**
9. Ld3	

Ein guter Zug, mit dem Weiß die aktivste schwarze Figur abtauscht.

9. ...	**Lxd3**
10. cxd3	

So weit die Partie **Jusupow-Kapengut, UDSSR 1981.** Weiß steht besser - er hat eine Bauernmehrheit von 3:2 im Zentrum, die halboffene c-Linie und Möglichkeiten, die Schwächung des schwarzen Königsflügels auszunutzen.

C
(1.d4 Sf6 2.Sf3 g6 3.Lg5)

3. ...	**c5?!**

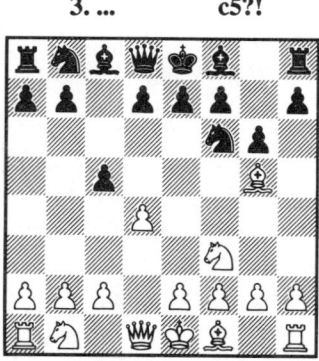

Der d-Bauer wird sofort „befragt".

4. Lxf6!

Weiß tauscht Läufer gegen Springer, um ernsthafte Schwächen in der schwarzen Bauernstruktur zu erzeugen.

4. ...	**exf6**
5. dxc5	

Öffnet die d-Linie, um Druck auf den isolierten d-Bauern und die Felder **d4-d5-d6** auszuüben.

5. ...	**Lxc5**
6. e3	

Um den Wirkungsbereich des **Lc5** einzuschränken.

6. ...	**Db6**

Schwarz versucht zu beweisen, daß der weiße Damenflügel nach dem Tausch des schwarzfeldrigen Läufers schwach ist.

7. Dc1

7.b3 schwächt zu sehr.

7. ...	**d5**
8. Le2	**0-0**
9. 0-0	**Td8**
10. Td1	

Der sowjetische GM Cholmow kommt zu dem Ergebnis, daß Weiß wegen der schlechten schwarzen Bauernstruktur einen großen positionellen Vorteil hat.

D
(1.d4 Sf6 2.Sf3 g6 3.Lg5)

3. ...   **h6**

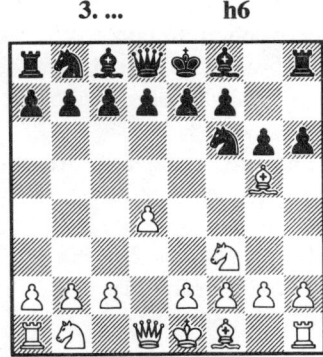

Die schärfste Antwort.

4. Lxf6

Wieder tauscht Weiß, um eine Schwächung der schwarzen Bauernstruktur zu erzeugen.

4. ...   **exf6**
5. e4!

Am besten. Normalerweise spielt Weiß in Stellungen dieser Art das solide **e3**. In diesem Fall jedoch zieht er **e4**, um mehr Kontrolle über **f5** zu erhalten, wie sie später sehen werden. Nach **5.e3** folgte in der Partie **Sergiewski-Below, RSFSR 1963, 5. ...f5** (Dieser Zug wäre gegen 5.e4 natürlich ganz schwach, da der schwarze Königsflügel nach 6.exf5 gxf5 in Trümmern läge.) **6.Ld3 Lg7 7.Sbd2 0-0 8.c3 d5 9.Db3 c6 10.h4 h5**

11.g3 b6 12.Kf1 Le6 13.Kg2 Sd7 14.Sg5 c5 mit Vorteil für Schwarz.

5. ...   **De7**
6. Sc3   **Lg7**
7. Lc4

Beachten Sie, daß Weiß seine Figuren wie in einer Königsbauern-Eröffnung auf „klassische" Felder entwickelt.

7. ...   **0-0**
8. 0-0   **d6**
9. Sh4!

Eine positionell wichtige Finesse, die den Nachziehenden daran hindert, die Verdopplung seines f - Bauern mit **f6 - f5** aufzulösen, auf **9. ...f5? 10.Sxg6** folgt.

9. ...   **Kh7**

Jetzt droht **f6-f5**, aber nach

10. g3

könnte Weiß auf **10. ...f5** einfach **11.exf5** antworten.

10. ...   **Sd7**
11. f4!

Ein starker Plan; Weiß plant, den schwarzen Königsflügel mit **f4-f5** zu blockieren, wonach der Fianchetto-Läufer dauerhaft eingesperrt wäre.

11. ...	Sb6
12. Ld3	c5
13. f5!	

Jetzt ist der **Lg7** wirklich begraben.

13. ...	g5

Sonst sind taktische Drohungen gegen **g6** unangenehm.

14. Sf3	

Weiß steht deutlich besser, **Moisejew-Ageitschenko, Moskau 1967.**

E
(1.d4 Sf6 2.Sf3 g6 3.Lg5)

3. ...	Lg7

Dieser Zug verpflichtet Schwarz noch zu nichts, es bleibt noch offen, ob er **d7-d6** (Königsindisch) oder **d7-d5** (Grünfeld) spielen wird.

4. Sbd2

Unserer Meinung nach ist dieser Zug der genaueste für Weiß, weil er in unseren Haupt-Entwicklungsplan paßt, den wir in der Einleitung angesprochen haben, außerdem muß Schwarz sich jetzt entscheiden, ob er **e2-e4** zulassen will oder nicht.

Wir untersuchen jetzt die drei wichtigsten Möglichkeiten:

E1 4. ...d6 (Königsindisch)
E2 4. ...d5 (Grünfeld)
E3 4. ...c5 (Benoni)

Außerdem gibt es noch zwei weniger bedeutende Züge:
1) 4. ...0-0 wird zwar häufig gespielt, verzögert aber nur die grundsätzliche Entscheidung und schränkt die Möglichkeiten ein, da nach dem besten weißen Zug, **5.c3!**, der Benoni-Aufbau **5. ...c5?!** fragwürdig ist: **6.Lxf6 Lxf6 7.Se4 Db6 8.Db3** - Bellin. Also muß Schwarz **5. ...d6** oder **5. ...d5** spielen, und nach **6.e3** entsteht Variante E1 oder E2.
2) 4. ...h6 5.Lh4 bedeutet auch nur, daß Schwarz die gleiche Entscheidung einen Zug später zu treffen hat, und tatsächlich ist **5. ...c5 6.Lxf6!** trotz des offensichtlichen Tempoverlustes viel besser als E3, weil der schwarze h- Bauer auf **h6** schwächer ist als auf **h7**. Auf **5. ...d5** scheint **6.h3** das Beste zu sein, um den Läufer langfristig auf der Diagonalen **h2-b8** unterzubringen.

Am besten ist daher wahrscheinlich **4. ...d6.** In der Partie **Tschernin-Gawrikow, Moskau 1985,** folgte **6.e4** (Auch 6.e3, wie in E1, ist trotz des folgenden schwarzen Abtauschmanövers recht gut.) **6. ...g5 7.Lg3 Sh5 8.c3 e6 9.Ld3 0-0 10.0-0 b6 11.Sc4! Lb7 12.a4 a6 13.Te1 Sd7 14.Sfd2! Sxg3 15.hxg3** mit gewissem Vorteil für Weiß.

E1
(1.d4 Sf6 2.Sf3 g6 3.Lg5 Lg7 4.Sbd2)

4. ...   **d6**

Der reine Königsindische Aufbau - Schwarz strebt danach, mit ...e7-e5 im Zentrum aktiv zu werden (manchmal zieht er allerdings ...c7-c5 vor); Zugumstellungen gibt es zur Genüge.

5. e3

Auch **5.e4** ist gut spielbar, paßt aber nicht zu unserer geplanten Colle-Struktur (c3,d4,e3).

5. ...   **0-0**
6. c3   **b6**

Schwarz möchte ...c5 spielen. Zwei Beispiele, falls er stattdessen ...e7-e5 anstrebt:

1) **6. ...Sbd7 7.a4** (Weiß spielt auf Raumgewinn am Damenflügel - ein oft angeschnittenes Thema in diesem System.) **7. ...h6** (Sicherer ist 7. ...a5, um das weiter einengende a5-a6 zu verhindern.) **8.Lxf6!?** (Ein sehr instruktiver Abtausch. Weiß gibt das Läuferpaar auf, um ein Tempo zu gewinnen und weil sein sehr starkes Zentrum die Möglichkeiten des Lg7 einschränken.) **8. ...Lxf6 9.a5 a6** (Andernfalls erzeugt Weiß mit 10.a6 weißfeldrige Schwächen im Lager der schwarzen Damenflügelbauern.) **10.Dc2 e5 11.Lc4 Kh8** (Etwas günstiger war 11. ...Kg7, nach 12.h4 h5 13.0-0-0 nebst Tdg1 und g4 behält Weiß allerdings auch die Initiative.) **12.h4 h5 13.Se4 Lg7** (Besser 13. ...De7.) **14.Seg5! De7 15.Lxf7!,** und Weiß gewann, **Petrosian-Ribli, Amsterdam 1973.**

2) **6. ...Sc6 7.Le2 e5 8.0-0 De8 9.dxe5 Sxe5 10.a4** (Derselbe raumgreifende Zug, den Petrosian in der o.a. Partie angewendet hat.) **10. ...Sfd7 11.a5 Sc5 12.Sd4 Ld7 13.Lh4 Tb8 14.h3** mit Vorteil für Weiß, **Doda-Suer, Tel Aviv 1964.**

7. Ld3

Kontrolliert das wichtige Feld **e4**.

7. ...	**Lb7**
8. 0-0	**c5**

Schwarz möchte Druck auf den weißen d-Bauern ausüben, aber Weiß läßt sich davon nicht stören und startet Operationen am Damenflügel:

9. b4!	**Sbd7**
10. bxc5	

Öffnet die b-Linie, um den Schwerfiguren Spielraum zu verschaffen.

10. ...	**bxc5**

Besser als **10. ...dxc5**, womit Schwarz einen Zentrumsbauern „verliert" und einen Angriff auf **b6** mittels **a2-a4-a5** und **axb6** zuläßt.

11. Da4

Mit Ideen wie **Sc4-a5** und **Tfb1** behält Weiß leichten Vorteil. Eine anderer Plan ist **11.Tb1**; in der Partie **Miles-Watson,W., New York 1987**, folgte **11. ...Dc7 12.Da4 e5?** (Vorzuziehen war **12. ...Lc6** mit ungefähr gleichen Chancen.) **13.dxe5 dxe5 14.e4,** und Weiß hatte leichten Vorteil, weil ihm das Feld **c4** für Leichtfiguren-Manöver zur Verfügung stand.

E2
(1.d4 Sf6 2.Sf3 g6 3.Lg5 Lg7 4.Sbd2)

4. ...	**d5**

Schwarz baut eine Grünfeld-Formation auf und verhindert **e2-e4**, obwohl Weiß in dem von uns empfohlenen System nicht nach einem frühen **e2-e4** strebt.

5. e3	**0-0**
6. c3	

Spielbar ist auch **6.Ld3** mit folgenden Möglichkeiten:
1) **6. ...b6 7.De2 Lb7 8.e4 dxe4 9.Sxe4 Sbd7 10.Td1!**, jetzt kann Schwarz nicht gut **...c5** spielen, da nach **dxc5** auf der d-Linie Unangenehmes zu erwarten ist, daher hat Weiß leichten Vorteil.
2) **6. ...c6 7.c3 Sbd7** (In **Balaschow-Gufeld, Wilna 1975**, griff Schwarz den d-Bauern mit **7. ...Db6** an, danach folgte **8.Tb1 c5?!** [Besser war **8. ...Sbd7.**] **9.b4! cxd4** [9. ...c4 **10.Lc2 Lf5 11.Lxf5 gxf5 12.Sh4** ist

etwas besser für Weiß.] 10.cxd4 Sc6 11.a3 [Nach 11.0-0 a5! 12.b5 Sb4 verliert Weiß Material.] 11. ...Le6 [Vorzu-ziehen war 11. ...Lf5, obwohl Weiß nach 12.Lxf5 Vorteil hat.] 12.0-0, und wegen des Raumvorteils auf dem Damenflügel hat Weiß das bessere Spiel.) 8.0-0 Te8 9.Lf4 (Verhindert ...e5.) 9. ...Sh5 10.Lg5 Shf6 11.Db3! e5 12.e4! exd4 13.cxd4 dxe4 14.Sxe4 Db6 15.Sd6! Te6 (Nach 15. ...Dxb3 16.axb3 Te6 17.Sxc8 Txc8 18.Txa7 hat Weiß einen Mehrbauern.) 16.Sxc8 Txc8 17.Lc4 Te7 18.Da3 Tee8 19.Ld2 (Drohung La5), Weiß ist klar im Vorteil, **Petrosian-Krogius, UDSSR-Meisterschaft 1960.**

3) 6. ...Sbd7 7.h3 (Verschafft dem Läufer ein Rückzugsfeld und hält schwarze Figuren von dem Feld g4 fern.) 7. ...Te8 8.c4! (Diese Idee gehört - wenn man es genau nimmt - nicht zum Colle-System, ist aber trotzdem instruktiv.) 9. ...c5 9.0-0 b6 10.cxd5 cxd4 11.Sxd4 Sxd5 12.Lb5 Lxd4 (Sonst ist Sc6 zu stark.) 13.exd4 Lb7 14.Dg4 mit großem Vorteil für Weiß, **Szabo-Kirov, Budapest 1975.**

| 6. ... | Sbd7 |
| 7. b4! | |

Das ist das strategische Hauptthema dieses Systems. Weiß spielt mit **b2-b4-b5** und/oder **a2-a4-a5** auf Raumgewinn und Linienöffnung am Damenflügel.

| 7. ... | a5 |
| 8. b5 | a4 |

Um den Anziehenden an **Db3** oder **Sb3** zu hindern.

9. Le2	c5
10. bxc6	bxc6
11. 0-0	

Weiß hat die besseren Aussichten, **Torre-Jansa, Interzonenturnier Biel 1985** - Beispielpartie #26.

E3
(1.d4 Sf6 2.Sf3 g6 3.Lg5 Lg7 4.Sbd2)

| 4. ... | c5 |

Das ist - laut Theorie - eine der besten Möglichkeiten für den Nachziehenden; um jedoch eine wirklich brauchbare Stellung zu erhalten, muß Schwarz sich sehr gut auskennen.

5. Lxf6!

Auf den ersten Blick sieht dieser Zug nicht stellungsgemäß aus, er ist jedoch gerechtfertigt, weil der schwarze Läufer danach auch beseitigt werden kann. Eine wichtige Alternative ist **5.c3**. Danach droht Weiß, mit **6.Lxf6 Lxf6 7.Se4** den c-Bauern zu gewinnen oder die schwarze Bauernstellung mit **8.Sxf6+ exf6** zu ruinieren, z.B. **5.c3 0-0(?) 6.Lxf6 Lxf6 7.Se4 cxd4 8.Sxf6+ exf6 9.Dxd4,** und der isolierte d-Bauer ist ein schönes Angriffsziel für Weiß.

In der Partie **Balaschow-Hellers, Malmö 1987/88,** folgte **5. ...cxd4 6.cxd4 0-0 7.e3 Sc6 8.Le2** (Das ist besser als 8.Ld3, weil die schwarze Fianchettostellung f7,g6,h7 dem Läufer die Kraft nimmt.) **8. ...d5?!** (Diese Schwächung von e5 sieht nicht so gut aus, besser war 8. ...d6 oder sogar 8. ...h6.) **9.0-0 Lf5 10.Db3 Db6 11.Dxb6 axb6 12.a3** (Um ...Sb4 zu verhindern und den Turm a1 von der Verteidigung des a-Bauern zu entbinden.) **12. ...Tfc8,** und nun spielte Weiß **13.Tac1?!,** wonach Schwarz durch **13. ...h6! 14.Lh4 g5 15.Lg3 Sh5** mit „Halbierung" des weißen Läuferpaares Ausgleich hätte erzielen können. Anstelle von **13.Tac1?!** hätte Weiß **13.h3!** spielen sollen, um sich das Läuferpaar zu erhalten. In der angegebenen Partie griff der Nachziehende allerdings mit **13. ...Se4?!** fehl und verlor schließlich.

5. ...   Lxf6

Natürlich ist **5. ...exf6? 6.dxc5** sehr schlecht für Schwarz.

6. Se4

Die Pointe - der Doppelangriff auf **c5** und **f6** kostet den Nachziehenden das Läuferpaar.

6. ...   Lxd4

Schwarz kann auch **6. ...Db6** ziehen, um mit der Dame auf **f6** zurückzuschlagen. In **Taimanow-Gulko, UDSSR-Mei-sterschaft 1976,** folgte **6. ...Db6 7.Sxf6+ Dxf6 8.e3 0-0** (Auch 8. ...b6 ist möglich.) **9.c3 d6 10.Le2 b6 11.0-0 Lb7 12.a4 cxd4 13.exd4 a6** (Um a5 mit ...b6-b5 zu beantworten und sich keinen Bauern am Damenflügel vereinzeln zu lassen, war nach a5 nebst a5xb6 fällig wäre.) **14.Te1 Sd7 15.Sd2 Tfc8 16.Lf3** mit gleichen Chancen.

7. Sxd4   cxd4
8. Dxd4

Weiß ist besser entwickelt, Schwarz hat jedoch wegen seiner gesunden Bauernstellung und seiner Majorität im Zentrum Gegenspiel.

8. ...   0-0
9. Sc3

Möglich ist auch **9.Dd2** mit der Idee Dh6 und Sg5. In der Partie **Torre-Vogt, Baku 1980**, folgte **9. ...Sc6 10.0-0-0** (Auf 10.Dh6 verteidigt Schwarz sich mit 10. ...Da5+ 11.c3 De5 und ...Dg7.) **10. ...Dc7** (Nach **10. ...Da5** folgte in **Jusupow-Gorelow, UDSSR 1981 11.Sc3! d6 12.h4 Le6 13.Kb1 Tac8 14.e4** mit positionellem Vorteil für Weiß. Sehr scharf ist das Bauernopfer **10. ...d5!?**, in **Kovacevic-Stein, Zagreb 1972**, folgte **11.Dxd5 Dc7 12.Dc5 b6 13.Dc3** (Auf 13.De3 hat Schwarz 13. ...Sb4!) **13. ...Df4+ 14.De3 Dxe3+ 15.fxe3 Se5 16.Sf2 Le6 17.g3 Tac8**, und obwohl die Partie hier mit Remis endete, bevorzugen wir doch die Stellung von Weiß, da sein Mehrbauer nicht von der Hand zu weisen ist.) **11.Sc3 e6** (Um Sd5 zu verhindern, aber jetzt ist der Lc8 verstellt und das Feld d6 geschwächt.) **12.e4 f5 13.exf5 Txf5 14.g3** (Gegen 15. ...Df4 gerichtet.) **14. ...d5 15.Ld3 Tf3 16.h4** (Weiß hat die Initiative.) **16. ...Se5 17.Kb1 Sxd3 18.cxd3 Df7 19.h5 Ld7** (19. ...Txf2 ist eine Einladung zu 20.hxg6! hxg6 21.Dh6 mit schrecklichem Angriff, also bemüht sich

Schwarz, Verstärkung herbeizuholen.) **20.hxg6 Dxg6 21.Th6 Df5 22.g4! Dxg4 23.Tdh1**, und der weiße Angriff wird die Partie entscheiden.

9. ...   Sc6
10. Dd2   Db6
11. h4!?

Weiß spielt auf Angriff. Schlecht ist **11.Tb1?**, weil Schwarz danach in ein günstiges Endspiel abwickeln kann: **11. ...Dd4! 12.Td1 Dxd2+ 13.Txd2 d6 14.Sd5 b5!, Miles-Gulko, Philadelphia 1987.**

11. ...   Dxb2

Schwarz hat jetzt einen Bauern mehr, die Initiative aber gehört dem Anziehenden.

12. Tb1   Da3
13. h5

Wir sind der Meinung, daß Weiß in dieser Stellung die besseren Aussichten hat, weil seine Chancen auf dem Königsflügel nicht von der Hand zu weisen sind.

KAPITEL FÜNFZEHN
Schwarz spielt 2. ...b6

Eine Verteidigung, die Colle-Anhängern ziemlich häufig begegnen wird, ist das beschleunigte Damenindisch:

1. d4	Sf6
2. Sf3	b6!?

Bevor Schwarz einen Zentrumsbauern gezogen hat, fianchettiert er seinen weißfeldrigen Läufer, um Einfluß auf die wichtige Diagonale **a8-h1** zu nehmen. Von der Reaktion des Anziehenden hängt es ab, ob Schwarz auch noch den anderen Läufer fianchettieren oder auf andere Art und Weise um Gegenspiel kämpfen wird.

TORRE-PETROSIAN-METHODE

Gegen **2.c4** ist **2. ...b6** fragwürdig, weil Weiß das Zentrum schnell mit Bauern besetzen kann (...e6 und ...Lb4 ist langsamer als üblich.), aber Spieler, die die Fesselung im Torre-Angriff (2.Sf3 e6 3.Lg5) vermeiden wollen, greifen häufig zu **2. ...b6**. Der Läuferzug ist aber trotzdem sehr vielversprechend, und für Spieler, die das Colle-System ohne **2. ...d5** nicht mögen, ist er eine gute Alternative.

3. Lg5

Dieser Zug, der von Carlos Torre in den Zwanziger Jahren in die Praxis eingeführt wurde, war lange Zeit ein Lieblingszug des früheren Weltmeisters Tigran Petrosian.

Wenn Sie das normale Colle-System mit 3.e3 spielen wollen, sollten Sie sich Kapitel Acht ansehen.

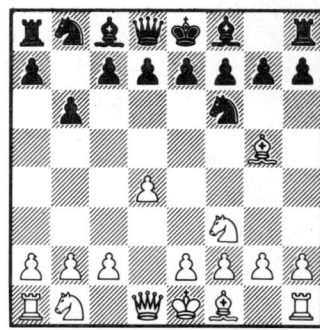

An dieser Stelle hat Schwarz sich zwischen zwei Möglichkeiten zu entscheiden:

A 3. ...Se4
B 3. ...Lb7

A
(1.d4 Sf6 2.Sf3 b6 3.Lg5)

3. ...   Se4

Mit diesem Zug möchte Schwarz den dritten Zug von Weiß widerlegen, er riskiert dabei allerdings, wertvolle Zeit zu verlieren. Der Springerzug, der gegen den Trompowski-Angriff (1.d4 Sf6 2.Lg5) effektiv ist, macht in dieser Situation weniger Sinn, weil Schwarz seine Dame nicht schnell nach **b6** bringen kann, um **b2** zu bedrohen.

4. Lh4!

Vor dem Krieg wurde meistens **4.Lf4** gespielt, aber der Textzug ist besser.

4. ...   d5

Alternativen:
1) **4. ...g6,** wonach in **Timman-Sunye Neto, Amsterdam 1985** folgte: **5.Sbd2 Sxd2 6.Dxd2 Lb7 7.0-0-0! Lg7 8.e4! 0-0** (Schwarz darf es nicht

wagen, 8. ...Lxe4?! zu spielen: 9.Te1 d5 10.Ld3 f5 11.Sg5 Lh6 12.Lf1!, wonach f3 entscheidend droht.) **9.e5** mit klarem Raum- und Entwicklungsvorsprung für Weiß.

2) 4. ...Lb7 5.Sbd2 g6 (Sowohl nach 5. ...f5 6.e3 g6 7.Sxe4 Lxe4 8.Ld3 als auch nach 5. ...Sxd2 6.Dxd2 g6 7.Lg5 hat Weiß einen gewissen Druck.) **6.Sxe4 Lxe4 7.Sd2 Lb7 8.e4 Lg7 9.c3 0-0 10.Lc4 d5 11.exd5 Lxd5 12.0-0** mit Vorteil für Weiß in **Trifunovic-Bolbochan, Mar del Plata 1950.**

5. Sbd2   Lb7
6. e3   Sd7

An dieser Stelle lautete eine Empfehlung **6. ...g6,** aber nach **7.Sxe4 dxe4 8.Se5** ist die Stellung unangenehm für den Nachziehenden, weil **8. ...Sd7** mit **9.Lb5** beantwortet wird und **8. ...f6** den Königsflügel schwächt. Daher muß er wahrscheinlich mit **8. ...a6** ein Tempo verlieren, wonach Weiß sich die Vereinfachung **9.Le2 Sd7 10.Sxd7 Dxd7 11.f3 exf3 12.Lxf3** leisten kann.

7. c4   Sdf6
8. Tc1   e6

9.cxd5 Dxd5 (Falls 9. ...exd5 oder auch 9. ...Sxd2, so 10.Da4+!.) **10.Txc7 Sxd2** (10. ...Ld6 11.Lc4!) **11.Sxd2 Ld6 12.Da4+ Kf8 13.e4!** Sxe4 (Auf 13. ...Dh5 14.Txb7 Dxh4 gewinnt Weiß mit 15.e5 Lxe5 16.Da3+.) **14.Lc4 Dxd4 15.Txf7+!! Kg8** (15. ...Kxf7 16.Lxe6+ gewinnt die Dame.) **16.Sf3 Dxb2 17.0-0** (Nicht 17.Txb7 Lb4+ 18.Kf1 Dc1+ und 19. ...Dxc4+.) **17. ...Sc5 18.Lxe6! Sxe6 19.Txb7 b5 20.De4 Dxa2 21.Td7 Lxh2+ 22.Kxh2 Tf8 23.Te1 Sc5 24.Txg7+ Kxg7 25.Dg4+ 1-0, Zeitlin- Popov, UDSSR 1982.**

B
(1.d4 Sf6 2.Sf3 b6 3.Lg5)

4. ...   Lb7

4. Sbd2

Die Enzyklopädie der Schacheröffnungen demonstriert, daß **4.Lxf6** nach 4. ...exf6 keinen Vorteil bringt. Weiß muß an dieser Stelle den peinlichen Fehler 5.g3? vermeiden: **5. ...De7!** (**Kortschnoi-Stean, Beersheba 1978**) - Schwarz droht sowohl ...Lxf3 als auch ...Db4+.

Eine wichtige Alternative ist **4.Sc3** (Diese Stellung kann auch über 3.Sc3 Lg7 4.Lg5 erreicht werden, wenn Weiß die Variante A vermeiden will.), aber in späteren Jahren bevorzugte Petrosian die natürlichere und flexiblere Springerentwicklung nach **d2**.
Nach **4.Sc3 d5!** (4. ...Se4 5.Sxe4 Lxe4 6.e3 ist vorteilhaft für Weiß, aber 4. ...e6 5.e4 h6 6.Lxf6 Dxf6 7.Ld3 d6!? [Vorschlag von Keres] nebst ...Sd7 ist auch kritisch.) **5.e3** kann Schwarz versuchen:
1) 5. ...g6 6.Lb5+ c6 (6. ...Sfd7 7.0-0 Lg7 8.Te1 mit baldigem e4.) 7.Ld3 Lg7 8.e4, und jetzt hat Schwarz nach 8. ...dxe4 9.Sxe4 Sbd7 recht gute Aussichten.

Stattdessen spielte Schwarz in **Petrosian-Nievergelt, Belgrad 1954 8. ...0-0?** und geriet nach **9.e5! Sfd7 10.Se2 f6 11.exf6 exf6 12.Le3 Sa6 13.h4!** in einen Mattangriff.
2) Einfacher ist 5. ...e6, aber Weiß hat Angriffschancen mit **6.Se5 Le7 7.Lb5+ c6!** (7. ...Sfd7 8.Dh5 g6 9.Lxe7 Dxe7 10.Dh6) **8.Ld3 Sbd7 9.f4 a6 10.Df3 c5 11.0-0 Dc7 12.Dh3, Gereben-O'Kelly, Torremolinos 1962.**
3) 5. ...Sbd7 6.Se5 Sxe5 (6. ...e6? 7.Lb5 oder 6. ...a6 7.Ld3) **7.dxe5 Se4 8.Sxe4 dxe4 9.Dg4 Dc8** (9. ...Dd5!?) **10.e6!**, Schwarz bekommt zwar einen Bauern, aber seine Bauernstruktur wird total zerstört, und Weiß hat Angriffsziele, **Petrosian-Golombek, Bukarest 1953.**

4. ... c5

Empfehlung der Enzyklopädie. Andere Züge:
1) 4. ...g6 5.e3 Lg7 6.Ld3 c5 7.c3 (Eine Colle-Formation mit dem schwarzfeldrigen Läufer außerhalb der Bauernkette, jetzt ist Se5 eine Drohung.) 7. ...d6 8.0-0 0-0 9.De2 (Genauer ist 9.h3, um 9. ...h6 mit 10.Lf4- h2 beantworten zu können.) 9. ...h6! (Besser als 9. ...Sbd7 10.Tfd1 Dc8 11.a4 Dc7 12.a5 e5? wie in Trifunovic-Teschner, Dortmund 1961.) 10.Lh4 Sbd7 (10. ...g5 11.Lg3 Sh5? 12.Sxg5! Sxg3 13.fxg3 hxg5 14.Dh5 f5 15.Txf5+-) 11.h3 Sh5 12.Sh2 (Interessant ist auch 12.g4!?) 12. ...cxd4 13.cxd4 Lf6 14.Lxf6 Sdxf6, Petrosian-Wade, Olympiade Leipzig 1960. Schwarz hatte fast ausgeglichen, wurde im Endspiel jedoch überspielt; davon können Sie sich in P.H. Clarke's Buch „Petrosian's beste Schachpartien" selbst überzeugen.
2) 4. ...d5 5.e3 Sbd7 6.Ld3, und nun:
2a) 6. ...e6 7.Se5 a6 8.f4 Le7 9.0-0 c5 10.c3 0-0 11.Df3 Sxe5 12.fxe5 Sd7 13.Dh3 g6 14.Lh6 mit starkem Angriff für Weiß, Torre-Werlinski, Moskau 1925.
2b) 6. ...g6 7.De2! Lg7 (7. ...Se4 8.Lh4 Lg7 9.0-0 0-0 10.c4!) 8.e4 dxe4 9.Sxe4 0-0 10.0-0-0! h6, Mariotti-Tatai, Rom 1977, 11.Lh4!
2c) 6. ...h6 7.Lh4 Se4 8.c3 c5 9.Dc2 g5 10.Lg3 Sxg3 11.hxg3 c4? 12.Lf5 e6? 13.Lxe6! fxe6 14.Dg6+ Ke7

15.Sxg5+-, Harding-Degraeve, Le Havre 1980.
3) 4. ...d6 5.e3 (Ich habe 5.Lxf6 exf6 6.e3 Sd7 7.Ld3 Le7 ausprobiert, wonach 8.c3 und 9.Dc2 der beste Plan ist.) 5. ...Sbd7 6.Lb5 a6 7.La4 g6 8.De2 Lg7 9.0- 0 b5 10.Lb3 c5 mit unklarem Spiel, Trifunovic-Simagin, Sarajevo 1963.
4) 4. ...e6 5.e4 (5.e3 bringt nicht den erwünschten Erfolg gegen 5. ...Le7 6.Ld3 Sc6 7.c3 Sd5 8.Lf4 Sxf4 9.exf4 Ld6 10.g3 f5 11.De2 Se7=, Bronstein-Adorjan, Zagreb 1965.) 5. ...h6 6.Lxf6 Dxf6 7.Ld3 d6 (Der Wartezug 7. ...a6 gab dem Anziehenden Vorteil nach 8.De2 d6 9.0-0-0, Kortschnoi-Karpow, Hastings 1971/72.) 8.De2 Dd8 (8. ...g5 9.e5) 9.h4 (Frank Marshall spielte an dieser Stelle im Jahre 1927 gegen Aljechin 9.0-0.) 9. ...a6 10.0-0-0 Sd7 11.g4 g6 12.c3 Lg7 13.Kb1 De7 14.Sf1 mit Initiative auf dem Königsflügel, Karner-Ornstein, Tallinn 1977.

5. Lxf6!

Dieser Zug wird in der Enzyklopädie nicht erwähnt, obwohl er so offensichtlich ist.

5. ...	gxf6
6. e3	e6
7. Ld3	Sc6
8. 0-0	d5

9.dxc5!? (Mit 9.c3 c4!? 10.Lc2 f5 entsteht eine blockierte Stellung, die nur schwer zu durchdringen ist.) 9. ...Lxc5 10.a3 (Das ist vielleicht nicht nötig, weil Weiß nach 10.e4 Sb4 mit 11.Lb5+ auf die langfristig bessere Bauernstruktur pochen kann.) 10. ...f5 11.b4 Ld6 12.c4 Se5 13.Le2 Tg8 (13. ...dxc4 ist ausgeglichen; Schwarz bevorzugt jedoch kompliziertes Spiel.) 14.Tc1 d4!? 15.exd4 Txg2+ 16.Kxg2 Dg5+ 17.Kh1 Dh6 (Auf 17. ...Sxf3 18.Sxf3 Lxf3+ 19.Lxf3 nebst Lc6+ kann Schwarz nicht mattsetzen.) 18.d5 Sg4 19.h4! (Besser als die Zugwiederholung 19.Kg2 Dg7 20.Kh1 Dh6 usw. Jetzt wäre 19. ...exd5? ein Fehler wegen 20.c5!, Schwarz muß 19. ...Lf4 versuchen.) 19. ...0-0-0? 20.c5! Lxd5 21.cxd6+ Kb8 22.Dc2 Tg8 (Schwarz hat zwar einige unangenehme Drohungen, jedoch keine Chance, sie auszuführen. Auf 22. ...Dxh4+ gewinnt 23.Kg1.) 23.Dc7+ Ka8 24.Dc8+ Txc8 25.Txc8+ Kb7 26.Tc7+ Kb8 27.La6 1-0, Kotschiew-Weingold, Tallinn 1985.

BEISPIELPARTIEN

Wenn Sie nur einen Teil dieses Buches studieren könnten, sollten Sie sich für diese kompletten Partien und diejenigen aus dem „geschichtlichen" Abschnitt entscheiden. Ihr Wert ist unschätzbar für das Verständnis der Ideen und Strategien, die aus der Eröffnung in das Mittelspiel und manchmal sogar in das Endspiel übertragen werden müssen. Eine Eröffnung zu „kennen", heißt, zu wissen, was nach dem Eröffnungsstadium zu tun ist.

ERÖFFNUNGSINDEX - BEISPIELPARTIEN

Beispielpartie #1
Aljechin - H. Köhnlein
Düsseldorf 1908

1. d4	d5
2. Sf3	Sf6
3. e3	

Diese frühe Anwendung des Colle-Systems ist interessant - Colle selbst hatte sich das System noch nicht zu eigen gemacht.

3. ...	e6
4. Ld3	Sbd7

Flexibler ist 4. ...c5, ein Zug, der mehr oder weniger unerläßlich ist, da Schwarz Druck auf den weißen d-Bauern ausüben muß, wenn er den Anziehenden so lange wie möglich an seinem Vorstoß e3-e4 hindern will.

5. Sbd2

Weiß „täuscht an"; sofort e3-e4 spielen zu wollen; die „Finte" gelingt, da Schwarz das jetzt wirklich notwendige 5. ...c5 versäumt.

5. ...	Ld6

Schwarz kopiert in aller Unschuld die Züge des Anziehenden und unterschätzt dabei den Wert des weißen Anzugsvorteils in symmetrischen Stellungen dieser Art.

6. e4!

Weiß nutzt die Ungenauigkeiten von Schwarz korrekt aus.

6. ...	dxe4

Es drohte **7.e5**; **6. ...e5** ist jedoch zu gefährlich, da das weiße Extratempo in einer geöffneten Stellung an Wert gewinnt, z. B. **6. ...e5 7.exd5 exd4 8.0-0 0-0 9.Se4 Se5 10.Lg5 Lg4 11.Lxf6 Lxf3** (Nach 11. ...gxf6 12.Le2 hat Weiß wegen seiner besseren Bauernstruktur Positionsvorteil.) **12.Lxd8 Lxd1 13.Sxd6 Sxd3 14.Tfxd1 Tfxd8 15.Txd3 Txd6 16.Txd4**, und Weiß hat einen Bauern gewonnen - das ist häufig das Los des Nachziehenden, wenn er die weißen Züge zu lange kopiert.

7. Sxe4	Sxe4
8. Lxe4	0-0
9. 0-0	f5

Um die Diagonale des weißfeldrigen Läufers zu blockieren, aber der Preis, den Schwarz dafür zu zahlen hat (geschwächte Bauernstruktur), ist zu hoch. Besser war 9. ...Sf6 10.Ld3 b6, obwohl die weiße Stellung auch hier vorzuziehen ist.

10. Ld3	e5

Zu optimistisch - jetzt hat Weiß klaren Vorteil.

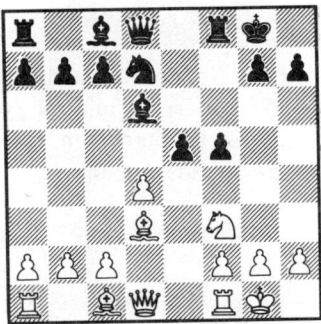

11. Lg5

Der Zug ist gut, aber Koltanowskis Empfehlung **11.Lc4+!** ist stärker. Zum Beispiel: **11. ...Kh8 12.Sg5 De8** (Erzwungen, da Weiß sowohl 13.Sf7+ als auch 13.Sh7 nebst 14.Dh5+ drohte.) **13.dxe5 Sxe5 14.Te1**, und nun: 1) **14. ...Dg6 15.Txe5 Lxe5 16.Sf7+ Txf7 17.Dd8+** nebst matt,

2) **14. ...h6 15.Lf4 hxg5 16.Lxe5 Lxe5 17.Txe5! Dg6** (17. ...Dxe5 18.Dh5 matt) **18.Dd5 c6 19.Dd4** mit furchtein-flößender Stellung des Anziehenden, der alle offenen Linien kontrolliert, oder 3) **14. ...f4 15.Dd4 h6** (Oder 15. ...Dg6 16.Txe5 Lxe5 17.Dxe5 Tf5 18.Dxf5! Lxf5 19.Sf7+ Kg8 20.Se5 mit Abzugsschach, und Weiß gewinnt Material.) **16.Lxf4 Txf4 17.Dxf4 hxg5 18.Dxg5**, und Schwarz kann die beiden Drohungen **19.Dh4+** und **19.f4** nicht ausrei-chend parieren.

11. ...   De8

Auch nach dem besseren **11. ...Le7** behält Weiß einen klaren Stellungsvorteil.

12. dxe5   Sxe5
13. Te1   Dh5

Notwendig war **13. ...Sxf3+ 14.Dxf3 Dg6**, um den Kampf fortzusetzen.

14. Sxe5   Dxg5
15. Lc4+   Kh8
16. Dxd6!

Diesen Schuß hat Schwarz wohl übersehen! Nach **16. ...cxd6** gewinnt **17.Sf7+** eine Figur, da 17. ...Txf7 sich wegen des Matts durch **18.Te8** verbietet.

Schwarz gibt auf.

Beispielpartie #2
Vlado Kovacevic - P. Popovic
Zagreb 1985

1. d4   Sf6
2. Sf3   e6
3. e3   c5
4. Ld3   d5
5. b3

Weiß entscheidet sich für den Colle-Zukertort - Aufbau. Der „normale" Colle-Zug wäre **5.c3**, um auf 5. ...c4 mit **6.Lc2** antworten zu können, wobei e4 unter Kontrolle bleibt. Angesichts dessen wären

5.Sbd2 oder **5.0-0** ungenau, weil Schwarz **5. ...c4** mit anschließendem **...b5, ...a6** und **...Lb7** spielen könnte.

5. ...   Da5+

Ein Versuch, Disharmonie in die weiße Aufstellung zu bringen.

6. c3!

6.Sbd2 kommt in der Beispielpartie #3 vor. Der Textzug ist eine Verbesserung für Weiß. Andere Züge bringen nichts, z. B. **6.Ld2 Dc7**, und der weiße Läufer steht schlecht auf d2, oder **6.Dd2 Dxd2+**, und ohne die Damen fehlt dem Colle-Aufbau der Biß, da ein potentieller Königsangriff ein wichtiger Teil der Strategie dieses Eröffnungssystems ist.

6. ...   Sc6

Der Versuch, zu beweisen, daß der Bauer **c3** ein Schwächling ist, schlägt fehl: **6. ...cxd4 7.exd4 Se4?! 8.0-0 Sxc3? 9.De1 Lb4 10.Ld2**, und Weiß gewinnt.

7. 0-0   Dc7

Schwarz zieht die Dame zurück, um **...e5** zu spielen.

8. c4!

Ein wichtiger Zug im Kampf um die Kontrolle über das Zentrum.

8. ...   dxc4

Schwarz hofft, dem Anziehenden hängende Bauern **c4** und **d4** „verpassen" zu können, um später Druck darauf auszuüben.

9. bxc4   Le7

Schlecht ist **9. ...e5?!**, weil der schwarze König nach **10.Sc3! cxd4 11.exd4 Lg4 12.Sb5!** nebst **dxe5** im Kreuzfeuer endet.

10. Lb2   cxd4?!

Folgerichtig, aber besser ist **10. ...0-0**, gefolgt von **...b6**.

11. exd4   0-0
12. Sbd2

12.Sc3 würde die lange Diagonale versperren, daher entscheidet sich Weiß für den Textzug.

12. ...   b6
13. Tc1

Bereitet sich vor, bald **d5** zu spielen.

13. ...   Lb7
14. Te1

Weiß spielt nicht sofort **14.d5**, weil nach **14. ...Sb4** (Auf **14. ...exd5 15.cxd5 Sxd5 16.Sd4!** erhält Weiß gefährlichen Druck auf der c-Linie.) **15.Lb1 exd5 16.a3 Sa6**

17.cxd5 Dd8 (Nach 17. ...Sc5?! erhält Weiß gute Angriffschancen.) 18.Sg5! g6 19.Sde4) **18.Te1** das Spiel recht trübe wird.

14. ...	**Tad8**
15. Lb1	

Beachten Sie die total entwickelten weißen Kräfte.

15. ...	**Df4**

Verläßt die gefährliche c-Linie. Schlecht ist **15. ...Tfe8**, weil Weiß **16.d5!** hat, und nach 16. ...exd5 **17.Lxf6 Lxf6 18.Txe8+ Txe8 19.cxd5** gewinnt Weiß eine Figur.

16. d5

Mit diesem thematischen Zug kann Weiß oftmals das Spiel auf günstige Weise öffnen, an dieser Stelle ist jedoch **16.a3** (um ...Sb4 zu verhindern) nebst **16.Dc2** stärker. Danach beinhaltet **d5** die Drohung **Lxf6** und **Dxh7** matt.

16. ...	**exd5**
17. cxd5	**Sxd5**

Nicht **17. ...Txd5**, weil Weiß nach **18.Lxf6 Lxf6 19.Txc6! Lxc6 20.Dc2** wegen des drohenden Matts Material gewinnt.

18. Tc4

Das Bauernopfer hat dem Anziehenden zu guten Angriffschancen verholfen. Ein Schnitzer wäre jetzt **18.Txc6? Lxc6 19.Dc2 Dh6!**, und Schwarz hat alles im Griff.

18. ...	**Dd6**

Auf **18. ...Dh6** hat Weiß das dynamische **19.Txe7!** (droht Th4) **19. ...Sdxe7 20.Th4 Txd2!** (Der beste Weg, den Schaden gering zu halten.) **21.Dxd2 Dxd2 22.Lxh7+ Kh8 23.Sxd2**, und Weiß gewinnt.

19. Se4

Gegen **19.Dc2** kann Schwarz sich mittels 19. ...f5! verteidigen.

19. ...	**Dh6**
20. Lc1	

Nach **20.Dc2** fängt 20. ...b5! den Turm, und auf **20.Sg3** ist 20. ...Se3! unangenehm.

20. ...	**Dg6**
21. Ld2	

Bewacht das Feld **e3**.

21. ...	**f5**

Praktisch erzwungen, da die Drohungen gegen **h7** mittlerweile zu stark geworden sind.

22. Sg3

Wegen des andauernden Druckes gegen **f5** hat Weiß die besseren Chancen.

22. ...	Kh8

Auf 22. ...b5 23.Tc1 setzt Weiß mit dem starken Db3 fort.

23. Db3	La8

Um ...Sa5 spielen zu können, was momentan an 24.Lxa5 scheitert.

24. h3!!

Mit diesem subtilen Zug droht Weiß, den schwarzen f-Bauern mittels **25.Tg4!** und **Sxf5** zu annektieren.

24. ...	Lc5

In Zeitnot findet Schwarz nicht die beste Verteidigung: **24. ...Sa5 25.Lxa5 bxa5 26.Sh4** (Nicht 26.Sd4? Sb6! 27.Txe7 Ld5!) **26. ...Db6 27.Shxf5,** obwohl auch jetzt die weiße Stellung vorzuziehen ist.

25. Sxf5!

Der Gewinnzug.

25. ...	Txf5
26. Txc5!	

Nicht jedoch 26.Sh4? Lxf2+.

26. ...	bxc5

Auf 26. ...Txf3 folgt 27.Dxf3, und gegen 27. ...bxc5 ist 28.Dxd5! sehr stark, während 26. ...Sd4 27.Sxd4 Sf4 mit 28.g4 pariert wird, und auf 27. ...Se3 gewinnt 28.g3.

27. Sh4	Df6
28. Sxf5	

Jetzt ist es nur noch eine Frage der Technik.

28. ...	Sd4

28. ...g6 29.Dxd5! gxf5 (29. ...Txd5 30.Te8+, und Weiß setzt matt.) 30.Dxf5 Dxf5 31.Lc3+! (Schlecht ist 31.Lxf5? Txd2 32.Te8+ Kg7 33.Txa8 Txa2.) 31. ...De5 32.Lxe5+ Sxe5 33.Txe5 Td1+ 34.Kh2 Txb1 35.Te8+, gefolgt von Txa8, und Weiß gewinnt.

29. Sxd4	cxd4

Auf 29. ...Dxd4 ist u.a. 30.Dc2 gut.

30. Dd3	g6
31. Dg3	Dg7
32. Dh4	Tc8
33. Ld3	h5

Das beschleunigt die Niederlage, andere Züge verlieren aber auch: **33. ...Df6 34.Lg5 Dg7 35.Te7! Sxe7 36.Lf6** mit Materialgewinn oder auch **33. ...Kg8 34.Lc4!,** und falls jetzt **34. ...Txc4**, so setzt **35.Dd8+ Kf7** (Oder **35. ...Df8 36.Te8**) **36.De8+ Kf6 37.De6+** matt.

| 34. Te6 | Db7 |

Schwarz gibt auf.

Beispielpartie #3
Jusupow - Sosonko
Interzonenturnier Tunis 1985

1. d4	Sf6
2. Sf3	e6
3. e3	d5

Schwarz spielt das klassische „Allround"-Verteidigungssystem gegen die weiße Damenbauerneröffnung. Der bekannte Theoretiker Hans Kmoch hat diese Aufstellung „Universalverteidigung" genannt, da sie offensichtlich gegen jede Variante der **1.d4** - Eröffnungsstruktur spielbar ist.

| 4. Ld3 | g6 |

Leitet in eine Art Grünfeld-Verteidigung über; der Zug **3. ...e6** scheint in diesem Stellungstyp ein wenig verfrüht.

| 5. b3 | |

Weicht vom „normalen" Colle ab, in dem der schwarzfeldrige Läufer nach dem thematischen **e3-e4** auf der Diagonalen **c1-h6** entwickelt wird. Dieses frühe Fianchetto wird Colle-Zukertort - System genannt.

| 5. ... | Lg7 |

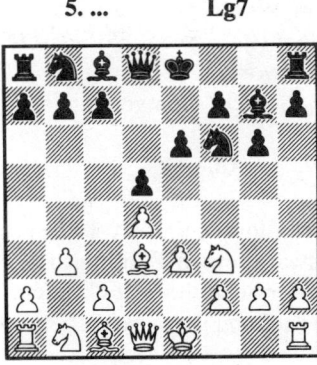

6. La3!

Ein kreativer und starker neuer Zug, der kurzfristig die schwarze Rochade verhindert und auf längere Sicht **c5** unter Druck setzt.

| 6. ... | Sbd7 |

Um **...c5** zu spielen und dann zu rochieren.

| 7. Sbd2 | |

Spielbar ist auch **7.0-0**.

7. ...	c5
8. 0-0	0-0
9. c4	

Beachten Sie die vollständige weiße Entwicklung, während der weißfeldrige Läufer des Nachziehenden noch eingesperrt ist.

9. ...   Da5

Das natürlicher aussehende **9. ...b6** kann Weiß vorteilhaft mit **10.cxd5 exd5** (10. ...Sxd5 11.Se4) **11.Tc1** beantworten, wonach der Druck auf **c5** recht unangenehm ist.

10. Lb2

Nach dem plumpen **10.Dc1** zieht Schwarz seinen Turm mit **10. ...Td8** aus der Schußlinie des Läufers, und die Stellung ist ausgeglichen.

10. ...   Td8

Um Druck auf das Zentrum auszuüben, falls dort Linien geöffnet werden sollten.

11. De2

Verbindet die Türme und entzieht sich dem versteckten Druck des Turmes auf **d8**.

11. ...   cxd4
12. Lxd4!

Viel dynamischer als **12.exd4**, wonach Schwarz **12. ...b6** nebst späterem **...dxc4** und **...Dh5** spielt. Auch nach **12.Sxd4 Sc5** hat Schwarz ausreichendes Spiel.

12. ...   Sc5

Die Alternative war **12. ...Sb6**, aber nach **13.Tfd1!** (13.c5?! Sbd7, und

Schwarz hat die besseren Chancen.) **13. ...dxc4 14.Sxc4 Sxc4 15.Lxc4** steht Weiß dank seiner harmonischen Entwicklung besser.

13. Lc2

Natürlich will Weiß seinen guten Läufer behalten, außerdem soll Schwarz sich nicht durch Figurentausch entlasten können.

13. ...   Sce4

Auf **13. ...Ld7** ist **14.a3!** mit der Drohung **b4** sehr unangenehm.

14. Sxe4   dxe4

Erzwungen, da nach **14. ...Sxe4? 15.Lxg7 Kxg7 16.Lxe4! dxe4 17.Db2+ f6 18.b4!** (Um Sd2 zu ermöglichen.) **18. ...Dc7 19.Sd2 Dc6 20.b5,** der e- Bauer verloren ist.

15. Se5

Natürlich nicht **15.Sd2**, weil **15. ...e5!** Material kostet.

15. ...   Ld7

Ein Versuch, den weißfeldrigen Läufer endlich in's Spiel zu bringen, aber der Zug erweist sich als grober Fehler. Schwarz hätte **15. ...Se8** versuchen sollen, obwohl die Stellung nach **16.f4 exf3 17.Dxf3 f6** immer noch deutlich besser für Weiß ist.

16. f4!

Erobert Raum auf dem Königs-
flügel. Weniger genau wäre **16.f3**,
weil Schwarz sich mit **16. ...Se8!** ver-
teidigen könnte: **17.Sxd7 Txd7
18.Lxg7 exf3!.**

16. ...   **h5**

Um **g4-g5** zu erschweren.

17. Tad1   **Le8**

17. ...Dxa2?? stellt wegen **18.Ta1** die
Dame ein.

18. Lb1

Weiß hat zahlreiche positionelle
Vorteile: 1) Bauernmehrheit am
Damenflügel, 2) aktiveres Figuren-
spiel im Zentrum, 3) Druck auf den
schwachen Bauern **e4**, 4) die Mög-
lichkeit, am Königsflügel mit **h3** und
g4-g5 vorzugehen.

18. ...   **Da3**
19. h3

Plant **g4**.

19. ...   **Tac8**
20. Td2   **b6**
21. Tfd1

Weiß verstärkt seine Stellung
weiter.

21. ...   **De7**

22. Df2!

Mit der Drohung, **23.Dh4** und
24.Lxe4 zu spielen.

22. ...   **b5?!**

Schwarz schlägt nur noch
verzweifelt um sich, **22. ...Db7** nebst
...Sh7 und **...f6** wäre jedoch einen
Versuch wert gewesen.

23. c5

Dieser starke Freibauer ist ein
weiterer Pluspunkt für den Anzie-
henden.

23. ...   **b4**

Um **24.b4** zu verhindern.

24. Dh4

Jetzt droht **25.Lxe4**.

24. ...   **Tc7**
25. g4

Eröffnet Möglichkeiten für einen
direkten Königsangriff.

25. ...   **hxg4**
26. hxg4   **Tdc8**
27. Sc4!

Natürlich mit dem Ziel, sich auf **d6**
niederzulassen.

27. ...	Lc6
28. Le5	Td7
29. Sd6	

Die prächtigen weißen Figuren im Zentrum machen einen ästhetischen Eindruck.

| 29. ... | Tcd8 |
| 30. Th2 | |

Jetzt tauchen Mattdrohungen auf der h-Linie auf.

| 30. ... | Ld5 |
| 31. Kf2! | |

Ein hübscher letzter Schlag. Weiß droht **32.Tdh1**, nebst **33.Dh8+! Lxh8 34.Txh8+ Kg7 35.T1h7** matt. Schwarz hätte mit **31. ...Kf8** fortsetzen können, danach spielt Weiß jedoch auch **32.Tdh1 Sg8** (Oder **32. ...Tc7 33.Dh8+!**) **33.Lxg7+ Kxg7 34.Dh7+ Kf8 35.Dxg8+! Kxg8 36.Th8+ Kg7 37.T1h7+ Kf6 38.g5** matt(!). Und deswegen: **Schwarz gibt auf.**

Beispielpartie #4
Hulak - Spiridonov
Opatija 1985

1. Sf3

Natürlich beginnt Weiß den Colle-Aufbau meistens mit **1.d4**. Aber auch nach **1.Sf3** kann Weiß noch

den Colle spielen, z. B. **1.Sf3 c5 2.e3**, ein beliebiger Zug von Schwarz und **3.d4.**

1. ...	Sf6
2. d4	e6
3. e3	c5
4. Ld3	d5
5. b3	

Leitet die Colle-Zukertort - Variante ein. In dieser Stellung verhindert **5.b3** den Zug **5. ...c4.**

| 5. ... Sc6 |

In den Beispielpartien #2 und #3 spielt Schwarz das schärfere, theoretisch kritische **5. ...Da5+.**

| 6. 0-0 | Ld6 |

Schwarz plant ...De7 und ...cxd4, zur rechten Zeit gefolgt von ...La3, um den potentiell starken weißen Fianchettoläufer abzutauschen. Diese Partie wirft Schatten auf dieses bisher als stark eingeschätzte Strategem.

| 7. Lb2 | 0-0 |
| 8. Sbd2 | De7 |

Schwarz droht, sowohl mit **9. ...e5** das Zentrum aufzubrechen, als auch **9. ...dxc4** nebst ...La3 zu spielen.

| 9. Se5 | cxd4 |

10. exd4 La3

Schwarz fühlt sich bei der Ausführung dieses Planes ziemlich sicher, denn schließlich wurde er von keinem Geringeren als Capablanca in einer berühmten Partie gegen Bogoljubow, New York 1924, in die Praxis eingeführt. Diese Partie hat den Colle-Zukertort - Aufbau in Mißkredit gebracht, er ist jedoch (wie wir sehen werden) wie „Phönix aus der Asche" auferstanden.

11. Lxa3!

Um Zeit zu gewinnen. Möglich ist auch **11.Dc1**, aber nach **11. ...Lxb2 12.Dxb2** ist die Dame für einen Königsangriff denkbar schlecht postiert, deshalb ist die Stellung ausgeglichen.

11. ... Dxa3

Weiß will beweisen, daß die schwarze Dame im Abseits steht und daß der Nachziehende ein Tempo verlieren wird, wenn er sie zur Verteidigung gegen den weißen Königs- flügeldruck zurückholen muß.

12. c3! Ld7

Der Versuch, unter den weißen Damenflügelbauern Beute zu machen, wird bestraft, z.B. **12. ...Db2 13.Tc1! Dxa2 14.f4 Ld7**

15.g4!, und Weiß hat starken Angriff: Es droht sofort **g5**, wonach **Lxh7+** nebst **Dh5+** und **Tf3-h3** nicht auf die leichte Schulter zu nehmen ist. Diese Idee rechtfertigt das hervorragende Bauernopfer des Anziehenden.

13. f4! Dd6

Die schwarze Dame muß zur Verteidigung zurückeilen. **13. ...Tfc8 14.f5!**, und auf **14. ...exf5** ist **15.Sxd7 Sxd7 16.Lxf5** sehr stark für Weiß.

14. Tf3

Ein charakteristischer Turmzug in diesem Stellungstyp; der Anziehende plant **g4-g5** nebst **Lxh7+**, **Dh5** und **Th3**.

14. ... Tfc8

Schwarz hofft, daß der schwarze König im Notfall auf das Feld **f8** flüchten kann.

15. Th3

Jetzt droht Weiß, mit **16.Lxh7+! Sxh7 17.Dh5** sofort zu gewinnen.

15. ... g6
16. Kh1?!

Eine Schande, denn dieser Zug läßt den Nachziehenden wieder in's Spiel kommen. Nach dem korrekten

16.De1 (mit dem Ziel h4) **16. ...Df8
17.Dh4 Dg7 18.g4** hat Weiß deutlichen Vorteil.

16. ...	Le8
17. De1	Df8
18. Dh4	Dg7
19. Tf1	

Unglücklicherweise ist Weiß in Zeitnot und kann nicht kühlen Kopfes nachdenken.

19. ...	Tc7
20. g4	h5!

Die beste Verteidigung, sonst ist **21.f5** zu stark.

21. gxh5	Sxh5
22. Sg4	

Besser **22.Le2.**

22. ...	Se7

Drückt auf **c3** und verhindert **f4-f5.**

23. Sb1?

Aber das ist jetzt wirklich schlecht (Zeitnot). **23.Lb1** wäre besser.

23. ...	Sf5
24. Lxf5	exf5
25. Se5	Tac8
26. De1!?	

Mit der Idee **27.Txh5 gxh5 28.Tg1.**

26. ...	Sf6

Jetzt wird **...Se4** ein Problem für Weiß darstellen.

27. Te3	Lb5

Schwarz hat die Initiative.

28. Tff3	Se4
29. a4	La6
30. Sa3	

In der Hoffnung, den rückständigen c-Bauern nach **c4** bringen zu können.

30. ...	Dh6

Schwarz fängt an, sich die h-Linie zunutze zu machen.

31. c4	Kg7
32. a5?	

Zeitnot!

32. ...	f6
33. Th3	

Verzweiflung.

33. ...	Dxf4
34. Tef3	Dd2
35. Dh4	

Hofft, über die h-Linie einzudringen,

35. ...   fxe5

Schwarz sagt sich: „Warum nicht?"

36.   Txf5

Weiß hat schon nichts mehr zu verlieren.

36. ...   gxf5

Zeigen!

37. Dh7+   Kf6
38. Th6+   Kg5!

Der schwarze König schreitet im Vertrauen auf seine Sicherheit arrogant vorwärts.

39. Tg6+   Kf4
40. Dh6+   Kf3
41. Dh5+   Ke3
42. Dh3+   Kxd4

Und da Weiß keine weiteren „Drohungen" mehr sah, mußte er aufgeben. Schade, denn er hatte bis zu seiner „Finesse" **16.Kh1?!** praktisch gewinnbringenden Angriff. Auf jeden Fall ist und bleibt diese Partie eine wichtige Verstärkung der weißen Spielweise im Colle-Zukertort.
Weiß gibt auf.

Beispielpartie #5
Colle - Dr. J. Aguilera
Barcelona 1929

1. d4   d5
2. Sf3   Sf6
3. e3   e6
4. Ld3   a6

Dieser „langsame" Zug ist nicht zu empfehlen - sehen Sie, in welch exzellenter Manier Colle dagegen vorgeht.

5. Sbd2   Ld6

Besser wäre **5. ...Le7**.

6. 0-0   Sbd7
7. e4!

Nach dem schwachen **4. ...a6** kann Weiß es sich leisten, sofort das Spiel im Zentrum zu öffnen.

7. ...   dxe4
8. Sxe4   0-0

Etwas besser ist **8. ...Sxe4 9.Lxe4 Sf6**, um ein Paar Leichtfiguren loszuwerden.

9. Lg5   Le7

Der Beweis, daß **5. ...Ld6** ein Zeitverlust war.

10. De2 Sd5

Nach **10. ...Sxe4** kann Weiß jetzt **11.Dxe4** spielen, wonach das schwächende **11. ...g6** erzwungen ist.

11. c4

Mit diesem zwingenden Zug verstärkt Weiß seine Initiative.

11. ...	Sb4
12. Lb1	Lxg5

Um einige Figuren abzutauschen, aber die weißen Springer sind schon recht nahe!

13. Sfxg5

Jetzt droht **14.Sxh7**, und **14. ...Kxh7** scheitert an **15.Sf6** mit Doppelschach und matt im nächsten Zug.

13. ...	h6
14. f4!	hxg5

Vielleicht bekommt er sogar etwas für seinen Ärger.

15. fxg5

Dieser Bauer ist der Dorn im Auge des Nachziehenden - mehrere Kombinationsmotive warten auf ihre Enthüllung.

15. ...	f5

Das ist nicht der ideale Zug, aber nach dem besseren **15. ...g6** kann Weiß **16.De1!** (mit den Drohungen 17.Dxb4 und 17.Dh4) antworten, **16. ...Sc6 17.Dh4**, und jetzt verliert **17. ...Sxd4** nach **18.Sf6+ Sxf6 19.gxf6 Sf5** (Erzwungen, sonst entscheidet 20.Dh6.) **20.Lxf5 exf5 21.Tad1 Ld7 22.Txf5! Te8 23.Th5! gxh5 24.Dg5+** und matt im nächsten Zug. Oder falls **17. ...f5,** so **18.gxf6 Tf7 19.Sg5 Sf8** (19. ...Txf6 20.Dh7+ Kf8 21.Sxe6+ Ke8 22.Lxg6+ Txg6 23.Df7 matt) **20.Sxf7 Kxf7 21.Dh6 Dxd4+ 22.Kh1** und **23.Dg7+** ist zuviel des Schlechten für Schwarz.

16. Dh5!

Mehr Öl in's Feuer!

16. ...	fxe4

Nach **16. ...Sf6 17.gxf6 De8** gewinnt Weiß mit **18.Dh4! fxe4 19.Lxe4 Txf6** (19. ...g6 20.Dh6) **20.Dh7+ Kf8 21.Lg6! Dd7 22.Dh8+ Ke7 23.Dxg7+ Kd6 24.Dxf6** usw.

17. Lxe4	Sf6

Erzwungen.

18. gxf6	**Dxd4+**

Falls **18. ...Txf6**, so gewinnt **19.Dh7+ Kf7 20.Lg6+** leicht.

19. Kh1	**Dxe4**
20. f7+	**Txf7**
21. Dxf7+	**Kh8**
22. Tf4	

Auf **22. ...Dh7** folgt jetzt **23.De8+ Dg8 24.Th4** mit Matt,daher: **Schwarz gibt auf.**

Beispielpartie #6
Colle - E.D. Bogoljubow
San Remo 1930

1. d4	**Sf6**
2. Sf3	**d5**
3. e3	**c6**

Dieser Zug ist etwas zu passiv, denn normalerweise wird der c-Bauer nach **c5** ge-schoben, von wo aus er Druck auf **d4** ausübt.

4. Sbd2	**Lf5**

Schwarz möchte den weißfeldrigen Läufer abtauschen, sobald dieser auf **d3** erscheint. Da Weiß jedoch noch nicht **c3** gespielt hat, kann er auf **d3** mit dem c-Bauern zurückschlagen. Dadurch erhält er eine machtvolle Bauernmehrheit im Zentrum (3 zu 2) und die halboffene c-Linie.

5. Ld3	**Lxd3**

Folgerichtig, aber wegen der oben angegebenen Gründe unzureichend. Besser ist sowohl **5. ...e6** als auch **5. ...Lg6.**

6. cxd3	**e6**
7. 0-0	**Le7**
8. Te1	

Räumt **f1** für den Springer **d2** und zentralisiert den Turm.

8. ...	**0-0**
9. e4	**Sa6**

Schwarz hofft auf Chancen am Damenflügel; das Feld **d7** wird nach **10.e5** für den anderen Springer gebraucht.

10. e5	**Sd7**
11. Sf1	**c5**

Schwarz muß entweder Gegenspiel auf dem Damenflügel suchen oder passiv die langsame, aber gefährliche Anhäufung von weißen Figuren auf dem Königsflügel abwarten.

12. dxc5	**Sdxc5**
13. a3!	

Ein positionell guter Zug, der den Wirkungskreis des Springers auf **a6** einengt und **b4** vorbereitet, wonach auch **c5** in weißer Hand wäre.

13. ...	Dd7

Droht, mit **...Da4** oder **...Db5** auf den geschwächten weißen Feldern einzudringen.

14. b4	Sa4
15. Sd4	

Der Springer wird zentralisiert und **15. ...f6** wegen des Druckes auf **e6** verhindert.

15. ...	Tfc8
16. Sg3	Sc7

Bringt den Springer zurück in's Spiel und hofft, den starken weißen Zentrums-springer mit **...Sb5** abtauschen zu können.

17. Dg4!

Weiß geht zum Angriff über.

17. ...	g6

Eine unangenehme Schwächung, aber andere Züge laden den Anziehenden zu hübschen taktischen Wendungen ein, z. B.: **17. ...Sb5 18.Sgf5! Lf8** (18. ...g6 19.Sxe7+, und Weiß gewinnt eine Figur, aber nach 18. ...exf5 19.Sxf5 verliert Schwarz seine Dame (!), da sowohl nach 19. ...Lf8 als auch nach 19. ...g6

20.Sh6+ möglich ist.) **19.Sxg7! Lxg7** (Auf 19. ...Sxd4 gewinnt Weiß mit 20.Sh5+ Kh8 21.Sf6 wegen der Mattdrohung 22.Dg8 bei gleichzeitigem Angriff auf die Dame.) **20.Sxb5 Txc1** (20. ...Dxb5 verliert wegen 21.Lh6.) **21.Taxc1 Dxb5 22.Te3 Kh8 23.Tc7 Tf8 24.Tg3 Lxe5 25.Txf7!**, und Weiß gewinnt. Falls 20. ...Kh8 (anstelle von 20. ...Txc1), so ist 21.Sd4 Tc3 22.Te3! sehr stark.

18. Lg5!

Will den Läufer **e7** abtauschen, damit die schwarzen Felder um den König herum ohne Schutz bleiben.

18. ...	Se8

Eilt zur Bewachung des anfälligen Königsflügels herbei.

19. Lxe7	Dxe7
20. h4!	

Um weitere Linien für den Angriff zu öffnen.

20. ...	a5

Schwarz bemüht sich nach Kräften um Gegenspiel am Damenflügel, weil passive Verteidigung in Stellungen dieser Art meistens tödlich endet.

21. h5!

Aber: Volle Kraft voraus!

21. ...	axb4
22. hxg6	hxg6
23. axb4	Dxb4

Es ist wahr, Schwarz hat einen Bauern mehr, muß jedoch mit einem fürchterlichen weißen Königsangriff fertig werden.

24. Tab1 Sb2

Dieser Zug sieht zwar seltsam aus, aber nach dem natürlicher wirkenden 24. ...De7 25.Te3! Sg7 26.Sge2 nebst Th3 erhält Weiß einen zu starken Angriff auf der h- Linie.

25. Te3!

Nach 25.Te2, wonach der Springer b2 verloren scheint, kann Schwarz ...Ta4! spielen.

25. ...	Sg7
26. Dh4	

Gegen 26. ...Sf5 gerichtet, da 27.S4xf5 eine Figur gewinnt.

26. ... Dd2

In dieser verzwickten Stellung kommt Schwarz vom richtigen Wege ab. Er hätte 26. ...Ta4! versuchen sollen, und nach 27.Sge2 Dd2 hätte er durchaus Verteidigungschancen gehabt.

27. Sf3!

Das wäre nach 26. ...Ta4! nicht möglich gewesen.

27. ...	Tc1+
28. Txc1	Dxc1+
29. Te1	

Gut genug, aber einfacher war 29.Kh2, und auf 29. ...Ta1 30.Dd8+ Kh7 31.Sg5+ Kh6 32.Sxf7+ mit **matt** im nächsten Zug.

29. ... Dc8

Die Alternativen helfen auch nicht mehr: 29. ...Dxe1+ 30.Sxe1 Ta1 31.Kh2! Txe1 32.Db4, und der Springer geht verloren, da 32. ...Tb1 33.Db3 und 34.Dc2 zuläßt, während 32. ...Sxd3 wegen 33.Dd2 nicht möglich ist. Oder 29. ...Sd1 30.Sg5 b5 31.Sh7 Ta4 32.Sf6+ Kf8 33.Dh8+ Ke7 34.Db8! Dc5 35.Db7+ Kf8 36.Sd7+ gewinnt die Dame. Auf 29. ...Dc3 schließlich gewinnt Weiß mit 30.Te3 (Um Sg5 spielen zu können.) 30. ...Dc1+ (Oder 30. ...d4 31.Se4) 31.Kh2, und wir sind mitten in unserer Empfehlung zum 29. Zug von Weiß.

30. Sg5	Dc3
31. Dh7+	Kf8
32. Te3!	

Auf dem Weg nach f3, um von dort aus f7 anzugreifen.

32. ...	Ta1+
33. Kh2	Dd4
34. Tf3	

Mit den Drohungen 35.Sxe6+ und 35.Txf7+. 34. ...Sf5 verbietet sich natürlich wegen 35.Dxf7 matt, daher:

Schwarz gibt auf.

Beispielpartie #7
V. Kovacevic - Timman
Bugojno 1984

1. d4	Sf6
2. Sf3	d5
3. Sbd2	Lg4

Schwarz möchte frühzeitig das Problem mit der Entwicklung des weißfeldrigen Läufers lösen. Der Textzug ist zum Teil gerechtfertigt, weil 3.Sbd2 (anstelle des üblicheren 3.e3) weniger Druck auf d5 (mittels c4, Sc3 und Db3) ausübt. Allerdings spielt das nur eine untergeordnete Rolle.

4. e3

Beachtenswert ist auch 4.Se5 Lh5 5.c4, gefolgt von Db3. Das ist die Idee, die wir gegen den Aufbau mit ...Lg4 empfehlen.

4. ...	Sbd7
5. h3	Lh5
6. c4	e6

7. Db3

Der thematische Druck auf den schwarzen Damenflügel, den der weißfeldrige Läufer schon verlassen hat.

7. ...	Tb8

7. ...b6? schwächt den Flügel zu sehr.

8. cxd5	exd5
9. Ld3	

Weiß steht geringfügig besser, weil er die Möglichkeit hat, einen Minoritätsangriff gegen die schwarzen Damenflügelbauern durchzuführen. Interessant ist es auch, das schwarze Läuferpaar zu „halbieren": 9.g4 Lg6 10.Sh4, mit der möglichen Fortsetzung 10. ...Ld6 11.Lg2 c6 12.Sxg6 hxg6 13.Dc2.

9. ...	c6
10. Dc2	Lg6

Nach dem natürlichen Entwicklungszug 10. ...Ld6 erhält Weiß die Initiative mittels 11.Sh4! mit Kurs auf f5.

11. Lxg6	hxg6
12. b3	Ld6
13. Lb2	De7
14. a4	0-0
15. 0-0	Tfe8
16. Dc1	

Um mit **La3** die Läufer zu tauschen.

16. ...   Tbc8

Dieser gute Zug bereitet aktives Spiel mit **...c5** vor.

17. La3   c5
18. Db2

Möglich ist auch **18.dxc5 Sxc5 19.Dd1,** gefolgt von **Tc1** mit ungefähr ausgeglichenem Spiel.

18. ...   b6

Auf **18. ...c4** antwortet Weiß mit **19.bxc4 dxc4 20.Tfc1.**

19. Tfd1   Sf8
20. Tac1   Se6
21. Da1?!

Zu verspielt! Vernünftig ist **21.Sb1!** nebst **Sc3,** um Druck auf den geschwächten Bauern **d5** auszuüben.

21. ...   Se4

Jetzt geht es dem Nachziehenden gut.

22. Sxe4

Immer noch **22.Sb1!?.**

22. ...   dxe4
23. dxc5

Nach **23.Sd2?** cxd4 **24.Lxd6 Dxd6 25.Sxe4** (Oder auch 25.Sc4 Db4) **25. ...Dd5 26.Sc3 Dxb3 27.exd4 Tc4 28.d5 Sd4** steht Schwarz klar besser.

23. ...   exf3
24. cxd6

Nach **24.Txd6 Dg5 25.g3 Dh5 26.h4 bxc5** hat Schwarz deutlichen Vorteil.

24. ...   Dg5
25. g4   Sf4!

Ein hübsches Kombinationskonzept. Wenn Schwarz **25. ...Dh4** versucht hätte, wäre die weiße Stellung nach **26.De5 Dxh3 27.Dg3** eindeutig vorzuziehen.

26. Txc8

Nach **26.exf4 Dh4 27.Txc8 Dxh3! 28.Txe8+ Kh7** hat Weiß keine Verteidigung mehr.

26. ...   Sxh3+!

Aber nicht **26. ...Txc8,** weil Weiß nach **27.exf4 Dh4 28.d7 Td8 29.Td3 Dxh3 30.Df1** noch lebt.

27. Kh2

27.Kf1 ist nicht besser: **27. ...Txc8 28.d7 Td8 29.Td4** (29.Dd4 Dh4 30.e4 Txd7!) **29. ...Dh4 30.Db2 Sg5 31.Ke1 Se6 32.Td3 Dxg4,** und Schwarz gewinnt leicht.

27. ...	Dh4
28. Txe8+	Kh7
29. Dxg7+	

Nur mit diesem Verzweiflungszug kann Weiß das Ende noch etwas hinauszögern.

29. ...	Kxg7
30. Lb2+	f6
31. Te7+	

Falls **31.Lxf6+**, so **31. ...Kxf6 32.Tf8+ Ke6**, und Schwarz gewinnt.

| 31. ... | Kh6 |
| 32. Lxf6 | Dxf2+ |

und matt in zwei Zügen. Diese Partie zeigt, daß Weiß einigermaßen akkurat vorgehen muß, um gutes Spiel zu erhalten. Hätte Weiß seine Chancen im 3.(!), 4. oder 21. Zug ergriffen, hätte er eine gute Stellung erhalten.

Weiß gibt auf.

Beispielpartie #8
H. Olafsson - M. Knezevic
Neskaupsstadur 1984

1. Sf3

Mit diesem „hypermodernen" Zug kann Weiß in den Colle-Aufbau überleiten.

| 1. ... | d5 |

Wenn Schwarz **1. ...c5** spielt, kann Weiß den Colle-Aufbau mit **2.e3** (Nach **2.d4** cxd4 erhält Schwarz eine Bauernmehrheit im Zentrum.) nebst **3.d4** einleiten. In diesem Fall könnte Schwarz mit **2. ...g6** auf Königsindisch umsteigen, da Weiß nicht mehr unsere Empfehlung gegen diese Variante - **3.Lg5** - spielen kann. Andererseits kann Weiß sich immer noch für unseren „Anti-Königsindisch-Aufbau" entscheiden, den wir Ihnen im Kapitel 11 vorgestellt haben. Falls der Anziehende jedoch den „Anti-Königsinder" viel lieber mit **3.Lg5** spielt, empfehlen wir **2.c3(!)**, wonach die Möglichkeit **3.d4** nebst **4.Lg5** offen bleibt.

| 2. d4 | Lf5 |

Die frühestmögliche Entwicklung des weißfeldrigen Läufers - aber kein reiner Segen.

3. c4

Da der frühe Läuferzug den schwarzen Damenflügel schwächt, greift der Anziehende konsequenterweise dort an.

| 3. ... | e6 |
| 4. Db3 | |

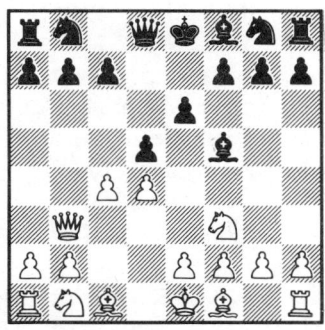

Mit Druck auf den Schwachpunkt b7.

4. ...	**Sc6**
5. c5	

Über **5.Dxb7** würde Schwarz sich nur freuen, weil er in **5. ..Sb4!** eine gute Antwort hätte. Wenn z. B. **6.Sa3**, so **6. ...Tb8 7.Dxa7 Ta8**, und Schwarz kann entscheiden, ob ihm ein Remis durch Zugwiederholung genügt oder ob er mit **8.Db7 Txa3** nebst **...Sc2+** höher hinaus will. **5.c5** verhindert **...Sb4**, daher droht jetzt das Schlagen auf **b7**.

5. ...	**Tb8**
6. Sc3	**Sf6**
7. Lf4	

Weiß zieht seinen Läufer auf ein aktives, zentrales Feld, bevor er **e3** spielt, was den Läufer sonst einsperren würde.

7. ...	**a6**

Der Gedanke an **Sb5** hat den Nachziehenden beunruhigt, obwohl dieser Zug keine wirkliche Drohung darstellt, weil der Bauer **c7** mit **...Tc8** leicht zu verteidigen ist.

8. e3	**Le7**
9. Le2	**Se4**

Ein trickreicher Zug. Wenn der Anziehende jetzt „automatisch" rochiert, gewinnt Schwarz Material: **10.0-0 g5! 11.Lg3 g4 12.Se5 Sd2 13.Da4 Sxf1 14.Sxc6 bxc6.**

10. Sxe4	**Lxe4**
11. 0-0	**0-0**

Schwarz kann immer noch **11. ...g5** versuchen, aber Weiß behält die Oberhand nach **12.Lg3 h5 13.Sd2! h4 14.Sxe4 dxe4 15.Le5 f6** (Oder **15. ...Sxe5 16.dxe5 Lxc5 17.Tfd1 De7 18.Da4+ c6 19.Dxe4** mit Vorteil für Weiß.) **16.Dxe6! Dd7** (Nach **16. ...fxe5 17.Dg6+ Kf8** [17. ...Kd7 18.Lg4+ ist matt.] **18.f3** hat Weiß einen vernichtenden Angriff.) **17.Dxd7+ Kxd7 18.Lg4+ Kd8 19.Lxc7+! Kxc7 20.d5 Se5 21.d6+ Kc6 22.Lf5 Lf8 23.Tac1.** Die starken weißen Freibauern und die guten Angriffschancen bieten mehr als ausreichend Kompensation für die geopferte Figur.

12. Dc3	

Das ist nicht der beste Zug. Weiß hätte **12.Se5!** spielen sollen, und auf **12. ...Sxe5** erhält der Anziehende leichten Vorteil durch **13.Lxe5**, weil er über mehr Raum und etwas größere Mobilität verfügt.

12. ...   **Lf6**
13. Tfd1   **De7**

Vielleicht hätte Schwarz **13. ...Lxf3 14.Lxf3 De7** spielen sollen, um die Kontrolle des Anziehenden über das Feld **e5** zu verringern.

14. Se5

Um Schwarz nicht in's Spiel kommen zu lassen.

14. ...   **Lxe5**

14. ...Sxe5 15.dxe5 Lg5 ist etwas besser.

15. dxe5

Weiß möchte seinen schwarzfeldrigen Läufer behalten, besonders, weil sein Gegenspieler jetzt von der Bildfläche verschwunden ist, daher nicht **15.Lxe5**.

15. ...   **h6**
16. b4

Weiß möchte sich mit **a4, b4** und **b5** auf dem Damenflügel breit machen,

16. ...   **f6**

Schwarz dagegen hofft auf Gegenspiel im Zentrum.

17. exf6   **Txf6**
18. Lg3   **Tbf8**

Die schwarzen Mächte beißen sich auf der f-Linie die Zähne aus, weil **f2** zuverlässig gedeckt ist.

19. a4   **Df7**

Besser **19. ...a5**, obwohl nach **20.bxa5!** (Aber nicht **20.b5 Sb4!**, Schwarz hat ein hervorragendes Feld für seinen Springer, und Weiß konnte eines seiner Ziele - Linienöffnung am Damenflügel - nicht erreichen.) **20. ...Ta8 21.a6! bxa6 22.a5** der schwarze a-Bauer dauerhaft schwach ist.

20. f3   **Lf5**
21. b5   **axb5**
22 .axb5

Jetzt steht dem Anziehenden die offene a-Linie zur Verfügung.

22. ...   **Sd8**
23. c6!

Wirft den c-Bauern in die Schlacht.

23. ...   **bxc6**
24. bxc6   **Tg6**

Auf **24. ...e5** gewinnt **25.Dxe5 Txc6 26.Dxd5**.

25. e4!   **dxe4**

Nach **25. ...Txg3 26.hxg3 Lxe4 27.Lb5!**, gefolgt von **28.De5** und **Ta7**, geht der c- Bauer verloren.

26. Ta8!

Der Clou! Jetzt scheitert **26. ...De7** an **27.Td7 Dg5 28.f4 Df6 29.Dxf6** nebst **30.Txd8**, und auf **26. ...exf3** beendet **27.Tdxd8** (Drohung Txf8+) den letzten Widerstand. **Schwarz gibt auf.**

Beispielpartie #9
G. Koltanowski - A.G. Conde
Margate 1936

1. d4	d5
2. Sf3	Sf6
3. e3	

Weiß möchte den Standard - Colle spielen, aber

3. ...	Lf5

Schwarz entscheidet sich für diesen theoretisch kritischen Zug, um den starken weißen Königsläufer abtauschen zu können, sobald er auf **d3** auftaucht. Aber so einfach ist das alles nicht; Analysen und Partien haben gezeigt, daß die frühe Entwicklung des Läufers **c8** voreilig ist und den schwarzen Damenflügel - besonders das Feld **b7** - schwächt.

4. c4	

Obwohl dieser vielgespielte Zug ein gutes Rezept gegen **3. ...Lf5** darstellt, ist **4.Ld3** nicht von der Hand zu weisen: Falls **4. ...Lxd3**, so verhilft **5.cxd3!** dem Anziehenden zu einer 3:2 - Bauernmehrheit im Zentrum und der halboffenen c-Linie.

4. ...	c6

Weiß drohte, den wichtigen schwarzen d-Bauern mit **5.cxd5** zu beseitigen.

5. cxd5	cxd5
6. Sc3	e6
7. Db3	

Schon fängt Weiß an, auf den verwundbaren schwarzen Damenflügel Druck auszuüben.

7. ...	Dc8

Schwarz möchte seine Damenflügelbauern nicht mit **7. ...Db6 8.Dxb6 axb6** weiter schwächen, **7. ...Dd7** hingegen lädt zu **8.Se5** ein.

8. Ld2	

Beeilt sich, die offene c-Linie auszunutzen.

8. ...	Le7
9. Tc1	

Jetzt droht schon **10.Sxd5**.

9. ...	Sc6
10. Se5	

Weil Schwarz nicht **10. ...Sxe5** spielen kann (wegen 11.dxe5 Sd7 12.Sxd5), verschafft der Anziehende sich einen starken Vorposten auf **e5**.

10. ...	0-0

Schwarz bringt seinen König in Sicherheit, beschwört aber dadurch Probleme herauf. Der beste Versuch ist wohl **10. ...Sd7**, aber auch danach steht Weiß besser.

11.	Sa4

Dieser Springer soll sich auf **c5** niederlassen.

11. ...	Ld6
12. Lb5!	

Sehr stark. Beachten Sie, daß der weißfeldrige Läufer zur Verteidigung von **c6** fehlt, weil er so früh entwickelt worden ist.

12. ...	Lxe5

Erzwungen, weil sonst ein Bauer abhanden kommt.

13. dxe5	Sd7
14. Lb4!	

Dieser Läufer hat die schwarzen Felder des Nachziehenden im Griff.

14. ...	Te8
15. Ld6	Dd8

Die Dame verläßt die gefährliche c-Linie. Nach **15. ...a6 16.Lxc6 bxc6 17.Sb6 Db7 18.Sxd7 Dxd7 19.0-0**, gefolgt von der Turmverdopplung auf der c-Linie, wäre der c-Bauer zum Untergang verdammt.

16. Lxc6	bxc6
17. 0-0	

In weiser Voraussicht schluckt Weiß den Bauern nicht sofort, da Schwarz nach **17.Txc6 Da5+ 18.Lb4 Db5** Gegenspiel erhält und Weiß nicht rochieren kann.

17. ...	f6

Schwarz muß nach Gegenspiel im Zentrum oder auf dem Königsflügel suchen, weil sein c-Bauer todgeweiht ist.

18. exf6	Sxf6
19. Txc6	

Jetzt steht Weiß auf Gewinn.

19. ...	Se4
20. Lc7	Dd7
21. Tfc1	

Beachten Sie das harmonische Zusammenspiel der total mobilisierten weißen Truppen.

21. ...	Sd2

Hofft, sich auf **c4** niederlassen zu können, aber nach

22. Dd1

muß Schwarz seinen Irrtum einsehen: **22. ...Sc4? 23.T6xc4.**

22. ...	Se4
23. f3	

Und nun wird der Springer auch noch von **e4** vertrieben.

23. ...	Sf6
24. Dd4	Tec8
25. b3	

Ein guter konsolidierender Zug, mit dem der Springer gedeckt wird.

25. ...	Se8
26. De5	

Hier steht die Dame noch imposanter.

26. ...	Tab8

Das kann Schwarz sich erlauben, da auf **27.Lxb8** natürlich **27. ...Txc6** folgt.

27. g4!

Zwingt den Läufer, die Deckung von **e6** aufzugeben.

27. ...	Lg6
28. Txe6!	

Schön gespielt! Wenn **28. ...Txc7,** dann **29.Txc7 Sxc7** (29. ...Dxc7 30.Txe8+ gewinnt die Dame.) **30.Te7** mit Mattdrohung und gleichzeitigem Angriff auf die Dame. Auch nach **28. ...Kf8** gewinnt Weiß leicht: **29.Sc5 Dxc7 30.Txe8+ Lxe8 31.Se6+.**

28. ...	Lf7
29. Te7	Db5
30. Sc3	

Weiß blockiert die c-Linie, um mit **31.Lxb8** endlich die Qualität zu gewinnen.

30. ...	Db4
31. Lxb8	Txb8
32. Se2	Td8
33. Kf2	Da3
34. Tc2	

Weiß deckt beharrlich alles.

34. ...	Kf8
35. Tb7	

Mit einer Drohung,

35. ...	Kg8

die Schwarz erkennt. In der Luft lag **36.Tcc7! Sxc7 37.Dxc7,** wonach Weiß leicht gewinnt, z.B. **37. ...Le6 38.Dxg7+ Ke8 39.Sd4 Dd6 40.Sxe6 Dxe6 41.Dh8+** mit **matt** im nächsten Zug.

36. De7

Wickelt in ein bequem gewonnenes Endspiel ab.

| 36. ... | Dxe7 |
| 37. Txe7 | Ta8 |

Mit **37.** ...a5 ist der Bauer nicht zu halten: **38.Ta7.**

38. Sd4

Der Springer zieht auf's Schlachtfeld.

38. ...	Kf8
39. Tb7	a6
40. Tc6	h6

Schwarz hat nichts Konstruktives.

| 41. Tbb6 | Ke7 |

Auf 41. ...a5 gewinnt **42.Ta6.**

42. Txa6

Schwarz gibt auf.

Beispielpartie #10
Colle - Devaux
Ghent 1929

1. d4	Sf6
2. Sf3	e6
3. e3	d5
4. Ld3	c5

Der übliche Druck auf den weißen Bauern **d4**, der es dem Anziehenden erschweren soll, **e3-e4** durchzusetzen.

| 5. c3 | Sc6 |
| 6. Sbd2 | Le7 |

Der Ex-Weltmeister Max Euwe hielt diese Entwicklung des schwarzfeldrigen Läufers für die beste. Auf **e7** hilft er, die mögliche spätere Fesselung des Springers **f6** (durch Lg5) zu neutralisieren.

| 7. 0-0 | c4 |

Das erlöst den weißen d-Bauern von jeglichem Druck und gibt dem Anziehenden freie Hand im Zentrum.

| 8. Lc2 | b5 |

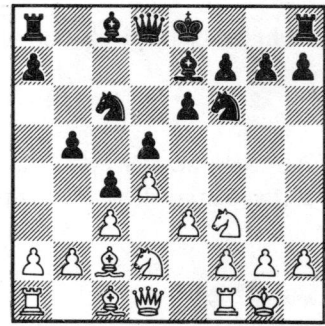

9. e4

Die angemessene Reaktion.

| 9. ... | dxe4 |

Sonst engt **10.e5** die schwarze Stellung zu sehr ein.

> **10. Sxe4   0-0**
> **11. De2**

Mit der Drohung, nach **12.Sxf6+ Lxf6 13.De4** eine Figur zu gewinnen.

> **11. ...   Lb7**
> **12. Sfg5!**

Weiß spielt mit einem Höchstmaß an Kraft und Effektivität - jetzt droht **13.Sxf6+** und **14.Lxh7+**.

> **12. ...   h6**

Besser ist **12. ...g6**, aber Weiß steht auf jeden Fall deutlich besser.

> **13. Sxf6+   Lxf6**
> **14. De4   g6**

Nun kann Weiß zum Finale blasen:

> **15. Sxe6!   fxe6**
> **16. Dxg6+   Lg7**
> **17. Dh7+   Kf7**
> **18. Lg6+!**

Der König muß hinaus in's Freie.

> **18. ...   Kf6**
> **19. Lh5!**

Mit der Drohung **20.Dg6+** nebst **21.Dxg7+**.

> **19. ...   Se7**
> **20. Lxh6**

Auf **20. ...Lxh6** gewinnt Weiß forciert: **21.Dxh6+ Kf5 22.g4+ Ke4 23.De3+** mit baldigem Matt.

> **20. ...   Tg8**

Praktisch der einzige Zug.

> **21. h4!**

Eine pikante Schlußnote. Mit der Drohung 22.Lg5 wird Schwarz nicht mehr fertig.

> **21. ...   Lxh6**

Der schnellste „Ausweg", 21. ...e5 22.dxe5+ Ke6 23.Lxg7 ist allerdings auch nicht ermutigend.

> **22. Df7   matt.**

Beispielpartie #11
Colle - Soultanbeieff, V.
Lüttich 1930

> **1. d4   Sf6**
> **2. Sf3   e6**
> **3. e3   d5**
> **4. Sbd2   c5**
> **5. c3   Sc6**
> **6. Ld3**

Weiß hat seinen klassischen Colle-Aufbau erreicht.

6. ...	cxd4

Dieser Abtausch hilft - wie fast immer - nur dem Anziehenden, das Feld **e5** zu kontrollieren. Außerdem hat der schwarzfeldrige Läufer jetzt „Auslauf" auf der Diagonalen **c1-h6**.

7. exd4	Ld6

Spielbar ist auch 7. ...Le7.

8. 0-0	Dc7

Schwarz will um die Kontrolle über **e5** kämpfen, aber sein ungenauer 6. Zug erschwert dieses Vorhaben.

9. Te1

Oder auch zuerst **9.De2.**

9. ...	0-0
10. De2	Te8

Schwarz möchte seinen Königsflügel, der bald unter Beschuß stehen wird, mit **Sf-d7-f8** verstärken. Solch eine passive, zeitraubende Politik kann jedoch nicht von Erfolg gekrönt sein.

11. Se5

Mit diesem Zug ist das erste strategische Ziel erreicht: die Besetzung des Feldes **e5.**

11. ...	Te7

Schwarz kann nicht sofort 11. ...Sd7 spielen, weil dann das klassische Läuferopfer 12.Lxh7+! entscheidet: **12. ...Kxh7 13.Dh5+ Kg8 14.Dxf7+** und **15.Dxe8.**

12.	Sdf3?!

Das ist ungenau gespielt. Besser ist **12.f4,** wonach die totale Kontrolle über **e5** dem Anziehenden zu klarem Vorteil verhilft.

12. ...	Sd7
13. Sg5	

Weiß sinnt auf Kombinationen; obwohl Schwarz ausreichend Verteidigungsmöglichkeiten hat, ist es schwer für ihn, in dieser komplexen Stellung das Rechte zu finden.

13. ...	Sf8
14. Sxh7?!	Sxh7

Nach 14. ...Lxe5 15.dxe5 Dxe5 16.Dxe5 Sxe5 17.Txe5 Sxh7 hat Weiß das bessere Endspiel (Läuferpaar).

15. Lxh7+	Kxh7
16. Dh5+	Kg8
17. Te3	Te8?

Das ist der Verlustzug. Schlecht ist auch 17. ...Lxe5 18.dxe5 Te8 19.Th3 Kf8 20.Lg5! Se7 21.Lf6! (mit der Drohung 22.Dh8+ Sg8 23.Dxg7 matt) 21. ...Sg6 (21. ...gxf6 22.Dh6+ matt, und auf 21. ...Sg8 gewinnt

22.Dh8 gxf6 23.exf6.) **22.Dh8+** und **matt** im nächsten Zug. **17. ...g6** wird auch widerlegt: **18.Dh6 Te8** (um ...Lf8 und ...Lg7 zu spielen) **19.Sg4! f5** (19. ...Le7 20.Th3) **20.Th3 Dg7 21.Sf6+!! Kf7** (21. ...Dxf6 läßt 22.Dh7+ Kf8 23.Lh6+ zu.) **22.Dxg7+ Kxg7 23.Sxe8+** nebst **24.Sxd6,** und Weiß gewinnt. Die einzige - äußerst schwer zu finden de - Verteidigung ist **17. ...f6,** und nach **18.Th3 Sxe5!** (Nicht aber 18. ...fxe5, weil Weiß danach schnell gewinnt: 19.Dh8+ Kf7 20.Tf3+ Kg6 21.g4! mit baldigem Matt.) **19.Dh8+ Kf7 20.Th7 Kg6 21.Th4** (Es droht 22.Dh5 matt.) **21. ...Kf7!** hat Weiß nichts Besseres, als mit **22.Th7** in ein Remis durch Stellungswiederholung einzulenken.

18. Th3   Kf8
19. Lg5!

Schneidet den Fluchtweg ab.

19. ...   f6

Schwarz glaubt noch an seine Über lebenschancen, aber nach

20. Lxf6!

sind alle Unklarheiten beseitigt, weil auf **20. ...gxf6** (erzwungen) **21.Sg6+ Kg8 22.Dh8+ Kf7 23.Dh7 matt** folgt, daher:
Schwarz gibt auf.

Beispielpartie #12
Colle - Rosselli del Turko
Meran 1926

1. d4	d5
2. Sf3	Sf6
3. e3	e6
4. Ld3	c5
5. c3	Sc6
6. Sbd2	cxd4

Dieser Zug gibt dem Anziehenden die halb-offene e-Linie und Chan cen, auf **e5** einen Vorposten zu etablieren. **6. ...Le7** oder **6. ...Ld6** ist vorzuziehen.

7. exd4	Ld6
8. 0-0	0-0
9. Te1	Dc7
10. De2	h6?

Das ist nicht das Wahre - Weiß kann jetzt den Vorposten **e5** besetzen und hat gute Angriffschancen auf dem freiwillig geschwächten schwarzen Königsflügel. Schwarz hätte besser versuchen sollen, mit **10. ...Sd7** den Zug **11.Se5** zu ver hindern.

11. Se5	Lxe5

Andernfalls spielt Weiß **f4** und kann bei einem späteren Tausch auf **e5** mit **fxe5** die f-Linie öffnen.

12. dxe5	Sd7
13. Sf3	

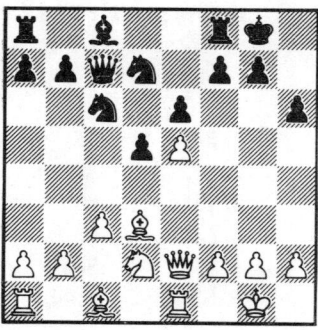

(Stellung vor 13.Sf3)

Sehr stark ist auch **13.f4**, und falls **13. ...f6**, so ergibt **14.exf6 Sxf6 15.Sf3** einen deutlichen Stellungsvorteil für Weiß - der schwarze e-Bauer ist sehr schwach, und den traurigen Läufer **c8** wollen wir gar nicht erst erwähnen.

13. ...	**f6**
14 .exf6	**Sxf6**
15. b3	

Kmoch's Vorschlag **15.Sd4** würde das folgende schwarze Manöver verhindern.

15. ...	**Sh5**
16. Lc2	

Weiß vermeidet zu recht den schwächenden Zug **16.g3?**, der den Nachziehenden zu **16. ...Df7 17.Kg2 e5!** einladen würde, und danach könnte Weiß nicht **18.Sxe5** spielen, weil er nach **18. ...Sxe5 19.Dxe5 Dxf2+ 20.Kh1 Lh3** in der Klemme stecken würde.

16. ...	**Sf4**
17. Lxf4	

Weiß kann solch einem gutpostierten Springer nicht gestatten, es sich gemütlich zu machen.

17. ...	**Dxf4**
18. Tad1	

Weiß hat seine Entwicklung beendet; seine zentralisierten Schwerfiguren sichern ihm das bessere Spiel.

18. ...	**Ld7**
19. Dd3	**Df6**

Schwarz hat erkannt, daß das Schach auf **h7** (noch!) keine ernstzunehmende Drohung darstellt.

20. Te3	**Tad8**
21. Tde1	

Weiß verstärkt den Druck gegen **e5** und überführt seine Truppen auf den Königsflügel.

21. ...	**Df4**
22. Dd2	

Deckt den f-Bauern und bereitet so **Sd4** vor.

22. ...	**Df6**

Schwarz wartet ab, was da kommen möge.

23. Sd4!

Jetzt reißt Weiß die Initiative an sich.

23. ...	Sxd4

Auf 23. ...Tde8 spielt Weiß 24.Tf3, und dann z.B.: 24. ...Dg5 25.Txf8+ Kxf8 26.f4! 26. ...Df6 27.Sxc6 bxc6 28.De3 mit großem Stellungsvorteil für Weiß, auf 24. ...Dd8 folgt 25.Tg3 (Droht, den h-Bauern zu schlagen.) 25. ...Df6 (Aber nicht 25. ...Tf6, weil danach 26.Dd3 zu stark ist.) 26.Tee3 Sxd4 27.cxd4, und der weiße Angriff wird bald durchschlagen, 24. ...De7 25.Tg3 Df6 (Auf 25. ...Kh8 gewinnt 26.Sf5.) 26.Tee3 leitet in die vorige Variante über.

24. cxd4	

Jetzt ist der schwarze e-Bauer festgenagelt.

24. ...	Tc8
25. Lb1	

Nicht jedoch 25.Tg3, weil Schwarz danach mit 25. ...Df4! den Damentausch erzwingen kann, denn sowohl c2 als auch d4 und f2 müssen gedeckt bleiben.

25. ...	Df4

Um den Anziehenden zu g3 zu bewegen, wonach die weißen Türme nicht mehr über g3 und h3 angreifen können.

26. g3	Df6
27. f4	

Der schwarze Druck auf der f-Linie ist neutralisiert,

27. ...	Tc7

daher sucht Schwarz jetzt Gegenspiel auf der c-Linie.

28. Dd3	Tfc8
29. Te5	

Um im richtigen Moment mit f5 Angriffslinien zu öffnen.

29. ...	Tc1
30. Dd2	T1c3
31. T5e3	T3c7

Schwarz hätte versuchen sollen, sein Los durch Abtausch etwas zu erleichtern, obwohl Weiß auch danach deutlich besser stünde.

32. Te5	g6

Auf 32. ...Tc3 bricht Weiß mit 33.f5! durch, z.B. 33. ...exf5 34.Txd5 Df7 35.Tde5 Kf8 36.Tf1, und Weiß wird gewinnen.

33. Dd3	Kg7
34. Dd2	Tc3?

Auch nach dem besseren 34. ...Tf8 sollte Weiß auf lange Sicht gewinnen.

35. f5!

Entscheidend.

35. ...	gxf5
36. Lxf5!	

Auf 36. ...exf5 gewinnt 37.Te7+.

37. Ld3!

Damit Schwarz sich die f-Linie nicht zunutze machen kann: Auf 37. ...Tf8 folgt jetzt **38.Lb5!**, wonach die Läufer getauscht werden und der e-Bauer fällt.

37. ...	Td6
38. Tf1	De7
39. Tf4	

Die weißen Truppen stürzen sich auf den entblößten schwarzen König.

39. ...	Th8
40. Df2!	

Mit der Drohung 41.Tg4+.

40. ...	h5
41. h4!	

Gegen **42.Tg5+** gibt es keine Gegenwehr mehr, daher: **Schwarz gibt auf.**

Beispielpartie #13
Colle - Sir George A. Thomas
Ghent 1926

1. d4	Sf6
2. Sf3	e6
3. e3	d5
4. Ld3	c5
5. c3	Sc6

Damit ist Variante I A1 erreicht.

6. Sbd2	Ld6
7. 0-0	0-0
8. dxc5	

Um sich nicht den d-Bauern vereinzeln zu lassen, was nach dem sofortigen **8.e4** fällig wäre: **8. ...cxd4 9.cxd4 dxe4 10.Sxe4 Sxe4 11.Lxe4.**

8. ...	Lxc5
9. e4	

Der klassische Colle-Befreiungszug.

9. ...	e5

Schlecht ist 9. ...d4 10.Sb3!

10. exd5	Dxd5?

Besser 10. ...Sxd5.

11. De2	Lg4
12. Se4	

Schwarz hat wegen der Stellung seiner Dame schon Probleme.

12. ...	Tfd8

Nach 12. ...Le7 (um die Verdopplung des f-Bauern zu verhindern) 13.Td1 De6 14.Lc4 Dc8 steht Weiß deutlich besser.

13. Sxf6+	gxf6
14. Le4	De6
15. h3!	

Gut gespielt. Weiß möchte f5 unter Kontrolle bringen.

15. ...	Lh5

Auf 15. ...Lf5 bekommt Weiß mit 16.Sh4! Lg6 17.Df3 das Feld f5 in den Griff.

16.	Dc2

Weiterer Druck auf f5 und außerdem auf h7.

16. ...	Lg6

Das Zwischenziel (f5 zu kontrollieren) ist erreicht. Schwarz hätte 16. ...Lxf3 versuchen sollen, weil er nach 17.Lxh7+ Kh8 18.Lf5 Dd5 oder 17.Lxf3 (Am besten) 17. ...f5 Gegenspiel erhält, obwohl Weiß immer noch besser steht.

17. Sh4!	Td7

Schwarz hat keine Chance mehr, die Kontrolle über f5 zurückzuerobern, weil Weiß nach 17. ...Se7 18.Sxg6 und 19.Lxb7 einen Bauern gewinnt.

18. Le3!

Dieser Zug stellt den Nachziehenden vor ein neues Problem: Das Schlagen auf e3 öffnet die f-Linie zugunsten von Weiß, während der Läuferrückzug ein Tempo verliert.

18. ...	Lf8
19. Lf5!	

Erzwingt den Tausch der Läufer, damit ist der Kampf um f5 ein für alle Mal beendet.

19. ...	Lxf5
20. Sxf5	Se7
21. Sxe7+	Lxe7
22. f4!	

Damit öffnet Weiß Linien, um darauf gegen die schwarzen Königsflügelschwächen zu spielen.

22. ...	Tad8

Nach 22. ...e4 23.f5! nebst 24.Tf4 muß der e-Bauer sich verabschieden.

23. Df2!

Die Dame wendet sich neuen Aufgaben zu.

23. ...	b6

24. Tae1	Ld6
25. Kh1	Df5

Schwarz hat keine befriedigende Verteidigung gegen den stärker werdenden Angriffsdruck.

26. Dh4	exf4
27. Lxf4	Dg6
28. Te3	

Mit der Drohung 29.Tg3.

28. ...	Lxf4
29. Txf4	Kh8
30. Tg3	

Beachten Sie die beeindruckende weiße Schlachtordnung: Die drei weißen Schwerfiguren beherrschen die drei Königsflügellinien.

30. ...	Db1+

Ein Racheschach!

31. Kh2	

Jetzt wird 31. ...Td6 32.Dh6 Tg8 33.Txg8+ Kxg8 34.Tg4+ Kh8 und 35.Df8 matt, also:

Schwarz gibt auf.

Beispielpartie #14
Kovacevic, V. - Abramovic
Jugoslawische Meisterschaft 1984

1. d4	e6
2. Sf3	c5
3. e3	d5
4. Sbd2	

Nicht 4.Ld3, da der Tempogewinn 4. ...c4 dem Nachziehenden genügend Zeit gibt, den c-Bauern mit ...b5, ...Lb7 und ...a6 zu decken.

4. ...	Sc6
5. c3	

Um 6.Ld3 zu spielen, wenn 6. ...c4, so behält Weiß mit 7.Lc2 die Kontrolle über e4.

5. ...	Sf6

Falls Schwarz versucht, mit 5. ...f5 in eine Holländische Verteidigung überzuleiten, erhält Weiß durch 6.dxc5 Lxc5 7.b4 Ld6 8.Lb2 Sf6 9.a3 nebst c4 schönes Spiel.

6. Ld3	Ld6
7. 0-0	0-0
8. De2	

Eine interessante Alternative zu dem üblichen 8.dxc5 Lxc5 9.De2.

8. ...	e5

Schwarz ergreift die Gelegenheit, mit ...e5 zuerst im Zentrum vorzugehen, nach z.B. **8. ...b6 9.Td1 Lb7 10.e4** hat Weiß mehr vom Spiel.

9. dxc5

Weiß leitet die für das Colle-System charakteristische Zentralstrategie ein.

9. ...   Lxc5

Auf **9. ...e4** folgt **10.cxd6**, und wenn dann **10. ...Lg4** (sowohl **10. ...exf3** als auch **10. ...exd3** stellt einen Bauern ein.), so **11.h3 Lh5 12.Lc2 Se5 13.Ld1 Dxd6 14.Db5**, und Weiß behält Materialvorteil.

10. e4   Le6
11. b4

Eine ungewöhnliche, aber vielversprechende Idee in dieser Stellung; Weiß möchte Raum auf dem Damenflügel gewinnen

11. ...   Ld6

12. Sg5!

Macht sich die auf **e6** etwas unglückliche Stellung des Läufers zunutze.

12. ...   d4

Praktisch erzwungen, da **12. ...Lg4** zu **13.f3 Lh5 14.exd5 Sxd5 15.Lxh7+** einlädt.

13. Sxe6   fxe6
14. b5!

Sehr kraftvoll gespielt.

14. ...   dxc3

Wenn der Springer zieht, gewinnt Weiß mit **15.cxd4** einen Bauern, da sich **15. ...exd4** wegen **16.e5** verbietet.

15. bxc6   cxd2
16. Lxd2   bxc6

Schwarz hat zwar einen Bauern mehr, aber die schwachen schwarzen e-Bauern, der verwundbare c-Bauer und das weiße Läuferpaar garantieren dem Anziehenden einen immensen Stellungsvorteil.

17. Tac1   c5
18. Lc4   De7
19. Lg5   h6
20. Ld2

Nachdem der Läufer seine Aufgabe (eine Schwächung der schwarzen Bauern auf dem Königsflügel herbeizuführen) erfüllt hat, zieht er sich zurück.

20. ...	Sd7
21. a4	

Mit späterem **a5** soll der schwarze Damenflügel eingeengt werden.

21. ...	Sb6

Auf **21. ...Sb8** (um über c6 nach d4 zu gelangen) folgt **22.f4! Sc6** (Nicht 22. ...exf4, wegen 23.e5 Lc7 24.De4 Sd7 25.Ld3.) **23.f5 Sd4 24.Dg4** mit starkem Angriff für Weiß (Tc3-h3 kann z.B. folgen.) - auf **21. ...Kh8** ist **22.Tc3!**, gefolgt von **Th3**, sehr gut.

22. Lb3	Tac8

Besser war wohl **22. ...c4**, obwohl die weiße Stellung nach **23.Ld1 La3** (Auf 23. ...a5 ist 24.Tb1 Lb4 25.De1 günstig für Weiß, ebenso 23. ...Tac8 24.a5 nebst Txc4.) **24.Tb1 Tac8** immer noch vorzuziehen ist.

23. a5	Sd7
24. Tc3!	Sb8
25. Th3	

Stärker als das vielleicht auf den ersten Blick gut aussehende **25.Tg3** (Drohung: 26.Lxh6), weil Schwarz durch **25. ...Tf6 nebst ...Sc6-d4** zu Gegenspiel käme.

25. ...	Tf6

25. ...Sc6? 26.Dg4 Tf6 27.Lxh6 +-.

26. Lc4

Blockiert den c-Bauern.

26. ...	Sc6
27. Dg4	

Die Dame soll entscheidend in den Angriff gegen den schwarzen König eingreifen.

27. ...	g5

Unangenehm, aber dringend geboten, da nach **27. ...Kh8 28.Lg5** gewinnt, auf **27. ...Kf8** spielt der Anziehende **28.Lg5 hxg5 29.Th8+.** Auch **27. ...Kf7** scheitert: **28.Dh5+ Kg8** und noch einmal **29.Lg5**; auf **27. ...Lc7** ist **28.Txh6** zu stark.

28. Th5!

Verlockend, aber schlecht ist **28.Txh6? Txh6 29.Lxg5 Tg6!** (Nicht 29. ...Dg7 30.Lxe6+.) **30.Lxe7 Txg4 31.Lxe6+ Kg7 32.Lxc8 Tg6 33.Lxd6 Txd6** mit beiderseitigen Chancen.

28. ...	Sd8
29. h4	Sf7
30. hxg5	Tg6
31. Tb1	

Jetzt will der Anziehende wieder auf dem Damenflügel Druck machen.

31. ...	Tb8

Nach 31. ...hxg5 32.a6 Tb8
33.Txb8+ Lxb8 34.Dh3! kann Weiß
mit Db3 und Db7 auf dem Damen-
flügel eindringen.

32.	Dd1	Txb1
33.	Dxb1	hxg5
34.	Le3	Kg7
35.	a6	Kf6

Nach 35. ...Th6 36.Txh6 Kxh6
37.Db3 Sd8 38.Ld2 Kg6 39.Dh3 Kg7
40.Dh5 Sf7 41.La5 und weiterem
Dh3 bricht die schwarze Verteidi-
gung auseinander.

36.	Dd1	Kg7
37.	Db3	Kf6
38.	Th7!	

Die schwarzen Figuren sind total
eingeschnürt.

38.	...	Th6
39.	Txh6+	Sxh6
40.	Lxe6!	

Eine hübsche taktische Pointe.

40.	...	Dxe6
41.	Lxg5+	Kf7
42.	Dxe6+	Kxe6
43.	Lxh6	Kd7
44.	Kf1	Kc6
45.	g4	

und **Schwarz gab auf.**

Beispielpartie #15
Colle - O'Hanlon, J.J.
Nizza 1930

1.	d4	d5
2.	Sf3	Sf6
3.	e3	c5
4.	c3	e6
5.	Ld3	Ld6

In Systemen mit ...**Ld6** erhält Weiß
sehr oft durch eine Fesselung des
Springers **f6** die Initiative. Außer-
dem kann Weiß manchmal mit ei-
nem Springer diesen recht
wichtigen Läufer **d6** abtauschen.

6.	Sbd2	Sbd7

Falls Weiß jetzt - wie so häufig vor
dem Vorstoß **e3-e4** - **dxc5** spielt,
kann Schwarz mit seinem Springer
auf **c5** zurückschlagen und durch
den Angriff auf den wertvollen
Läufer **d3** ein Tempo gewinnen.

7.	0-0	0-0
8.	Te1	Te8

Schwächer ist **8. ...c4?**, weil dadurch
jeglicher Druck von dem weißen d-
Bauern genommen wird und es dem
Anziehenden leichter gemacht
wird, sein thematisches **e3-e4**
durchzusetzen. In der Partie
**Przepiorka - Nimzowitsch, Frank-
furt 1930** folgte **9.Lc2 b5 10.e4 Lf4
11.e5 Se8 12.Sf1 Lxc1 13.Dxc1 h6
14.Df4 f5 15.exf6 Dxf6 16.Dg3** mit
sehr kraftvoller Stellung für Weiß.

9. e4	dxe4

Natürlich nicht 9. ...cxd4 10.e5.

10. Sxe4	Sxe4
11. Lxe4	cxd4

Das führt zu einer instruktiven Kombination, 11. ...e5 ist jedoch auch schlecht, denn Weiß spielt **12.dxe5 Sxe5 13.Sxe5 Lxe5** (Aber nicht 13. ...Txe5 14.Lxh7+! Kxh7 15.Txe5.) **14.Dxd8** (14.Lxh7+? Kxh7 15.Dh5+ Kg8 16.Txe5 Txe5, und wegen der Mattdrohung kann Weiß e5 nicht schlagen.) **14. ...Txd8 15.Le3**, und Weiß gewinnt einen Bauern. Günstiger als **11. ...cxd4** war **11. ...Sf6**, um **h7** zu decken, aber nach **12.Lc2** steht Weiß auch in diesem Abspiel besser.

12. Lxh7+!!

Dieses Opfer wurde mehrere Jahrzehnte lang in den höchsten Tönen gelobt und als brillant gefeiert, aber Schwarz hat eine versteckte Verteidigungsmöglichkeit! Aus diesem Grund ist **12.cxd4** vorzuziehen, wonach Weiß etwas besser steht, weil er weiter entwickelt ist und die Möglichkeit hat, auf dem Königsflügel anzugreifen.

12. ...	Kxh7
13. Sg5+	Kg6

Hier kann Schwarz **13. ...Kg8** spielen (Nach dem klassischen Läuferopfer ist das normalerweise der Verlustzug, daher hat Schwarz wohl nicht lange genug darüber nachgedacht.) **14.Dh5 Se5!**, und auf **15.Txe5** geht jetzt 15. ...Lxe5, wonach Weiß nichts Besseres hat, als sich auf Dauerschach einzulassen. **14. ...Sf6** verliert allerdings nach **15.Dxf7+ Kh8 16.Te4! Sxe4 17.Dh5+ Kg8 18.Dh7+ Kf8 19.Dh8+ Ke7 20.Dxg7 matt.** Auch **14. ...Df6** verliert: **15.Dh7+ Kf8 16.Se4! De5** (16. ...Df5? 17.Dh8+ Ke7 18.Dxe8+ Kxe8 19.Sxd6+ und gewinnt.) **17.f4 Dd5 18.c4! Da5 19.Ld2**, und der weiße Angriff muß durchschlagen.

14. h4

Auf **14.Dg4?** kann Schwarz sich mit **14. ...f5 15.Dh4 Sf6** erfolgreich verteidigen.

14. ...	Th8?

Jetzt verliert Schwarz forciert. Notwendig und gut war **14. ...f5!**, z.B. **15.h5+** (Oder 15.Sxe6 Dxh4 16.Sf4+ Lxf4 17.Txe8 Dh2+ 18.Kf1 Dh1+ 19.Ke2 Dxd1+ 20.Kxd1 Le5, und Schwarz steht besser.) **15. ...Kf6 16.Dxd4+ Le5 17.Txe5 Sxe5 18.Sh7+ Kf7 19.Sg5+ Kg8 20.Dxe5 Dd1+**, und Schwarz sollte dank seines Materialvorteils gewinnen.

15. Txe6+!

Diesen Schlag muß Schwarz übersehen und sich auf **15.Dd3+ f5 16.Txe6+ Sf6** verlassen haben.

15. ...   Sf6

Erzwungen, da **15. ...fxe6 16.Dd3+** zum Matt führt, z.B. **16. ...Kh5 17.g4+! Kxh4** und nun **17. ...Kxh4 18.Dh3 matt** oder auch **17. ...Kxg4 18.Df3+ Kxh4 19.Dh3 matt.** Auf **16. ...Kf6** folgt **17.Df3+ Lf4** (um ein Fluchtfeld zu schaffen) **18.Dxf4+ Ke7** (Auch **18. ...Kg6 19.De4+** wird matt, s.o.) **19.Df7+ Kd6 20.Dxe6+ Kc5** (**20. ...Kc7 21.Lf4+ Se5 22.Lxe5+ Dd6 23.Dxd6+ matt.**) **21.b4+ Kb5 22.a4 matt.**

16. h5+   Kh6

16. ...Txh5 17.Dd3+ Kh6 18.Sxf7 oder **18.Dh7 matt.**

17. Txd6

Nimmt das geopferte Material mit Zinsen (und siegbringendem Angriff) zurück.

17. ...	**Da5**
18. Sxf7+	**Kh7**
19. Sg5+	**Kg8**
20. Db3+	

Schwarz gibt auf.

Beispielpartie # 16
O'Kelly - Book
Dubrownik 1950

1. d4	d5
2. Sf3	Sf6
3. e3	e6
4. Ld3	c5
5. c3	Sbd7
6. Sbd2	Ld6
7. De2	

Normalerweise wird zuerst rochiert, aber die Zugumstellung schadet nichts.

7. ...	Dc7

Schwarz hofft, unter günstigen Umständen ...e6-e5 spielen zu können.

8. 0-0	0-0
9. e4	

Der thematische Durchbruch.

9. ...	cxd4

Um den weißen d-Bauern zu isolieren.

10. cxd4	dxe4
11. Sxe4	Sd5

Schwarz blockiert den isolierten d-Bauern sofort, aber jetzt kann Weiß seinen Springer gegen den Läufer d6 abtauschen, wonach er wegen seines Entwicklungsvorsprungs und seines Läuferpaares besser steht.

12. Sxd6   Dxd6
13. De4

Beugt dem drohenden **13. ...Sf4** vor und bringt die Dame in Angriffsposition.

13. ...   S7f6
14. Dh4   Ld7

Damit hat Schwarz seine Entwicklung vervollständigt, aber Weiß kann seinen Druck auf dem Königsflügel (langsam, aber sicher) verstärken.

15. Te1

Jetzt kann Weiß über das Sprungbrett **e5** auch seinen Turm in die Angriffszone bringen.

15. ...   Tfc8

Schwarz fühlt, daß das Feld **f8** vielleicht einmal für die Flucht des Königs gebraucht werden wird.

16. Te5   g6

Das schränkt zwar die Aktivität des weißen Läufers **d3** ein, schwächt aber gleichzeitig die Felder **f6** und **h6**.

17. Ld2

17. ...Sb4 verliert nach **18.Lxb4 Dxb4 19.Dxf6** einfach eine Figur.

17. ...   a6

Um den weißfeldrigen Läufer mit **...Lb5** zu aktivieren.

18. Tae1

Beachten Sie, wie konsequent der Anziehende seine Figuren entwickelt, zentralisiert und in die Nähe des gegnerischen Königs gebracht hat.

18. ...   La4

Schwarz möchte die weißfeldrigen Läufer mit **...Lc2** abtauschen oder wenigstens den Läufer **d3** in eine passivere Stellung drängen,

19. b3

aber Weiß läßt das nicht zu.

19. ...   Lb5
20. Lb1!

Weigert sich, abzutauschen und behält die Kontrolle über **c2**.

20. ...   a5

Schwarz hofft, mit **21. ...a4** nebst **...axb3** Linien für ein Gegenspiel auf dem Damenflügel öffnen zu können.

21. Sg5!

Ein wichtiges Manöver, das hauptsächlich dazu dient, Druck auf **h7** auszuüben.

21. ...   Te8

Schwarz möchte seinen e-Bauern gegen ein mögliches Opfer auf **e6** schützen - aber wie wir später sehen werden, wird Weiß genau dazu kommen.

22. Le4

Weiß will einige wichtige schwarze Verteidiger abtauschen, um weitere Drohungen aufzustellen.

22. ...   Lc6

Das verliert, aber eine gute Verteidigung ist sowieso nicht in Sicht. Obwohl **22. ...h5** natürlich eine weitere Schwächung mit sich bringt, war dieser Zug wohl die einzige Möglichkeit, noch einige Züge zu spielen.

23. Lxd5!   Lxd5?

Schwarz hätte mit dem Bauern schlagen sollen, obwohl Weiß nach **23. ...exd5 24.Lf4** (mit der Idee 25.Txe8) **24. ...Dd8 25.Txe8+ Lxe8 26.Le5!** (Jetzt droht 27.Lxf6 und 28.Dxh7.) **26. ...h5 27.Se6! fxe6 28.Lxf6** auch auf Gewinn stünde.

24. Sxe6!

Das geht, weil der Springer **f6** ungedeckt ist.

24. ...   Sd7

Oder 24. ...Txe6 25.Txe6 fxe6 **26.Dxf6.**

25. Sg5!

Weiß findet eine nette Schlußsequenz.

25. ...   Sxe5
26. Dxh7+   Kf8
27. dxe5   Db6
28. e6

Wirklich hübsch. Nach **28. ...Lxe6** beseitigt **29.Txe6!** den Bewacher von f7, 28. ...Dxe6 29.Sxe6+ Txe6 (29. ...fxe6 30.Lh6 matt) **30.Dh8+** sammelt auch noch den Turm **a8** ein.   **Schwarz gibt auf.**

Beispielpartie # 17
Colle - Sir Thomas, G.
Scarborough 1927

1. d4   Sf6
2. Sf3   e6
3. e3   d5
4. Ld3   Sbd7

Schwarz möchte nach einem späteren **dxc5** mit dem Springer zurückschlagen, wobei er durch den Angriff auf den wertvollen Läufer **d3** ein Tempo gewinnt.

5. Sbd2	c5
6. c3	

Auf **6.0-0** ist **6. ...c4!** nebst **...b5** unangenehm.

6. ...	Ld6

Oder **6. ...Le7.**

7. 0-0	0-0

Wenn Schwarz **7. ...e5** versucht, kann Weiß das Spiel mit **8.e4!** vorteilhaft öffnen.

8. e4!

Der weiße Anzugsvorteil erweist sich nach diesem im richtigen Moment gespielten Vorstoß als wichtig.

8. ...	dxe4

Auf **8. ...e5?** erhält Weiß durch **9.dxe5 Sxe5 10.Sxe5 Lxe5 11.f4**, gefolgt von **e5**, einen vernichtenden Angriff.

9. Sxe4	Sxe4

Schwarz versucht, die weißen Angriffschancen durch Abtausch zu verringern.

10. Lxe4	Sf6

11. Lc2	cxd4
12. cxd4	

Spielbar ist natürlich auch **12.Sxd4**, aber nach dem Textzug unterstützt der Isolani **d4** einen später auf dem Vorpostenfeld **e5** auftauchenden Springer.

12. ...	b6
13. Lg5	

Diese Fesselung unterstreicht, daß der schwarze Läufer auf **d6** nichts zur Verteidigung beiträgt.

13. ...	La6

Nach **13. ...Lb7** ist **14.Dd3!** sehr stark: **14. ...Le4 15.Dxe4!** gewinnt eine Figur, und **14. ...g6** schwächt den Königsflügel, so daß Weiß gute Angriffschancen erhält.

14. Te1	Tc8
15. Se5	Le7

Schwarz mußte zugeben, daß der Läufer auf **d6** schlecht stand.

16. Te3

Beachten Sie, wie schnell der Anziehende seine Truppen zum Angriff gegen den schwarzen König aufmarschieren lassen kann.

16. ...   g6

Um die gefährliche Diagonale b1-h7 zu entschärfen, 16. ...h6 war aber wahrscheinlich besser.

17. Lh6

Weiß läßt sich nicht zweimal bitten und besetzt sofort das geschwächte Feld h6.

17. ...   Te8
18. La4!

Dieser raffinierte Zug zwingt den b-Bauern nach b5, und wie wir bald sehen werden, steckt dahinter eine subtile taktische Pointe.

18. ...   b5
19. Lb3

Es droht **20.Sxf7+! Kxf7 21.Txe6** mit den möglichen Abzugsschachs **22.Txa6+** und **22.Td6+,** worauf Schwarz die Antwort schuldig bleiben müßte. Diese Drohung wurde erst durch den 18. Zug von Weiß ermöglicht.

19. ...   Lf8

19. ...Sd5 20.Tg3, und nach einigen taktischen Manövern kann Weiß auf **g6** opfern.

20. Lg5!

Hält den Druck aufrecht.

20. ...   h6

Jetzt verliert Schwarz einen Bauern, aber es gab sowieso keine gute Verteidigung. Nach **20. ...Le7** gewinnt Weiß Material: **21.Sxf7! Kxf7 22.Txe6 Sd5 23.Txe7+! Txe7 24.Df3+,** auf **20. ...Lg7** folgt **21.Df3 h5** (wegen der Drohung 22.Sg4) **22.Tae1** (Sogar noch stärker als 22.Sc6.) **22. ...Tc7** (Oder 22. ...Kf8 23.Sxf7! Kxf7 24.Txe6, und Weiß gewinnt.) **23.Sxg6! fxg6 24.Txe6**; auf **20. ...Lb7** schließlich hat Weiß **21.De2! a6 22.Sxf7! Kxf7 23.Txe6.**

21. Lxf6	**Dxf6**
22. Tf3	**Dh4**
23. Txf7	**De4**
24. De1!	

Kraftvoll gespielt!

24. ...   Lb7

Natürlich möchte Schwarz die Damen nicht tauschen, da er einen Bauern weniger hat, aber die Alternativen waren zu traurig: **24. ...Da8 25.Db1!,** und **g6** ist nicht mehr zu verteidigen, **24. ...Dh4 25.Txf8+!**

Txf8 26.Sxg6, wonach Weiß weiteres Material gewinnt, 24. ...Dxd4 25.Td7 Dh4 (Oder auch 25. ...Dxb2 26.Tb1 Dc3 27.De4 Lg7 28.Txg7+, und Schwarz kann dem Matt nicht mehr entgehen.) 26.Sxg6 Df6 27.De4, und Weiß steht auf Gewinn.

25. Dxe4	Lxe4
26. Txa7	

Die beiden Mehrbauern sorgen für einen schnellen und leichten Sieg des Anziehenden.

26. ...	Lc2
27. g3	

Safety first! Weiß verschafft seinem König ein Luftloch.

27. ...	Lxb3
28. axb3	Ted8
29. Tb7!	

Um die Türme auf der siebten Reihe zu verdoppeln.

29. ...	Txd4
30. Taa7	Tc1+
31. Kg2	Tc2
32. Sxg6	Tdd2
33. Sxf8	

Aber nicht 33.Tf7? Txf2+! 34.Txf2 Txf2+ 35.Kxf2 Lc5+.

33. ...	Txf2+
34. Kh3	h5

Ein letzter Schummelversuch: Es droht Matt im nächsten Zug.

35. Kh4

Auf 35. ...Txf8 folgt jetzt 36.Tg7+ Kh8 37.Th7+ Kg8 38.Tag7 matt; 35. ...Kxf8 36.Ta8+ oder 36.Tb8+ wird ebenfalls matt, daher:
Schwarz gibt auf.

Beispielpartie #18
Colle - Dr. Schubert
Scarborough 1928

1. d4	d5
2. Sf3	Sf6
3. e3	e6
4. Ld3	c5
5. c3	Sbd7
6. Sbd2	cxd4

Dieser Abtausch ist normalerweise günstig für Weiß, da die halboffene e-Linie (mit ihrem Vorpostenfeld e5) wertvoller als die halboffene c-Linie ist.

7. exd4	Ld6
8. 0-0	0-0
9. Te1	

Weiß bereitet die Besetzung des Vorpostens (Se5) vor,

9. ...	Dc7
10. De2	

die jetzt nicht mehr zu verhindern ist.

10. ...	Te8
11. Se5	Sf8
12. Sdf3	

Die Aktivität der weißen Figuren vergrößert sich mit alarmierender Geschwindigkeit.

12. ...	S6d7

Schwarz möchte einige der weißen Angreifer abtauschen, aber dafür ist es schon zu spät.

13. Sg5!

Ein wohldurchdachtes Manöver.

13. ...	f6

Jetzt kommt der Orkan zum Ausbruch, etwas besser (allerdings auch nicht zufriedenstellend für Schwarz) ist entweder 13. ...f5 14.g4! g6 15.Lf4 oder auch 13. ...Lxe5 14.dxe5 Dxe5 15.Dxe5 Sxe5 16.Txe5 f6 17.Te1 fxg5 18.Lxg5, wonach Läuferpaar, Entwicklungsvorsprung und der Druck auf die schwachen schwarzen Bauern dem Anziehenden großen Vorteil sichern.

14. Dh5!

Gegen diesen kraftvollen Schlag ist Schwarz machtlos, z.B.: **14. ...Kh8**

15.Sef7+ Kg8 16.Lxh7+ Sxh7 17.Sh6+! gxh6 18.Df7+ Kh8 19.Dxh7 matt; 14. ..fxe5 15.Lxh7+ Sxh7 16.Dxh7+ Kf8 17.Dh8+ Ke7 18.Dxg7+ Kd8 19.Sf7+ Ke7 20.Lg5+ Sf6 21.Lxf6+ Kd7 22.Sxe5 mit ,,Doppelschachmatt'', oder auch **14. ...fxg5 15.Lxh7+ Sxh7 16.Df7+ Kh8 17.Sg6 matt.**

14. ...	g6
15. Sxg6!	

Weiß zersprengt die letzten schützenden Bauern.

15. ...	fxg5

15.... hxg6 16.Lxg6 fxg5 (16. ...Te7 17.Lf7+ Kg7 18.Sxe6+ nebst 19.Lh6+ usw.) 17.Lf7+ Kg7 18.Lxe8 +-.

16. Sxf8	Sf6

Der beste Versuch; auf **16. ...Kxf8** ist **17.Dh6+ Ke7 18.Lxg5+** zuviel des Guten.

17. Dxg5+	Dg7
18. Sxh7!	

Die Schlußpointe, auf **18. ...Sxh7** folgt jetzt **19.Lxh7+ Kxh7 20.Dh5+ Kg8 21.Dxe8+,** und Weiß hat riesigen Material- und Stellungsvorteil.

Schwarz gibt auf

Beispielpartie #19
Knezevic, M. - Dizdar
Trencianske Teplice

1. d4   e6

Schwarz bietet den Übergang (2.e4) in die Französische Verteidigung an,

2. Sf3

aber Weiß besteht auf seinem Colle-System.

2. ...	**c5**
3. e3	**Sf6**
4. Ld3	**d5**
5. c3	

Um auf ...c4 mit **Lc2** zu antworten, wonach das wichtige Feld **e4** unter Kontrolle bleibt.

5. ...   Sbd7

Schwarz möchte mit dem Springer auf **c5** schlagen, falls Weiß **dxc4** spielt, außerdem ist die Diagonale **a8-h1** nicht verstellt, wie es nach ...Sc6 der Fall wäre.

6. Sbd2   Ld6

Gegen das Einnisten eines weißen Springers auf **e5** gerichtet.

7. 0-0	**0-0**
8. Te1	**Dc7**

Nach **8. ...e5** spielt Weiß **9.e4 cxd4 10.cxd4 dxe4 11.Sxe4 Sxe4 12.Lxe4 exd4 13.Sxd4** und hat wegen seines Entwicklungsvorsprungs Vorteil.

9. e4

Weiß hat sein erstes Zwischenziel erreicht: Er hat den Zentrumsdurchbruch **e3-e4** durchgesetzt.

9. ...   cxd4

Um den weißen d-Bauern zu isolieren.

10. cxd4	**dxe4**
11. Sxe4	**b6**

Schwarz muß sich beeilen, die Entwicklung seines Damenflügels zu beenden.

12. Lg5

Mit der Drohung, durch **13.Tc1** ein Tempo zu gewinnen.

12. ...   Sxe4

Schwarz sollte **12. ...Lf4** versuchen, was **Tc1** zumindest für einige Zeit verhindert.

13. Txe4

Dieser Zug ist viel stärker als **13.Lxe4**, wonach Schwarz einfach mit **13. ...Lb7** die Entwicklung seines Damenflügels beendet.

13. ...	Lb7
14. Th4	

Der weiße Figurenaufmarsch sieht bedrohlich aus!

14. ...	f5

Andere Methoden, h7 zu verteidigen, sind auch nicht besser: 14. ...h6 15.Lxh6! 15. ...gxh6 16.Dd2 die Dame dringt entscheidend ein, während nach 14. ...g6 15.Tc1 Db8 16.Lb5! sehr stark für Weiß ist (dieses Abspiel stammt aus der Partie **Preziorka - Prokes, Budapest 1929**).

15. Tc1	Db8
16. Lc4	

Der schwache e-Bauer wird sofort auf's Korn genommen.

16. ...	Te8

Nach dem natürlich aussehenden 16. ...Ld5 17.Lxd5 exd5 18.Tc6 hat Weiß die Situation fest im Griff.

17. Dd3

Sehr stark ist auch 17.Lb5, aber Weiß will lieber angreifen, als sofort Material zu gewinnen.

17. ...	Le4

Es drohte 18.Dxf5, aber...

18. Txe4!

dieses schöne Qualitätsopfer gibt dem Anziehenden eine kraftvolle Initiative.

18. ...	fxe4
19. Dxe4	a6

Auf 19. ...Sf8 20.Lb5 Tc8 21.Lc6 gewinnt Weiß die Qualität zurück und behält seinen Mehrbauern und die bessere Stellung.

20. Lxe6+	Kh8
21. Df5	Tf8

21. ...Sf8 wird mit 22.Ld5 Ta7 23.Lf7 beantwortet - Weiß gewinnt seine Qualität zurück und hat mittlerweile schon zwei Bauern mehr.

22. Dh3	Sf6
23. Lxf6	

Diese wichtige Verteidigungsfigur muß beseitigt werden.

23. ...	gxf6

Natürlich nicht 23. ...Txf6 24.Tc8+.

24. Lf5	Ta7

24. .. Tf7 läßt wiederum 25.Tc8+ zu.

25. Sh4

Mit der Drohung 26.Sg6+.

25. ...	Kg8
26. Ld7!	

Das Feld **f5** wird für den Springer gebraucht.

26. ...	Dd8
27. Le6+	Kg7

Erzwungen, da auf **27. ...Kh8 28.Sg6+** folgt.

28. Tc8	Tc7

Mit dieser kleinen Falle (29.Txd8?? Tc1 matt) ist der Anziehende natürlich nicht hereinzulegen,

29. Sf5+	

aber in dieser Gewinnstellung nahm Weiß in höchster Zeitnot das Remisangebot seines Gegners an. Nach **29. ...Kh8 30.Dh6!** ist der Spuk vorbei, denn Schwarz kann nicht gleichzeitig seine Dame decken und dem Matt **31.Dg7** entgehen.

Beispielpartie # 20
Kovacevic - Basagic
Jugoslawische Meisterschaft 1984

1. d4	Sf6
2. Sf3	c5

Das Angebot, Benoni zu spielen, lehnt Weiß mit

3. e3	

höflich ab. Diese Stärke des Colle-Systems sollte einmal erwähnt werden: Es ist gegen jeden schwarzen Aufbau spielbar.

3. ...	e6
4. Ld3	b6

Schwarz baut sich hypermodern auf, indem er nicht frühzeitig **d7-d5** spielt, sondern die Diagonale **a8-h1** offen läßt.

5. 0-0	Lb7
6. Sbd2	Le7
7. Te1	0-0
8. c3	

Im nächsten Zug kann Weiß mit **9.e4** das „klassische" Bauernzentrum bekommen, da er **9. ...cxd4** mit **10.cxd4** beantwortet.

8. ...	d6

Nach dem verzögerten klassischen **8. ...d5** besetzt Weiß das Vorpostenfeld **e5** mit seinem Springer und läßt **f4** folgen.

9. e4   Sc6

Schwarz möchte gern ...**cxd4** und ...**Sb4** spielen, aber Weiß durchkreuzt diesen Plan mit

10. a3

und bereitet gleichzeitig das raumgreifende **b4** vor.

10. ...   a5

Um **b4** nicht zuzulassen, nimmt Schwarz die Schwächung von **b5** in Kauf.

11. h3

Ein brauchbarer Wartezug, der einem Grundlinienmatt vorbeugt. Beachten Sie, daß aus dem weißen Aufbau eigentlich ein „Spanier" geworden ist - ein weiteres Zeichen für die Stärke des Colle-Systems.

11. ...   cxd4
12. cxd4   Sd7

Dahinter steckt die Idee, mit ...**e5** die weißen Zentrumsbauern zu „befragen".

13. Sc4

Der Springer, auf dem Weg nach **e3**, verhindert dies für den Moment.

13. ...   b5
14. Se3

Wenn Schwarz jetzt ...**e5** spielt, hat der Springer auf **f5** ein schönes Feld.

14. ...   Db6
15. Lb1

Weiß beabsichtigt, später mit **Dd3** oder **Dc2** latente Drohungen gegen **h7** aufzustellen.

15. ...   Lf6
16. d5

Notwendig, (16.Sc2 ist zu passiv) aber gut.

16. ...   Sce5

16. ...exd5 öffnet die Diagonale **b1-h7** für den weißen Läufer, außerdem würde der Zug das Feld **f5** unnötig schwächen.

17. La2

Weiß möchte den Nachziehenden immer noch zu ...**exd6** bewegen.

17. ...   Sxf3+
18. Dxf3   Kh8

Verhindert 19.**dxe6 fxe6** 20.**Lxe6?**, weil Schwarz darauf **20. ...Lxb2** spielen könnte.

19. Td1   Se5

20. De2	Tae8
21. Kh1	

Der König verläßt die gefährliche Diagonale **a7-g1**, unter Umständen kann Weiß später einmal **f4** spielen.

21. ...	Sg6

Verhindert **f4** und räumt die e-Linie.

22. Sg4	Ld4
23. Le3	

Um die beste schwarze Figur - den schwarzfeldrigen Läufer - zu neutralisieren.

23. ...	e5

Schwarz gibt den Druck auf der e-Linie auf und schwächt **f5**, um den Läufer zu konsolidieren.

24. Tac1	Se7

Schwarz möchte - in Verbindung mit dem Vorstoß **f7-f5** - Druck auf **d5** ausüben.

25. Lb1	f5

Der Nachziehende versucht, die Initiative an sich zu reißen.

26. exf5	Sxd5

Nicht **26. ...Sxf5**, weil **27.Lxf5 Txf5 28.Lxd4** eine Figur gewinnt.

27. Lxd4	exd4
28. Dd2	

28.Dd3 ist schlecht wegen **28. ...Sf4.**

28. ...	Lc8
29. Te1	

29.Dxd4? Te1+! 30.Kh2 (30.Txe1 stellt die Dame ein.) **30. ...Dxd4 31.Txd4 Txc1**, und Schwarz gewinnt Turm und Partie.

29. ...	Txe1+
30. Txe1	h5

Schwarz verschafft seinem König ein Luftloch, weil **30. ...Lxf5?** an **31.Lxf5 Txf5 32.Te8+** scheitert.

31. f6!

Mit diesem Schlag hatte Schwarz nicht gerechnet. Falls **31. ...hxg4**, so **32.fxg7+ Kxg7 33.Dg5+** und matt sowohl nach **33. ...Kf7 34.Dg6** als auch nach **33. ...Kh8 34.Dh6+** und **35.Dh7.**

31. ...	Se3

Der verzweifelte Versuch, der weißen Dame den Weg zum schwarzen König zu versperren.

32. fxg7+	Kxg7
33. Sxe3	dxe3
34. Txe3	

Der weiße Angriff ist nicht mehr zu parieren.

    34. ...   **Lf5**
    35. Tg3+

Das gewinnt sofort: **35. ...Kh7** (Oder 35. ...Kh8 36.Dh6+ und matt im nächsten Zug.) **36.Dg5 matt,** und **35. ...Kf6 36.Lxf5 Kxf5 37.Tf3+** verliert den Turm, daher: **Schwarz gibt auf.**

Beispielpartie #21
Colle - Sir Thomas, George
Lüttich 1930

    1. d4   **Sf6**
    2. Sf3   **e6**
    3. e3   **b6**
    4. Sbd2   **Lb7**

Schwarz möchte **e4** mit Figuren kontrollieren, daher vermeidet er **d5**, weil das dem Läufer **b7** die „Sicht versperren" würde.

    5. Ld3   **c5**
    6. 0-0   **Le7**

Genauer wäre wohl **6. ...Sc6**, um **e5** zu kontrollieren.

    7. dxc5

Weiß verfolgt einen anderen als den im Colle-System „normalen" Plan. Weiß möchte mit dem e-Bauern al-lein vormarschieren und nicht ver-suchen, das Zentrum mit **e4** und **d4** zu beherrschen, weil Schwarz sich ohne ...**d5** aufgebaut hat.

    7. ...   **bxc5**

Schwarz schlägt mit dem Bauern zurück, um Einfluß auf das Feld **d4** zu behalten.

    8. e4   **d6**

Ein Pluspunkt für den weißen Plan wird offensichtlich, wenn Schwarz in dieser Stellung doch noch **8. ...d5** spielt, z.B. **9.e5 Sfd7 10.c3** (um den Läufer auf ...c4 nach c2 stellen zu können) **10. ...Sc6 11.De2 Dc7 12.Te1,** und weil der Bauer **e5** die schwarze Stellung stark einengt, hat der Anziehende gute Chancen auf dem Königsflügel.

    9. e5!

Ein ausgezeichneter Zug, der den schwarzen c-Bauern unterminiert, das Feld **e5** für Figuren zugänglich macht und die Diagonale des Läufers **d3** öffnet.

9. ...	dxe5
10. Sxe5	Sbd7
11. Sdc4	Sxe5

Schwarz versucht, seine Lage durch Abtausch zu erleichtern.

12. Sxe5	0-0
13. De2	Dc7
14. c4	

Legt den schwachen Bauern **c5** fest und verhindert die Besetzung von **d5**.

14. ...	Sd7

Schwarz möchte seine Abtauschpolitik fortsetzen,

15. f4

aber nach **15. ...Sxe5** erhielte Weiß einen die schwarze Stellung stark einengenden Bauern auf **e5**.

15. ...	Lf6
16. Te1	g6

Um die Diagonale **b1-h7** zu entschärfen und ein eventuell später mögliches **f4-f5** zu unterbinden.

17.Ld2!

Weiß hätte **17.b3**, gefolgt von **La3** und später **Sd3**, versuchen können,

aber nach **...a5-a4** erhält Schwarz durch die Öffnung der a-Linie Gegenspiel, und nach dem Tausch eines Bauernpaares auf **b3** ist der Bauer **b3** rückständig und daher schwach.

17. ...	Lg7
18. Lc3	Tad8
19. Tad1	Sxe5

Wiederum versucht Schwarz, das weiße Angriffspotential durch Abtausch zu reduzieren; außerdem möchte der Nachziehende seine Türme auf der d-Linie verdoppeln - in der Hoffnung, danach weitere Figuren tauschen zu können.

20.fxe5

Aber Weiß hat jetzt eine Speerspitze auf **e5**, die auf zwei schwache schwarze Felder - **d6** und **f6** - zielt.

20. ...	Td7
21. Lc2	

Bewahrt den Läufer vor taktischem Druck auf der d-Linie, nachdem Schwarz seine Türme verdoppelt hat.

21. ...	Tfd8
22. Txd7	

Weiß vereinfacht gerade soviel, um Schwarz daran zu hindern, später alle Türme abzutauschen.

22. ...	Txd7
23. Df2!	

Bindet den Nachziehenden an die Verteidigung des c-Bauern.

23. ...	Lh6
24. h3	

Ein Luftloch ist nie verkehrt, denn man kann ja nicht wissen, welche Komplikationen sich noch ergeben mögen.

24. ...	La6

Offensichtlich möchte Schwarz den Zug **b3** provozieren, um mit **...a5-a4** Gegenspiel auf dem Damenflügel zu erhalten (siehe Anmerkung zum 17. Zug von Weiß).

25. b3!

Weiß hat erkannt, daß der Nachziehende in dieser Stellung seinen Plan nicht mit Erfolg durchführen kann, weil er mit der Verteidigung von Zentrum und Königsflügel beschäftigt sein wird.

25. ...	Lb7
26. Te2	

Gegen **...Ld2** gerichtet. Nach **26.Dg3** z.B. erhält Schwarz Gegenspiel mit **26. ...Ld2!**

26. ...	Lg5

27. h4!

Weiß fängt an, die Festigkeit der schwarzen Bauernstruktur am Königsflügel zu untersuchen.

27. ...	Le7

Von diesem Feld aus deckt der Läufer den c-Bauern und behält die verwundbaren Felder **d6** und **f6** im Auge.

28. h5	Dd8

Auf **28. ...g5?** setzt Weiß mit **29.Lxh7+!** fort: **29. ...Kxh7 30.Dxf7+ Kh8 31.Tf2 Ld8** (Gegen **31. ...Td8** entscheidet **32.Tf6** mit der Drohung Th6, während **31. ...Td1+** mit **32.Kh2 Ld8 33.Df8+** und **34.Tf7+** beantwortet wird.) **32.De8+ Kh7 33.Dg6+** und matt im nächsten Zug.

29. a3!

Ein feines strategisches Konzept. Während der schwarze Königsflügel unter Druck steht, beabsichtigt Weiß, seine 3-zu-2 - Bauernmehrheit auf dem Damenflügel in Schwung zu bringen. Beide Flügel zu verteidigen wird den Nachziehenden bald überfordern.

29. ...	Dc7

Wegen des Druckes auf **c4** ist **30.b4** momentan nicht möglich.

30. hxg6	hxg6
31. Dg3!	

Jetzt droht **32.Lxg6** mit schnellem Gewinn.

31. ...	Lf8
32. Dg4!	

Nun, da **c4** gedeckt ist, droht wieder **b4**.

32. ...	Lg7

Nach **32. ...a5** (um b4 zu verhindern) spielt Weiß **33.a4!** (Die neue Schwäche wird festgelegt.) **33. ...Lg7 34.Dg3 Td8** (Erzwungen, da sonst der a-Bauer nach **35.De1** nicht mehr zu decken ist.) **35.De1 Ta8**, und Weiß erobert die d-Linie.

33. b4	Td8

Auf **33. ...cxb4 34.axb4 La6** folgt einfach **35.Te4**, und die weißen Bauern können bald loslaufen.

34. b5	

Vorwärts!

34. ...	De7
35. a4	Lh6
36. a5	a6
37. b6	

Nachdem Weiß einen starken, gedeckten Freibauern auf **b6** etabliert hat, darf Schwarz seinen Damen-flügel nicht aus den Augen lassen. Weiß wird jetzt abwechselnd auf beiden Flügeln Drohungen aufstellen, bis die schwarze Verteidigung zusammenbricht.

37. ...	Lc6
38. Le4!	

Die Figur, die den Freibauern blockiert hat, wird beseitigt.

38. ...	Le8
39. Df3!	

Mit der Drohung, nach **Lb7** den a-Bauern zu gewinnen und/oder den Abtausch der weißfeldrigen Läufer zu erzwingen.

39. ...	Tb8
40. Te1	

Auf dem Weg zur d-Linie.

40. ...	Lg7
41. Lc6	Lh6
42. Lxe8	Txe8
43. Td1	

Weiß droht, mit **Dc6** entscheidend einzudringen.

43. ...	Tc8

43. ...Td8 bringt nichts wegen **44.Td6!**, z.B.:**44. ...Txd6** (**44. ...Tc8**, und jetzt gewinnt 45.Dd3 nebst 46.Td7.) **45.exd6 Dxd6 46.Df6**

Dd1+ 47.Kf2 Dc2+ 48.Kg3 Dd3+ 49.Kh2 Lf4+ 50.Dxf4 Dxc3 51.b7, und der Freibauer entscheidet die Partie.

44. Le1

Aber nicht **44.Dd3 Dg5 45.Dd7?**, wonach Schwarz Dauerschach hat.

44. ...   Lg7

Jetzt ist **44. ...Dg5** ein Schlag in's Leere, da nach **45.Td7** kein Dauerschach in Sicht ist und **45. ...De3+ 46.Dxe3 Lxe3+ 47.Lf2** für Schwarz natürlich verloren ist.

45. Df4!

Verhindert ...Lh6 und droht Lh4.

45. ...   Db7
46. Td6

Siehe Anmerkung zum 20. Zug von Weiß.

46. ...   Lf8
47. Td3   Lg7
48. Lh4

Allmählich haben die weißen Figuren optimale Felder gefunden.

48. ...   Dc6
49. Lf6   Lxf6

In der Hoffnung auf **50.exf6 Da4 51.Dh6? Da1+** und **52. ...Dxf6.**

50. Dxf6

Jetzt gibt es keine Verteidigung mehr gegen **51.Th3** und **52.Dh8 matt.**

Schwarz gibt auf.

Beispielpartie #22
Jusupow - Drasko
Sarajewo 1984

1. d4	Sf6
2. Sf3	e6
3. e3	b6
4. Ld3	Lb7
5. 0-0	d5
6. Se5	

Damit etabliert Weiß einen Vorposten auf **e5**, den er mit **f4** sichern wird - eine interessante Abweichung von den üblichen Colle-Strategemen.

6. ...	Ld6
7. f4	0-0
8. Sd2	

In der Hoffnung, **9.Df3** spielen zu können, wonach Schwarz seinen Springer **f6** nicht mehr nach **e4** bringen könnte.

8. ...   Se4

Aber Schwarz hat die Drohung gesehen.

9. c4!?	Sd7?!

Vielleicht hätte Schwarz **9. ...f6** versuchen sollen, und nach **10.cxd5!? Sxd2 11.Dh5** (Schlecht ist 11.Lxh7+? Kxh7 12.Dh5+ Kg8 13.Sg6 Lxd5, und Weiß steht auf Verlust.) **11. ...f5 12.Lxd2 Lxe5! 13.fxe5 Dxd5 14.Tf3** ist die Stellung sehr unklar. Auch nach **11.Lxd2 Lxe5! 12.Dh5 f5** steht Schwarz nicht schlecht.

10. cxd5   exd5?

Schwach. Schwarz hätte **10. ...Sxd2** spielen müssen, obwohl Weiß nach **11.Lxd2** einen gewissen Vorteil hat.

11. Sxe4   dxe4
12. Lc4

Jetzt kann Weiß sowohl auf der Diagonale **a2-g8** als auch auf der c-Linie (besonders auf dem schwachen Feld c6) Druck ausüben.

12. ...   Sf6
13. Db3   De8
14. Ld2   c6

Gegen **Lb5** und Besetzung des Feldes **c6** gerichtet.

15. a4!

Weiß möchte die schwarzen Damenflügelbauern schwächen und **...b6-b5** verhindern.

15. ...   Sd5

16. a5

Das ist aber nicht das Beste. Vorzuziehen war **16.Tac1** mit der Drohung **17.Sxc6** (Auf 17. ...Dxc6 folgt 18.Lb5).

16. ...   Tb8!

Ein gehaltvoller Zug, der dem Nachziehenden Gegenspiel verschafft. Nach dem schlechteren **16. ...b5 17.Lxd5 cxd5 18.a6** hätte Weiß eine ausgezeichnete Stellung.

17. a6

Weiß vermeidet die verführerische Variante **17.axb6 axb6 18.Lxd5 cxd5 19.Dxb6**, weil der Nachziehende nach **19. ...Dd8! 20.Dxd8 Tfxd8** wegen seines Läuferpaars beachtliches Gegenspiel hat.

17. ...   La8

Natürlich nicht **17. ...Lc8 18.Sxc6**.

18. Tfc1

Jetzt droht **19.Sxc6**, weil **19. ...Dxc6 20.Lb5** die Dame verliert.

18. ...   b5

Praktisch erzwungen. Aber jetzt kann Weiß die schwarzfeldrigen Läufer tauschen, wonach er einen „guten" Springer, Schwarz jedoch

Beispielpartien

einen total eingeklemmten Läufer behält.

| 19. Lxd5 | cxd5 |
| 20. Lb4 | Lxb4 |

Etwas besser ist **20. ...De7.**

21. Dxb4	f6
22. Sg4	Dd7
23. Sf2	

Der Springer wird über **d1** auf das aktive Feld **c3** gebracht.

| 23. ... | Tfc8 |
| 24. Sd1 | |

Folgerichtig, aber **24.Tc5** ist wohl besser.

| 24. ... | Txc1 |

Schwarz hofft, die weißen Gewinnchancen durch Vereinfachung zu verringern.

| 25. Txc1 | Tb6 |
| 26. Ta1 | Lc6 |

Schlecht ist **26. ...Dd6** wegen **27.Dc5! b4** (Nach 27. ...Dxc5 28.dxc5 nebst b4 hat Weiß einen starken gedeckten Freibauern und ein ausgezeichnetes Zentralfeld [d4] für seinen Springer.) **28.Dc8+ Df8 29.Tc1** mit großem Vorteil für Weiß.

| 27. Sc3 | Kf7 |

28. h3

Gibt dem König Schutz auf **h2** und ermöglicht **g4**.

| 28. ... | f5? |

Bisher hat Schwarz seine schwierige Stellung gut verteidigt, aber jetzt greift er fehl. Er hätte **28. ...De7** mit guten Remischancen versuchen sollen.

29. Ta5

Weiß möchte seine Truppen mit **Dc5** und **Sa2-b4** umgruppieren.

| 29. ... | Ke6 |

Nun wird **29. ...De7** mit **30.Sa2!** beantwortet.

30. Df8

Die weiße Dame dringt hinter den Linien ein.

| 30. ... | b4 |

Schwarz opfert einen Bauern, um ein Endspiel mit Turm und Bauern zu erreichen, weil diese Art Endspiel oft mit Remis endet, auch wenn eine Seite über einen Mehrbauern verfügt. Ein guter Versuch!

31. Sxd5!	Lxd5
32. Dg8+	Df7
33. Dxf7+	Kxf7

34. Txd5	Kf6
35. Ta5	

Vielversprechend ist auch 35.g4.

35. ...	Tc6
36. Tb5	Txa6
37. Txb4	h5

Die Partei, die Endspiele dieser Art verteidigen muß, tut normalerweise gut daran, so viele Bauern wie möglich abzutauschen; mit dem Textzug beabsichtigt Schwarz, nach dem erwarteten g4 eben diese Regel zu beachten.

38. g4	hxg4
39. hxg4	fxg4
40. Tb5	

Um Te5 oder Tg5 spielen zu können.

40. ...	Ta1+
41. Kf2	Tb1

Ein anderes wichtiges Prinzip in Endspielen mit Turm und Bauern besagt, daß die Türme immer hinter die Freibauern gehören.

42. Te5

Um noch gewinnen zu können muß Weiß aktiv spielen.

42. ...	Txb2+
43. Kg3	a5

44. Txe4	a4?!

Ein natürlicher, aber ungenauer Zug. Schwarz hätte 44. ...Tb7! spielen sollen (um den Turm hinter den Freibauern zu stellen), und auf 45.Te5 (Weiß muß sich beeilen, den schwarzen a-Bauern zu blockieren.) hält 45. ...Te7! remis.

45. d5	Tb5
46. Txa4	Txd5
47. Kxg4	g6?

Die letzte Chance des Nachziehenden war 47. ...Kf7, obwohl Weiß auch in diesem Fall besser steht.

48. e4	Td1
49. e5+	Kf7
50. Ta7+	

Jetzt steht Schwarz klar auf verlorenem Posten.

50. ...	Ke6
51. Kg5	Tg1+
52. Kh6	

Der weiße König dringt entscheidend ein.

52. ...	Kd5

Auch nach 52. ...Tg4 53.Ta6+ Ke7 54.Tf6 Ke8 55.Kh7! Ke7 56.Kg7 Ke8 57.Tf7 gewinnt Weiß schnell.

53. Ta6	Tg4

54. Tf6   Kc5

Schwarz kann nur abwarten.

55. Kg7   Kd5
56. e6

Der e-Bauer ist nicht mehr .aufzuhalten.

Beispielpartie #23
Koltanowski - Dr. Vallve
Mollet 1935

1. d4   Sf6
2. Sf3   b6

Schwarz wählt das frühe Fianchetto des weißfeldrigen Läufers, um das wichtige Feld **e4** so früh wie möglich unter Kontrolle zu bringen.

3. e3   Lb7
4. Ld3

Weiß entwickelt sich nach dem Colle-Standardplan. **4.Sbd2** mit Zugumstellung ist auch spielbar.

4. ...   c5

Setzt den weißen d-Bauern unter Druck, um **e3-e4** zu erschweren.

5. Sbd2   Sc6

5. ...cxd4 ist auch möglich, aber nach **6.exd4** ist die halboffene e-Linie für Weiß wertvoller als die halboffene c-Linie für Schwarz. Das kommt hauptsächlich daher, daß die e-Linie eine Zentrallinie ist und näher am schwarzen Königsflügel liegt.

6. c3

Verstärkt **d4** und ermöglicht es dem Anziehenden, nach **e3-e4** Bauern auf **d4** und **e4** zu behalten.

6. ...   e6
7. a3

Notwendig, um **...Sb4** zu verhindern. Nach **7.e4** könnte Schwarz **7. ...cxd4** spielen, und nach **8.cxd4** (**8.Sxd4** gibt zuviel von der Kontrolle im Zentrum auf.) **8. ...Sb4 9.Lb1 La6** hat Schwarz ausgezeichnetes Spiel.

7. ...   Dc7

Ein Entwicklungs-Wartezug.

8. e4   cxd4

Um die c-Linie zu öffnen, obwohl diese Linie in Stellungen dieser Art oft in die Hand von Weiß fällt.

9. cxd4   Le7
10. 0-0   0-0
11. b4!

Ein strategisch wichtiger Zug. Weiß erobert Raum auf dem Damenflügel und bereitet die Entwicklung des schwarzfeldrigen Läufers vor.

11. ...	Tac8
12. Lb2	a6
13. Tc1	

Mit der Drohung, nach **14.d5 exd5 15.Lxf6 Lxf6** und **16.exd5** eine Figur zu gewinnen.

13. ...	Df4
14. De2	b5

Praktisch erzwungen, da **14. ...a5** mit dem einengenden **15.b5** beantwortet wird.

15. e5

Beschränkt die Möglichkeiten der schwarzen Dame und macht das Feld **e4** für Figurenmanöver zugänglich.

15. ...	Sd5
16. Se4	f5

Schwarz versucht, sich der weißen Zentralstrategie zu stellen.

17. exf6	Lxf6
18. Sc5	

Sehr stark.

18. ...	Dc7

Deckt den angegriffenen Läufer und droht, mit ...Sf4 den wichtigen

weißfeldrigen Läufer des Anziehenden zu beseitigen.

19. g3	Tce8

Wahrscheinlich träumt Schwarz von ...e5.

20. Se5

Verhindert ...e5 und bringt den zweiten Springer in eine dominierende Stellung.

20. ...	Lc8

Auf **20. ...d6** gewinnt Weiß mit **21.Sxb7 dxe5** (21. ...Dxb7 22.Sxc6) **22.Sa5.**

21. De4

Dieser Zug erzwingt eine entscheidende Schwächung des schwarzen Königsflügels,

21. ...	g6
22. Sxg6!	

die Weiß mit diesem Schlag sofort ausnutzen kann.

22. ...	Tf7

Nach **22. ...hxg6** hat **23.Dxg6+ Lg7 24.Dh7+ Kf7 25.Lg6+ Kf6 26.Se4+** vernichtende Wirkung.

23. Se5	Tg7
24. Sxe6!	

Auch dieser Springer opfert sich gegen einen Bauern.

24. ...	Txe6

Nach 24. ...dxe6 fällt der Springer c6.

25. Dxd5	Kh8
26. Lf5	Lxe5
27. dxe5	Tge7

Auf 27. ...Tee7 ist **28.e6** zu stark.

28. Lxe6	Txe6
29. f4	

Schwarz gibt auf; gegen die Drohung **30.f5** ist er machtlos.

Beispielpartie # 24
Colle - Stoltz, G.
Bled 1931

1. d4	d5
2. Sf3	Sf6
3. e3	c5
4. c3	Sbd7
5. Sbd2	Dc7

Eine von der Theorie als gut angesehene Variante - wenn Schwarz mit allen Finessen vertraut ist. Wenn nicht, so hat Weiß gute Chancen. Beachten Sie, daß Weiß mit **4.dxc5!?** in eine Art Angenommenes Damengambit mit vertauschten Farben (und daher einem Mehrtempo) überleiten kann.

6. Ld3

Weiß folgt dem üblichen Plan. Kritisch ist jedoch **6.Da4!** (Der Springer auf d7 ist gefesselt, daher ist 6. ...e5 nicht möglich.), sehen Sie dazu die Partie Colle - Rubinstein, Beispielpartie #25.

6. ...	e5
7. e4	

Nach **7.dxe5 Sxe5 8.Sxe5 Dxe5** ist die Stellung ausgeglichen.

7. ...	dxe4
8. Sxe4	Sxe4
9. Lxe4	Sf6
10. Lc2	cxd4

Nach 10. ...exd4 **11.0-0!** (Bietet ein gesundes Gambit an) 11. ...Le7 (Zu riskant ist 11. ...dxc3 12.Te1+.) **12.cxd4** steht Weiß etwas besser.

11. 0-0	dxc3

Es ist klar, daß es für Schwarz ein großes Risiko ist, wenn er auf

Bauernraub geht, während sein König noch im Zentrum steht - ein Aspekt, den Weiß bald ausnutzen wird.

12. Sxe5	**Ld6**

Natürlich nicht 12. ...Dxe5 13.Te1.

13. La4+

Jetzt muß Schwarz das Rochaderecht aufgeben, da **13. ...Ld7 14.Lf4 0-0** (14. ...cxb2 15.Sxd7 bxa1D 16.Sxf6+ ist vernichtend.) **15.Sxd7 Lxf4 16.Sxf8** zu Materialgewinn für Weiß führt.

13. ...	**Kf8**
14. Lf4!	

Gut gespielt! Auf 14. ...Lxe5 15.Lxe5 Dxe5 16.Dd8+ Se8 gewinnt Weiß jetzt mit **17.Tae1**.

14. ...	**Lg4**
15. Sg6+!	

Nun gewinnt Weiß die Qualität und wickelt in ein gewonnenes Endspiel ab.

15. ...	**Kg8**
16. Lxd6	**Lxd1**
17. Lxc7	**Lxa4**
18. Sxh8	**Sd5**
19. La5	**c2**

Die einzige Chance für Schwarz liegt in diesem weit vormarschierten Bauern - auf lange Sicht gesehen ist

das selbstverständlich nicht genug. Nach **19. ...cxb2 20.Tab1** nebst **21.Txb2** gewinnt Weiß leicht.

20. Ld2

Verhindert ...Sf4 nebst ...Sd3, wonach der Springer das Umwandlungsfeld **c1** kontrollieren würde.

20. ...	**Kxh8**

Die schwarze Leichtfigur und der Bauer sind einfach nicht genug für die Qualität.

21. Tfe1

Die offene e-Linie wird mit Beschlag belegt.

21. ...	**Kg8**
22. Tac1	

Der Plan des Anziehenden ist einfach: den Bauern **c2** „umzingeln" und dann schlagen.

22. ...	**Tc8**
23. Te4	

Ein Verteidiger wird verjagt und weiteres Angreifen des Bauern vorbereitet.

23. ...	**Ld7**
24. Td4	**Le6**
25. b3	

Um dem a-Bauern zu helfen.

25. ...	b5

Weiß drohte auch Tc4.

26. La5	

Räumt das Feld **d2** für den Turm.

26. ...	g5

Um doch noch **...Sf4** spielen zu können.

27. Td2	Tc6
28. Tcxc2	

Jetzt ist es einfach.

28. ...	Ta6
29. b4	Td6
30. a3	

Der a-Bauer entzieht sich dem möglichen Angriff durch den Läufer **e6**.

31. ...	h6

Schwarz gibt nicht auf - Zeitnot?

31. Tc5	a6
32. Lc7	

Damit der Turm von **c6** aus den schwachen schwarzen a-Bauern angreifen kann.

32. ...	Td7
33. Le5	Kh7

34. h3	h5
35. Lb2	Kg6
36. Tc6	

Weiß gewinnt den a-Bauern, weil **36. ...Ta7** sich wegen **37.Txd5** verbietet.
Schwarz gibt auf.

Beispielpartie #25
Colle - Rubinstein
Rotterdam 1931

1. d4	d5
2. Sf3	Sf6
3. e3	c5
4. c3	Sbd7

Schwarz möchte versuchen, möglichst frühzeitig**...e5** zu spielen - ein kritischer Test für das Colle - System.

5. Sbd2	Dc7
6. Da4	

Der Springer **d7** ist gefesselt, **...e5** daher nicht möglich.

6. ...	g6

Schwarz hofft, mit seinem Lg7 Druck auf das wichtige Feld **e5** auszuüben.

7. c4!	

Eine wichtige Neuerung. Weiß möchte den schwarzen d-Bauern

beseitigen, um damit **e3-e4** zu erleichtern.

7. ...	**Lg7**

Aber das ist ein schlechter Zug. Die moderne Theorie gibt **7. ...cxd4! 8.Sxd4** (8.exd4 schwächt die weiße Bauernstruktur, der weiße d-Bauer kann mit ...dxc4 vereinzelt werden.) **8. ...Lg7 9.cxd5 Sxd5 10.Lc4 Lxd4** (Aber nicht 10. ...S5b6 11.Lxf7+! Kxf7 12.Db3+ Ke8 [12. ...Kf6 13.Se4+ Ke5 14.De6 matt] 13.Se6 De5 14.Sf3, und Weiß steht auf Gewinn.) **11.exd4 S5b6** (Ohne den Springer auf d4 stellt Lxf7+ keine Drohung dar.) **12.Db3 Sxc4 13.Sxc4 Sf6 14.Se5 Da5+ 15.Ld2 Dd5** mit Ausgleich an.

8. cxd5	**Sxd5**
9. e4	

Die Neuerung des Anziehenden hat Erfolg gehabt: Die weißen Bauern beherrschen die Lage im Zentrum. Weniger gut ist **9.Ld3 S5b6** mit Ausgleich, Aljechin - Reshewsky.

9. ...	**S5b6**
10. Dc2	

Die Fesselung des c-Bauern verhindert das Zerschlagen des weißen Bauernzentrums.

10. ...	**Dd6**

Schwarz hofft auf **11.dxc5 Sxc5** mit ausgezeichnetem Spiel,

11. a4!

aber dieser clevere Zug, mit dem Weiß droht, eine Figur zu gewinnen (12.a5), macht die Hoffnung des Nachziehenden zunächst einmal zunichte.

11. ...	**a5**

Erzwungen.

12. d5	**0-0**
13. Ld3	

Um zu verhindern, daß Schwarz mit ...f7-f5 das weiße Zentrum unterminiert.

13. ...	**Sb8**

Kein schöner Zug, aber irgendwie mußte Schwarz seinen Damenflügel ja entwirren.

14. 0-0	**Sa6**
15. Lxa6!	

Die Drohung ...Sb4 war zu stark.

15. ...	**Txa6**
16. Sb3	

Eine weiterer Grund für 15.Lxa6!: Der c-Bauer ist jetzt sehr schwach.

16. ...   f5

Darauf hat der Anziehende eine passende Antwort, aber **16. ...c4 17.Sbd4 f5 18.Sb5 Dd8** (18. ...Db4 19.Sc7! Ta7 20.e5 Dc5 21.Sb5 mit sehr guter Stellung für Weiß.) **19.e5! Sxd5 20.Dxc4** gefällt auch nicht.

17. e5!

Der Schlüsselzug. **17. ...Lxe5 18.Sxe5 Dxe5 19.Sxc5 Ta8 20.Lh6** ist jetzt sehr stark für Weiß. Falls z.B. **20. ...Td8**, so **21.Tfe1 Df6 22.Se6!**, und auf **20. ...Te8** gewinnt Weiß leicht mit **21.Tad1 Sxd5 22.Dc4 e6 23.Tfe1 Df6** und **24.Txd5. 20. ...Tf7** schließlich wird mit **21.Tfe1 Dd6** (Nicht 21. ...Dxd5? 22.Tad1 nebst 23.Td8+; 21. ...Dc7 22.d6! Dxd6 23.Tad1 Dc7 24.Sa6!! ist vernichtend: 24. ...Dxc2 25.Td8+ und Matt im nächsten Zug.) **22.Tad1,** beantwortet, **und Weiß hat die Oberhand,** z.B. **22. ...Sxd5 23.Dc4 e6 24.Txd5 exd5 25.Te8+ Tf8 26.Dxd5+,** und Weiß setzt matt.

17. ...   Dxd5

Schwarz erhält sich das Läuferpaar, aber der große Entwicklungsvorsprung von Weiß ist viel wichtiger.

18. Sxc5   Ta8
19. Lg5   Te8

19. ...Lxe5 ist schlecht wegen **20.Sxe5** (Aber nicht 20.Tad1 Dc4!)

20. ...Dxe5 21.Db3+ Sd5 22.Tfe1 Dd6 23.Lxe7, und Weiß gewinnt.

20. Tac1!   Sd7

Auf **20. ...Lxe5** gewinnt **21.Tfe1** eine Figur.

21. Tfd1   Dxc5

21. ...Dc6 22.Db3+ nebst **23.Sxd7,** und Weiß gewinnt, aber auch nach dem Textzug verliert Schwarz Material:

22. Db3+   Kf8
23. Txc5   Sxc5
24. Db5   Se6
25. Le3

Turm und Läufer von Schwarz reichen nicht aus, um der Dame und dem Entwicklungsvorsprung von Weiß standzuhalten.

25. ...   Sd8

Schwarz möchte endlich seinen weißfeldrigen Läufer entwickeln.

26. Sd4

Jetzt ist **26. ...Le6 27.Sxe6+ Sxe6 28.Dxb7** gut für Weiß.

26. ...   Sc6

Schwarz ist verzweifelt, daher gibt er in der Hoffnung auf ein wenig „aktives Spiel" einen Bauern.

27. Sxc6   bxc6
28. Dxc6   Tb8
29. e6!

Eine raffinierte Falle: Wenn Schwarz jetzt **29. ... Lxb2** spielt, gewinnt Weiß mit **30.Lh6+ Lg7 31.Dc3!!**, da **31. ...Lxh6 32.Dh8 matt** ermöglicht.

30. Lb6

Der schwarze a-Bauer ist nicht mehr zu decken, und der weiße wird unter dem sicheren Geleitschutz seiner Dame die achte Reihe erreichen.

30. ...   Te2??

Ein Versehen in total verlorener Stellung.

31. Dxe8+   Kxe8
32. Td8   matt.

Beispielpartie #26
Torre - Jansa
Interzonenturnier Biel 1985

1. d4   Sf6
2. Sf3   g6

Die Königsindische Verteidigung, die Schwarz gewählt hat, wurde lange Zeit als kritischer Test für jede Damenbauerneröffnung (also auch für das Colle-System) angesehen.

3.c3

Weiß möchte in die von uns empfohlene Variante gegen die Königsindische oder die Grünfeld-Verteidigung überleiten, die normalerweise mit **3.Lg5** erreicht wird. Weiß entwickelt seinen Läufer nach g5, bevor er e2-e3 spielt, um ihn nicht einzusperren. Dann wird er Bauern auf **c3, d4** und **e3** haben und mit der normalen Colle-Entwicklung **Ld3** und **Sbd2** fortfahren.

3. ...   Lg7
4. Lg5   0-0
5. Sbd2

Weiß droht e2-e4, um zu sehen, ob Schwarz sich vor dem klassichen Bauernzentrum d4, e4 genug fürchtet, um statt der Königsindischen Verteidigung (Bauern auf d6) Grünfeld-Indisch (Bauer d5) zu spielen.

5. ...   d5

Offensichtlich möchte Schwarz den weißen e-Bauern nicht auf der vierten Reihe sehen, ein wahrer Königsindisch-Anhänger hätte natürlich gegen **5. ...d6 6.e4** nichts einzuwenden.

6. e3   Sbd7
7. b4

Ein lehrreiches Strategem. Weiß möchte Raum auf dem Damenflügel gewinnen, dabei verläßt er sich darauf, daß Schwarz im Zentrum wegen der sehr soliden weißen Bauernstruktur nicht zu Gegenspiel kommen kann.

7. ...   **a5**

Schwarz versucht, auf dem Damenflügel mitzuhalten, aber der Textzug erzeugt eine potentielle Bauernschwäche und kommt somit dem Anziehenden gerade recht.

8. b5

8.a3 ist auch möglich, aber Weiß zieht es vor, konsequent weiter auf Raumgewinn zu spielen.

8. ...   **a4**

In der Hoffnung, ein späteres **Sb3** oder **Db3** zu verhindern.

9. Le2

Normalerweise spielt Weiß 9.Ld3, aber ein Pluspunkt für 9.Le2 ist darin zu sehen, daß nach späterem ...e5 von Schwarz nicht ...e4 mit Doppelangriff auf **Ld3** und **Sf3** droht.

9. ...   **c5**

Das Öffnen von Linien in dem Terrain, das der Gegner zu beherrschen gedenkt, ist eine schlechte Strategie; aber Schwarz meint, weil er „A" (d.h. 7. ...a5) gesagt hat, müsse er auch „B" sagen.

10. bxc6	bxc6
11. 0-0	c5

Sofort 11. ...Da5 ist wohl besser.

12. Tb1

Weiß kann sich schon auf der soeben geöffneten b-Linie niederlassen.

12. ...	Da5
13. Tb5!	

Eine taktische Finesse, die Schwarz wahrscheinlich übersehen hat. Auf 13. ...Dxc3 anwortet Weiß mit 14.Sb1! Da1 15.Dc2 Se4 16.Tb2!, und schließlich wird Schwarz die Dame gegen einen Turm verlieren.

12. ...	Da7
14. Db1	

Akkurat gespielt! Nach dem schlechteren 14.Dc2 spielt Schwarz 14. ...La6 15.Ta5 Ld3!.

14. ...	La6
15. Ta5	Tfb8

Jetzt stellt 15. ...Ld3? wegen 16.Txa7 Lxb1 17.Txa8 Txa8 18.Txb1 eine Figur ein.

16. Txa6!

Weiß wickelt in ein vorteilhaftes Endspiel ab. (Vergessen Sie nicht, daß der schwarze a-Bauer sehr schwach ist.)

16. ...   Txb1
17. Txb1

Die schwarze Dame kann sich nicht selbst retten und dabei den Turm **a8** decken.

17. ...   Dxa6
18. Lxa6   Txa6

Vergleichen Sie den gutpostierten weißen Turm mit seinem traurigen Kontrahenten.

19. Lxf6!

Ein ausgezeichneter Zug; Weiß hat erkannt, daß Springer in Stellungen dieser Art wesentlich beweglicher sind als Läufer.

19. ...   Lxf6

Um dem König etwas Luft zu verschaffen; außerdem hat Weiß nach **19. ...Sxf6 20.Tb8+ Lf8** den starken Zug **21.Se5**, wonach sich Schwarz praktisch nicht bewegen kann, ohne Material zu verlieren.

20. Tb7   cxd4

Ein clevere taktische Verteidigung - für den Moment.

21. cxd4

Aber nicht **21.Txd7?**, weil **21. ...dxc3** sehr gut für Schwarz ist, z.B. **22.Sb1 c2** oder **22.Sf1 Tc6** und der c-Bauer ist nur unter Rückgabe einer Figur von der Umwandlung abzuhalten.

21. ...   Sb6
22. Kf1

Weiß hält sich an die Regel, daß der König mitspielen soll, sobald die Damen vom Brett sind.

22. ...   a3
23. Ke2   e6
24. Kd3

Jetzt ist der König dem verwundbaren a-Bauern schon ziemlich nahe.

24. ...   Sa4
25. Kc2   Sb2

Der schwarze Springer möchte über **d1** die weißen Königsflügelbauern angreifen, wenn der weiße König die Kontrolle über **d3** oder **d1** aufgibt.

26. Tc7   Tb6

Etwas besser war **26. ...Ta8.**

27. Sb3

Um über **c5** einzudringen.

27. ...   **Kf8**

Jetzt war **27. ...Tb8** dringend geboten.

28. Sc5

Mit zu vielen Drohungen: **29.Sd7+** mit gleichzeitigem Angriff auf den Turm und (z.B. nach **28. ...Td6) 29.Sd7+ Kg7 30.Sxf6 Kxf6 31.Se5,** und der f-Bauer ist nicht mehr zu halten.

28. ...   **Tb4**

Auf **28. ...Ld8** gewinnt Weiß mit **29.Tc8 Ke8 30.Se5** und der Drohung **31.Sc6.**

29.	Sd7+	Kg7
30.	Sxf6	Kxf6
31.	Se5	Sc4
32.	Txf7+	Kg5
33.	f4+	Kh6
34.	Sg4+	

Da Weiß undeckbar Matt droht - **34. ...Kh5 35.Sf6+ Kh6/h4 36.Txh7** - gibt Schwarz auf.

Beispielpartie #27
Cramling, P. - Litinskaja
Kandidatenturnier Malmö 1986

1. d4	Sf6
2. Sf3	b6
3. e3	Lb7
4. Ld3	e6
5. 0-0	Le7
6. b3	

Damit ist die Colle-Zukertort - Variante erreicht.

6. ...	0-0
7. Lb2	c5

Der weiße d-Bauer wird unter Druck gesetzt, um den weißen Plan **e3-e4** etwas zu verlangsamen.

8. De2

Ein gutes Feld für die Dame. Weiß zögert die Entscheidung, wo der Springer **b1** am besten steht, noch ein wenig hinaus.

8. ...   **cxd4**

Dieser Abtausch begünstigt normalerweise den Anziehenden, weil die e-Linie (Zentrallinie) oftmals nützlicher ist als die c-Linie.

9. exd4

9.Sxd4 wäre ein positioneller Fehler, weil damit die Kontrolle über **c5** und **e5** ohne zwingende Notwendigkeit aufgegeben würde.

9. ...	Sc6
10. a3	

Der Läufer **d3** muß gegen ...Sb4xd3 geschützt werden.

10. ...	Tc8

Schwarz hofft, auf der c-Linie Druck gegen den weißen c-Bauern machen zu können.

11. Sbd2

Der Springer steht auf dem Colle-Standardfeld besser als auf **c3**, wo er den Läufer **b2** behindert.

11. ...	d5

Um den weißen Figuren den Zugang zu **e4** zu verweigern und - nach späterem **c2-c4** - auf **c4** zu tauschen (...d5xc4, b3xc4) und Figurendruck gegen die hängenden Bauern **c4** und **d4** auszuüben.

12. Sg5!?

Ein provozierender Zug.

12. ...	Te8

Genauer war **12. ...h6**, obwohl Weiß auch danach etwas besser steht.

13. f4!

Weiß hat das strategisch wichtige Feld **e5** fest im Griff.

13. ...	Lf8

Um **14.f5** zu verhindern.

14. Tae1

Weiß ist vollständig entwickelt.

14. ...	g6

Schwarz tut alles, um Linienöffnung mit **f5** unmöglich zu machen.

15. Sdf3

Natürlich mit dem Ziel **e5**.

15. ...	Tc7

Um **f7** zu decken.

16. Se5

Wegen der beiden beherrschenden Springer auf **e5** und **g5** hat Schwarz beträchtliche Schwierigkeiten.

16. ...	Lg7
17. De3	

Der sofortige Bauernangriff **17.g4?** stößt auf Probleme nach **17. ...h6 18.Sgf3 Se4!**, da **19.Lxe4? dxe4 20.Dxe4 Sxe5** ermöglicht.

17. ...   Dc8

Schwarz verstärkt seinen Druck auf der c-Linie und bereitet **...Sd8** vor, von wo aus der Springer den Bauern **f7** deckt. Außerdem droht Schwarz, mit **...La6** den aktiven weißen Läufer **d3** abzutauschen.

18. Dh3

Weiß fängt an, Druck gegen **h7** zu machen und hofft, weitere Schwächungen der schwarzen Bauernstruktur am Königsflügel erzwingen zu können.

18. ...   Sd8

Die Nachziehende baut eine solide Verteidigung auf.

19. Dh4?!

Dieser Zug ist zweifelhaft, weil Weiß Besseres hatte: **19.g4** oder **19.Sg4 Sxg4 20.Dxg4** mit Vorteil für Weiß in beiden Fällen.

19. ...   h6

Der störende Springer wird rausgeworfen.

20. Sgf3   Se4!

Schwarz nutzt sofort den Umstand aus, daß Weiß das Feld **e4** nicht mehr total dominiert. Die Stellung ist jetzt ungefähr ausgeglichen.

21. c4

Möglich war auch **21.Sg4 h5 22.Sge5.**

21. ...   Sc6

Der Springer möchte von **a5** aus Druck auf **b3** und **c4** ausüben.

22. cxd5?

Nach dem Textzug bekommt Weiß ernsthafte Probleme. Besser **22.Lxe4 dxe4 23.Txe4 Sxe5 24.Txe5 Lxf3 25.Txf3 Lxe5 26.fxe5**, und die Stärke der Anziehenden auf den schwarzen Feldern hält die Stellung ungefähr im Gleichgewicht.

22. ...   exd5

Der weiße Angriff auf dem Königsflügel ist verpufft, und Schwarz hat ausgezeichnetes Spiel im Zentrum und auf dem Damenflügel.

23. b4

Gegen **23. ...Sa5** gerichtet, aber nun ist **c4** dauerhaft geschwächt.

23. ...	Se7

Der Springer räumt die c-Linie und macht sich auf den Weg nach **d6** (...e7-f5-d6), von wo aus er die geschwächten weißen Felder des Anziehenden (c4, e4 und f5) kontrolliert.

24. Tc1

Weiß hofft, die Lage durch Abtausch zu entschärfen.

24. ...	f6

Schwarz vertreibt den Springer und zeigt damit, daß er alles im Griff hat.

25. Sg4   **Sf5**

Auch die Dame muß sich zurückziehen.

26. Dh3

Wieder das einzige Feld.

26. ...	h5

Sichert sich gegen **g2-g4** und drängt den Springer in eine passivere Position.

27. Sf2

Erzwungen.

27. ...	Sfd6

Schwarz steht deutlich besser: Er hat **e4** dauerhaft besetzt, während **e5** für Weiß nicht zugänglich ist - außerdem winkt das Feld **c4**.

28.   **Txc7**

Nach **28.Dxc8 Texc8 29.Txc7 Txc7 30.Tc1** wehrt Schwarz sich gegen zu starke Vereinfachung mit **30. ...Te7!** und kann auf dauerhaften Druck im Endspiel bauen.

28. ...	Dxc7

Die weißen Vereinfachungen ändern nichts an dem strategischen Druck, der auf dem Anziehenden lastet,

29. Tc1

aber immerhin wird der Turm aktiviert.

29. ...	De7

Jetzt droht **30. ...Sxf2 31.Kxf2 De3 +** mit Figurengewinn.

30. Sh4

Weiß hofft, doch noch auf dem Königsflügel vorgehen zu können, aber die schwarzen Figuren sind zu gut postiert, als daß dieser Plan von Erfolg gekrönt sein könnte.

30. ...   Df7

Deckt **g6** und **h5**, um **31.f5** vorzubeugen.

31. Df3

Jetzt ist **31.f5 g5 32.Sg6 Lc8** gut für Schwarz.

31. ...   f5

Alle weißen Hoffnungen auf **f5** werden für immer zunichte gemacht und **e4** weiter unterstützt.

32. Dh3?

Die Dame steht schlecht hier, aber es ist auch schwierig, einen vernünftigen Plan zu finden.

32. ...   Sc4!
33. Lxc4

Natürlich nicht **33.Tc2 Sxb2 34.Txb2 Lxd4.**

33. ...   dxc4

Die lange Diagonale **a8-h1** hat sich geöffnet, außerdem wird der soeben erzeugte Freibauer dem Anziehenden Sorgen bereiten.

34. Sf3

Der Springer soll wieder am Geschehen teilnehmen.

34. ...   c3!

Sehr stark.

35. La1

Ein trauriger Rückzug, aber **35.Lxc3 Sxc3 36.Txc3 Lxf3!** **37.gxf3** (Auf **37.Txf3** oder **37.Dxf3** folgt 37. ...Te1 matt.) **37. ...Lxd4** ist noch schlimmer.

35. ...   Db3

Nun kann die schwarze Dame die weißen Damenflügelbauern in aller Ruhe massakrieren.

36. Se5

Weiß versucht verzweifelt, mitzuspielen, aber es hilft nichts: Die Bauern fallen:

36. ...   Dxa3
37. De3

Zentralisiert die Dame und deckt den Turm.

37. ...   Sxf2

Von den vielen Gewinnwegen sucht sich Schwarz einen einfachen, aber effektiven aus.

38. Kxf2

Natürlich nicht **38.Dxf2 Dxc1 +**.

38. ...   Da2 +

Schwarz - mit einem Mehrbauern im Rücken - möchte im direkten Königsangriff gewinnen.

39. De2

Sonst fällt **g2**.

39. ...   Dd5

Durch den Doppelangriff auf **g2** und **d4** gewinnt Schwarz weiteres Material.

40. Kg3

Im Sturm ist jeder Hafen recht - aber dieser Hafen bietet nicht genug Schutz.

41. ...   Dxd4

Auf **41.Lxc3** spielt der Nachziehende **41. ...h4 +!**, und nach **42.Kxh4 Dxf4 +** fällt der Turm **c1**, aber auch **42.Kh3 Dxf4** kann nicht mehr gefallen, **Weiß gibt auf**.

ANMERKUNG: Diese Partie ist ein weiteres Beispiel dafür, daß Weiß sich eine vielversprechende Stellung aufbaut (siehe 19. Zug von Weiß), um sie durch mehrere Ungenauigkeiten wegzuwerfen. Es ist nicht genug, eine gute Position zu erkämpfen, man muß sie auch erhalten bzw. ausbauen können.

Beispielpartie #28
Koltanowski - N.N.
Blindpartie Schweiz 1937

| 1. d4 | d5 |
| 2. Sf3 | Sc6 |

Dieser ungewöhnliche Entwicklungszug hat den Nachteil, daß der c-Bauer keinen Druck (von c5 aus) auf den weißen d-Bauern ausüben kann.

3. Lf4

Kontrolliert das wichtige Feld **e5**. Unter den gegebenen ungewöhnlichen Umständen (...Sc6) ist der Textzug passender als das normale **3.e3** (was natürlich auch gut spielbar ist).

3. ...   e6

Schwarz schließt seinen weißfeldrigen Läufer ein. Besser **3. ...Lf5**.

| 4. e3 | Ld6 |
| 5. Lg3 | |

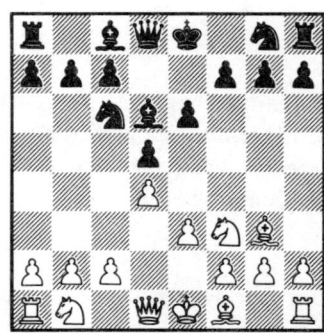

Das Angebot, den g-Bauern zu verdoppeln, nimmt Schwarz unklugerweise an.

5. ...   Lxg3
6. hxg3

Jetzt wird die h-Linie dem Anziehenden bei seinem Angriff gegen den schwarzen König gute Dienste leisten.

6. ...   Sf6
7. c4

Beachten Sie, daß Weiß mit seinem c-Bauern Druck auf das Zentrum ausübt.

7. ...   dxc4

Wieder ein Fehler - Schwarz sollte das Zentrum nicht ohne Not aufgeben.

8. Lxc4   0-0
9. a3

Weiß hat eine Umgruppierung seiner Figuren im Sinn: (nach Sc3) **La2, Dd3** und **Lb1** mit starken Drohungen auf der Diagonalen **b1-h7**.

9. ...   a6

Besser **9. ...b6**, um den Nachzügler **Lc8** in's Spiel zu bringen.

10. Sc3   h6

Schwarz stellt sich auf Drohungen in der h-Linie ein.

11. e4

Als Vorspiel zu seinem Königsangriff verschafft der Anziehende sich mehr Raum im Zentrum.

11. ...   Te8
12. e5

Weiß vertreibt den wichtigen Verteidiger **Sf6** und räumt das Feld **e4** für den **Sc3.**

12. ...   Sd5
13. Se4   b5

Ein verzweifelter Versuch, zu etwas (wirkungslosem) Gegenspiel zu kommen.

14. La2   Sce7

In der Hoffnung, den Königsflügel schützen zu können.

15. Dd3   Sg6
16. Sh4   Sxh4

Das ist nur günstig für Weiß, da der Turm h1 aktiviert wird. Besser war **16. ...Sde7.**

17. Txh4   Se7

18. Tg4

Jetzt droht **19.Sf6 +** mit Material-
gewinn.

18. ...   **Sg6**

Schwarz hofft, daß sein Gegner die
Drohung **19. ...Sxe5** nicht „sieht".

19. 0-0-0

Weiß mobilisiert für den Schluß-
akkord seine letzte Reserve.

19. ...   **De7**

20. Sf6 + !

Einfach, aber trotzdem elegant.

20. ...   **gxf6**
21. Txg6 + !

Die schwache Verteidigungslinie
des Nachziehenden wird gesprengt.

21. ...   **fxg6**

22. Dxg6 +   **Kf8**

Natürlich nicht **22. ...Dg7
23.Dxe8 +**.

23. exf6   **Df7**
24. Dxh6 +   **Kg8**
25. Th1

Das Matt ist nicht mehr zu ver-
hindern, **Schwarz gibt auf.**

Beispielpartie # 29
Koltanowski - Cherta
Sitges 1934

1. d4	**Sf6**
2. Sf3	**d5**
3. e3	**e6**
4. Ld3	

Oder zuerst **4.Sbd2.**

4. ...	**Le7**
5. Sbd2	**Sbd7**

Das impliziert, daß Schwarz seinen
weißfeldrigen Läufer fianchettieren
wird.

6. 0-0	**0-0**
7. De2	

Bereitet den thematischen Vorstoß
e3-e4 vor.

7. ...	**b6**

8. e4   dxe4

Praktisch erzwungen angesichts der Drohung, mit **9.e5** den schwarzen Königsflügel stark einzuengen.

9. Sxe4   Lb7

Natürlich nicht **9. ...Sxe4? 10.Dxe4**, und wegen der Drohung **11.Dxh7** matt gewinnt Weiß den Turm **a8**.

10. Sxf6 +

Möglich ist auch **10.Sg3**, aber der Textzug ist genauer.

10. ...   Sxf6
11. Td1

Deckt den d-Bauern indirekt (z.B.**11. ...Lxf3 12.Dxf3 Dxd4? 13.Lxh7+**).

11. ...   Dd5

Ein sehr agressiver Zug. Wenn es dem Nachziehenden gelingt, die Dame nach **h5** zu überführen, wird er keine großen Probleme haben. Da die Dame jedoch etwas exponiert steht, kann Weiß einige Tempi gewinnen.

12. Lg5!

Weiß blockiert den Weg der schwarzen Dame nach **h5**

12. ...   h6
13. c4

und gewinnt mehr Raum im Zentrum.

13. ...   Da5

Auf der fünften Reihe steht der Dame kein anderes Feld zur Verfügung.

14. Lf4   Ld6

Jetzt würde **...Dh5** einfach einen Bauern einstellen.

15. Se5

Der Springer besetzt das schöne Vorpostenfeld. **15.Lxd6 cxd6** würde das Leben des Nachziehenden leichter machen.

15. ...   Tad8
16. a3!

Und wieder macht sich die schlechte Stellung der schwarzen Dame bemerkbar.

16. ...   Da4

Weiß drohte, mit **17.b4 Da4 18.b5** die schwarze Dame einzusperren.

17. b4   De8

Das schwarze Damenmanöver (beginnend mit 11. ...Dd5) ist offensichtlich widerlegt.

| 18. Tab1! | La8 |
| 19. Tb3 | |

Die Pointe von **18.Tab1!**: Jetzt kann der Turm zum Angriff auf den Königsflügel überführt werden.

| 19. ... | Lxe5 |
| 20. dxe5 | |

Wie gewöhnlich schafft ein Bauer auf **e5** ausgezeichnete Voraussetzungen für einen Angriff.

| 20. ... | Dc6 |
| 21. f3 | Sh5 |

Etwas besser ist **21. ...Sh7, 21. ...Sd7** verlegt der Dame den Rückzug.

22. Le3

Jetzt droht Weiß, mit **23.g2-g4** den Springer zu fangen.

| 22. ... | g5 |
| 23. b5 | |

Wieder einmal wird die Dame zurückgedrängt.

| 23. ... | De8 |

Etwas besser ist **23. ... Db7**.

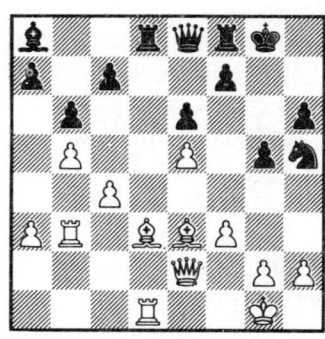

24. f4!

Weiß öffnet Linien, um den mangelhaft verteidigten Königsflügel im Sturm zu nehmen.

| 24. ... | Sxf4 |

Nach **24. ...gxf4** gewinnt Weiß mit **25.Dg4 + Kh8** (25. ...Sg7 26.Lxf4 und 27.Lxh6) **26.Dxh5.**

25. Lxf4	gxf4
26. Dg4 +	Kh8
27. Dxf4	f5

Sonst **28.Dxh6 + Kg8 29.Dh7 matt.**

| 28. Dxh6 + | Kg8 |
| 29. Lc2 | |

Macht dem Turm **b3** den Weg frei.

29. ...	Txd1 +
30. Lxd1	f4
31. Dg5 +	

31. ...Kh8 32.Th3 matt und **31. ...Kf7 32.Lh5 matt,** daher:
Schwarz gibt auf.

Beispielpartie #30
Koltanowski - Anderson, T.
Schaukampf Ohio 1957

1. d4	Sf6
2. Sf3	b6

Nach Aussage von mehreren Theoriewerken gibt die Damenindische Verteidigung dem Nachziehenden bequemen Ausgleich. Wir sind anderer Meinung.

3. e3	Lb7
4. Sbd2	e6
5. Ld3	c5

Schwarz läßt ...d7-d5 aus, um die Diagonale a8-h1 nicht zu verstellen.

6. c3	Le7
7. 0-0	0-0
8. e4	

Der übliche raumgreifende Vorstoß im Zentrum gibt dem Anziehenden in diesem Fall ein starkes (klassisches) Bauernzentrum, da ...dxe4 natürlich ohne ...d7-d5 nicht möglich ist.

8. ...	Sc6

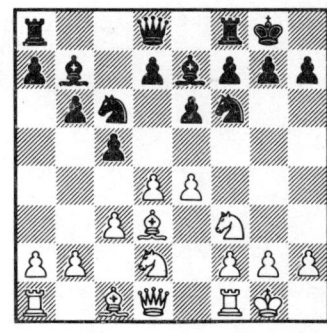

9. a3

Vereitelt den Plan **9. ...cxd4 10.cxd4 Sb4 11.Lb1 La6** und bereitet Raumgewinn auf dem Damenflügel mittels **b2-b4** vor.

9. ...	cxd4

Vorzuziehen ist **9. ...d6**.

10. cxd4	Dc7

Schwarz hat die c-Linie geöffnet, aber Weiß ist es, der sie ausnutzen wird.

11. b4

Jetzt wird der Läufer **c1** ein feines Plätzchen auf der langen Diagonalen finden.

11. ...	Tac8
12. Lb2	Tfd8

Alle schwarzen Figuren sind entwickelt, aber Weiß steht dank seines starken Zentrums deutlich besser.

13. Tc1

Droht, mit **14.b5** eine Figur zu gewinnen.

13. ...   Db8

Die Dame zieht sich aus der gefährlichen c-Linie zurück und möchte von **a8** aus Druck auf die lange Diagonale ausüben.

14. De2

Weiß legt eine „Bombe", die Schwarz übersieht.

14. ...   Da8
15. d5!

Die weißen Zentralbauern rollen wie eine Lawine auf den Nachziehenden zu.

15. ...   Sb8

Schlecht ist auch **15. ...exd5 16.exd5 Sxd5 17.De4 Sf6 18.Lxf6 Lxf6 19.Dxh7+ Kf8 20.Tce1** (Schneidet dem König den Fluchtweg ab.), und falls **20. ...g6**, so **21.Sg5!**, da Schwarz nach **21. ...Lxg5 22.Dh8+ matt** ist (**21. ...Se5 22.Txe5**).

16. d6

Auf daß die schwarzen Verteidiger ersticken mögen!

16. ...   Lf8

16. ...Lxd6 geht natürlich wegen **17.e5** nicht.

17. e5

Vertreibt den Springer als Vorbereitung für das berühmte Läuferopfer **Lxh7..**

17. ...   Se8

Die schwarzen Truppen sind (fast) alle auf der Grundlinie versammelt. Weiß beendet das Trauerspiel schnell.

18. Lxh7+

Zieht den König in's tödliche Kreuzfeuer.

18. ...   Kxh7
19. Sg5+   Kg6
20. Dg4

Mit der Drohung **21.Sxe6+ Kh7 22.Dh5+ Kg8 23.Sg5** und undeckbarem Matt.

20. ...   f5
21. Dh4

Schwarz kann dem Matt nicht mehr entgehen. Es droht **22.Dh7+** usw., oder, falls **21. ...Lxg2**, so **22.f4** und matt im nächsten. Auf **21. ...f4** folgt **22.Dh7+ Kxg5 23.h4+ Kg4 24.f3+ Kg3 25.Dg6+ Kxh4 26.Dg4 matt.** (Koltanowski)
Schwarz gab auf.

Beispielpartie #31
Hoi - Gulko
Olympiade Thessaloniki 1988

1. d4   e6

Schwarz bietet die Französische Verteidigung (2.e4) an,

2. Sf3

aber Weiß will Colle spielen.

2. ...   c5
3. e3

Spielbar ist auch **3.c3.**

3. ...   Sf6
4. Ld3   b6

Schwarz wählt die von der Theorie geschätzte Damenindische Verteidigung.

5. 0-0   Lb7
6. Sbd2   cxd4

Dieser Abtausch verringert den schwarzen Einfluß auf das Zentrum und gibt dem Anziehenden die e-Linie in die Hand, besser ist **6. ...Le7**.

7. exd4   Le7
8. Te1   0-0
9. c3

Die typische Colle-Bauernstruktur.

9. ...   d6

Besser als **9. ...d5**, was die lange Diagonale versperrt und jegliche Kontrolle über **e5** aufgibt.

10. De2   Te8

In der Hoffnung, einen undurchdringlichen Verteidigungswall aufbauen zu können, gruppiert Schwarz seine Mannen auf engem Raum um.

11. Sf1

Weiß konzentriert einfach seine Truppen für einen Angriff auf dem Königsflügel.

11. ...   Sbd7
12. Sg3   Lf8

Schwarz setzt seine Sicherungsstrategie geduldig fort.

13. Lg5   h6

Das schwächt zwar, aber Schwarz möchte unbedingt den **Lg5** vertreiben.

14. Ld2   Dc7
15. Lc2

Bereitet die typische (und gefährliche) Batterie von Dame und Läufer auf der Diagonalen **b1-h7** vor.

15. ...   Ld5

Die Hoffnung des Nachziehenden, **...Lc4** spielen zu können, wird schnell zunichte gemacht:

16. b3   Db7

Dieser Zug sieht effektiv aus, aber die besser postierten Figuren von Weiß haben die Oberhand.

17. Sh4

Für den Moment vermeidet Weiß die Verdopplung seines f-Bauern, aber hauptsächlich möchte Weiß mit dem Textzug eine weitere Lockerung des schwarzen Königsflügels provozieren.

17. ...   b5

Verhindert **c4**.

18. Dd3

Nimmt **h7** auf's Korn und bereitet **Te3** nebst **Tae1** vor.

18. ...   g5?!

Dieser Zug schwächt ganz offensichtlich, aber Schwarz möchte sich aktiv verteidigen.

19. Sf3   Lxf3

Schwarz hofft, diese Schwächung der weißen Königsflügelbauern wird die eigene, durch **18. ...g5?!** erzeugte Schwächung aufwiegen,

20. gxf3

aber Weiß wird bald beweisen, daß die soeben geöffnete g-Linie sehr hilfreich für den Angriff ist.

20. ...   Lg7
21. h4   gxh4

Erzwungen, und jetzt ist die g-Linie wirklich offen.

22. Se4   Dc6
23. Kh1   Sh5

Um **g7** zu decken.

24. Tg1   Kf8

Im Moment sieht es so aus, als könne Schwarz den Angriffsdruck aushalten, aber Weiß hat noch ein As im Ärmel:

25. Txg7!

Der Hauptverteidiger wird beseitigt.

    25. ...   **Kxg7**

Nach **25. ...Sxg7** ist **26.Lxh6** stark.

    26. Lxh6 + !

Dieses Opfer zieht den König auf die h-Linie, wo er abgeschnitten sein wird, während die weißen Figuren näher kommen.

    26. ...   **Kxh6**
    27. Tg1

Jetzt droht **28.De3 + Kh7 29.Sf6 + Kh8 30.Dh6 matt.**

    27. ...   **f5**
    28. De3 +   **f4**

Nach **28. ...Kh7** spielt Weiß **29.Dg5** mit den Drohungen **30.Dxh5 matt** und **30.Dg6 + Kh8 31.Dh6 matt.**

    29. Sxd6!

Eine brillante Angriffsfortsetzung.

    29. ...   **Dxd6?**

Danach gewinnt Weiß schnell, aber auch nach **29. ...Te7** würde Weiß mattsetzen: **30.Dxe6 + ! Txe6 31.Sf7.** Der beste Verteidigungsversuch war **29. ...Sg3 +** (blockiert die g-Linie) **30.Txg3! hxg3** (30. ...fxe3

31.Sf7 + Kh5 32.Tg5 oder **32.Lg6 matt) 31.Dxf4 + Kg7** (31. ...Kh5 **32.Dg4 + Kh6 33.Sf7 matt) 32.Df7 + Kh8 33.Dh7 matt.**

    30. Dd3   **Sf8**

Nichts geht mehr.

    31. Dh7 + !

Ein schöner Schlußzug.

Nach **31. ...Sxh7** produziert Weiß mit **32.Tg6** ein Epaulettenmatt mit einem Turm.

Schwarz gibt auf.

Beispielpartie #32
Kovacevic - Milos
Olympiade Thessaloniki 1984

    1. d4   **Sf6**
    2. Sf3   **e6**
    3. e3   **c5**
    4. Ld3   **b6**
    5. 0-0   **Lb7**
    6. Sbd2   **cxd4**
    7. exd4   **Le7**
    8. Te1   **0-0**
    9. a4

(Siehe Diagramm auf der nächsten Seite)

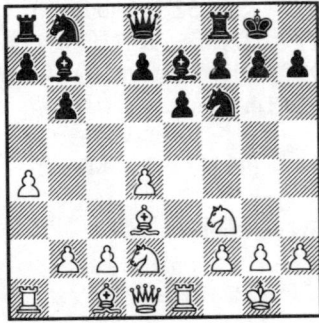

Einer der vielen Pläne, die Großmeister Kovacevic an dieser Stelle versucht hat. Die Hauptidee, die hinter diesem Zug steckt: Schwarz wird **a4-a5** mit **...Sc6** verhindern und dabei in Kauf nehmen, daß seine Läuferdiagonale versperrt wird.

9. ...	Sc6
10. c3	Dc7
11. Sf1	Sd5
12. Le4!?	

Gegen den schwarzen Plan **12. ...f5** nebst **...Lf6** und **...Sce7** gerichtet, mit dem Schwarz Gegenspiel auf dem Königsflügel erhalten würde. Falls jetzt **12. ...Sf6**, so **13.Lb1 Sd5 14.La2 Sa5 15.Se5** mit Komplikationen. Aber Milos versucht etwas anderes.

12. ...	Sa5
13. Se5	d6

Auf **13. ...f5** spielt Weiß **14.Lf3**, tauscht dann mit **Se3** den schwarzen Springer **d5** und setzt **d4-d5** durch.

14. Sf3	Tac8

Besser **14. ...a6** nebst **...b5** - Kovacevic.

15. Sg3	a6
16. Lc2	Sf6

Jetzt ist es zu spät für **16. ...b5**, weil die weiße Initiative nach **17.Dd3** wächst, da Schwarz gezwungen sein wird, seinen Königsflügel zu schwächen.

17. Sg5!	Dc6
18. f3	Sc4
19. De2!	

Mit der Idee, über **f2** nach **h4** zu gelangen, **19.Sf5 Ld8** oder **19.Dd3 g6** bringt nicht viel Gutes.

19. ...	b5
20. axb5	axb5
21. S3e4	g6

Oder **21. ...h6? 22.Sxf6+ Lxf6 23.De4 g6 24.Sxe6!+-.**

22. Df2	Sxe4
23. Lxe4	d5
24. Ld3	h6

24. ...Sxb2 ist ein interessanter Versuch, aber nach **25.Dxb2 Dxc3 26.Dxc3 Txc3 27.Lxb5 Txc1 28.Texc1 Lxg5 29.Tc7** verliert Schwarz seinen Läufer.

25. Sh3	g5
26. De2!	

Verhindert **...f5**. Jetzt ist Schwarz gegen den Marsch des weißen f-Bauern machtlos.

26. ...	Ta8
27. Txa8	Txa8
28. f4	f6
29. Dh5	Lf8
30. fxg5	hxg5?
31. Dh7	matt

Auch **30. ...fxg5 31.Dg6+ Lg7 32.Tf1** hätte leicht zum Matt geführt.

Beispielpartie #33
Winants - Karpow
Brüssel 1986

1. d4	Sf6
2. Sf3	e6
3. e3	c5
4. Ld3	cxd4
5. exd4	b6
6. 0-0	Lb7
7. c4?!	Le7
8. Sbd2	

Wir zeigen Ihnen diese Partie als warnendes Beispiel. Offensichtlich von seinem großen Gegner eingeschüchtert, spielt der belgische IM Luc Winants eine unglückliche Mischform von Colle und Damenindisch und wird von dem ehemaligen Weltmeister gehörig bestraft. **8.Sc3** paßt eher zu **7.c4**, aber es wäre besser gewesen, einen „richtigen" Colle zu spielen, wir empfehlen daher **7.c3**.

8. ...	0-0
9. b3	d5
10. Lb2	Sc6
11. De2	Dd6
12. Tad1	Tac8
13. Tfe1	Df4
14. g3	Dh6

Laut Turnierbulletin „stellte Winants seine Bauern in's Zentrum und seine Figuren auf ihre natürlichen Felder - kurz danach stand er auf Verlust. Es ist eben schwierig, gegen Karpow zu spielen."

15. Df1	Tfd8
16. h3	Lb4
17. Te3	Lxd2
18. Txd2	Sb4
19. Se5	Sxd3
20. Tdxd3	Se4
21. Td1	f6
22. Sg4	Dh5
23. Sh2	dxc4

24. bxc4	Txc4
25. d5	

Ein letzter verzweifelter Versuch, etwas zu unternehmen.

25. ...	Txd5
26. Sg4	Sg5!
	0-1

(27.Lxf6 Sxh3+). Diese Partie zeigt, wie man mit Weiß nicht spielen darf. **8.Sc3** ist der richtige Zug. Natürlich ist **7.c4?!** kein Colle-System mehr. Besser ist daher **7.c3.**

Beispielpartie # 34
Kovacevic - Marjanovic
Jugoslawien 1985

1. d4	Sf6
2. Sf3	e6
3. e3	b6
4. Ld3	Lb7
5. Sbd2	c5
6. 0-0	Le7
7. Te1	cxd4
8. exd4	0-0
9. c3	d6
10. a4	

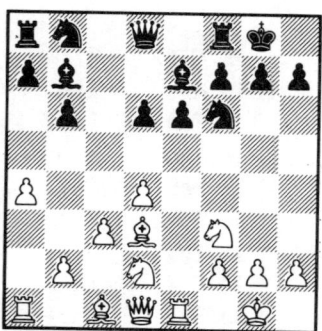

Ähnlich wie in der Partie **Kovacevic-Milos**, s.o.

10. ...	a6
11. De2	Te8
12. Lc2!?	

Weiß denkt nur an Königsangriff. Später meinte Kovacevic, daß **12.Se4** dem Anziehenden leichten Vorteil verspricht.

12. ...	Sbd7
13. Sg5	Lf8
14. Dd3	g6
15. Dh3	h6?!
16. Sxf7!	Kxf7
17. Dd3	

Schwarz hat einige gute Verteidigungsmöglichkeiten nicht wahrgenommen (13. ...Sf8!?; 15. ...e5! +=) und steht jetzt praktisch schon auf Verlust.

17. ...	Dc7

Auf 17. ...Lg7 folgt **18.Dxg6+ Kg8 19.Sc4 Sf8 20.Dg3** mit den Drohungen **21.Lxh6** und **21.Sd6**, und falls 17. ...g5, so **18.Dg6+ Ke7 19.Lb3! Dc7** (19. ...d5 20.f4 gxf4 21.Sf3 Dc7 22.Se5 und 23.Lxf4) **20.Txe6+ Kd8 21.Txf6 Te1+ 22.Sf1 Sxf6 23.Dxf6+ De7 24.Dxe7+ Lxe7 25.f3,** und das entstandene Endspiel ist deutlich besser für Weiß.

18. Dxg6 +	Ke7
19. Lb3	Kd8
20. Txe6	Txe6
21. Lxe6	Dc6
22. Sf1	Kc7?

Eine bessere Idee war 22. ...De4 23.Lf5 De8, wonach Weiß versuchen muß, im Endspiel zu gewinnen; 22.f3!? wäre deshalb vorzuziehen gewesen.

23. f3	a5
24. c4!	Td8
25. Lf4	Kb8
26. Se3	Ka7
27. Df7!	

Schwarz steht ziemlich beengt, und sein folgender Befreiungsversuch wird schnell widerlegt.

27. ...	Te8?!
28. Lxd7	Dxd7
29. Dxf6	Lg7
30. Df5	De7
31. Dd3	Df6
32. Sf5!	Dg6

Zum Aufgeben wäre es wirklich nicht zu früh, aber vielleicht war Weiß in Zeitnot.

33. Td1	Tg8
34. Lg3	Lf8
35. d5	h5
36. Sd4	Dg7
37. Td2	Dd7
38. Sb5 +	Ka6
39. Lxd6!	h4

40. Lxf8	Txf8
41. c5	De7
42. Sd6 +	Ka7
43. Te2	
	1-0

Beispielpartie # 35
Jusupow - Scheeren
Plovdiv 1983

1. d4	Sf6
2. Sf3	e6
3. e3	c5

Schwarz könnte auch Damenindisch versuchen, 3. ...b6.

4. Ld3	d5
5. b3	Sbd7
6. Lb2	b6

Tollkühn wäre 6. ...b5?: 7.Lxb5 Da5 + 8.Sc3 Se4 9.0-0! Sxc3 10.Lxd7 + Lxd7 11.Dd2 cxd4 12.Sxd4 Lb4 13.a3, und Schwarz (trotz seines Minusbauern) seinen Läufer zurückziehen.

7. 0-0	Lb7

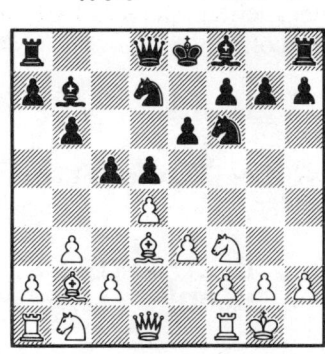

8. Se5

Das ist besser als **8.Sbd2**, wonach Schwarz **8. ...Se4** statt **8. ...Le7** spielen sollte.

8. ...   a6

8. ...Le7 ist spielbar, aber **8. ...Sxe5 9.dxe5** ergibt eine schöne Angriffsstellung für Weiß.

9. Sd2

Weiß entwickelt lieber, als **9.a4 Le7 10.Sd2 Se4** zu spielen.

9. ...   b5

9. ...Le7 ist immer noch O.K., nach **9. ...Se4 10.Lxe4 dxe4 11.Sxd7 Dxd7 12.Sc4** hat Weiß aber klaren Vorteil.

10. Sxd7   Dxd7

Nach **10. ...Sxd7** kann Weiß es sich wegen seines Entwicklungsvorsprungs leisten, mit **11.c4** die Stellung zu öffnen.

11. dxc5!?

11.c4?! dxc4 **12.bxc4** cxd4 **13.exd4** ist nicht klar.

11. ...   Lxc5
12. Df3!   Le7?!

Nach **12. ...De7!?** **13.Dg3 0-0 14.a3!?** wäre der weiße Vorteil geringer.

13. Dg3   0-0
14. Sf3!?

Dieser Zug führt in der Partie zu dem gewünschten Ergebnis, aber **14.e4 dxe4 15.Sxe4 Lxe4 16.Lxe4** ist gut (16. ...Ld6? 17.f4 gewinnt).

14. ...   Tac8?

14. ...h6 war notwendig.

15.Sg5!   g6

Jetzt gewinnt Weiß auf **15. ...h6?** mit **16.Sh7.**

16. Dh4!   h5
17. Tad1!?

Weiß hätte auch direkt **17.Df4** spielen können, aber...

17. ...   Sh7?
18. Dxh5!   Lxg5
19. Lxg6   f6
20. f4   Dg7
21. fxg5   Sxg5
22. h4   Se4

Weiß gewinnt auch nach **22. ...Sh7 23.Td4 f5 24.Lxh7 + Dxh7 25.Tg4 + fxg4 26.Dg5 + .**

23. Lxe4   dxe4
24. Tf4

Schwarz gibt auf.

Die Kommentare basieren auf Analysen von Jusupow.

Beispielpartie # 36
Speelman - Short
Hastings 1988/89

1. Sf3

Ein mehrdeutiger Eröffnungszug,

1. ...   **d5**
2. d4

aber jetzt haben wir wieder unseren Colle.

2. ...   **Lf5**

Dieser Zug wird ziemlich selten gewählt, ist aber spielbar.

3. c4

Möglich ist auch **3.e3** mit nachfolgendem **Ld3**, der Textzug ist aber vielleicht besser; Weiß möchte zeigen, daß die Entwicklung des Läufers voreilig war.

3. ...   **e6**
4. cxd5   **exd5**

4. ...Dxd5 5.Sc3 ist deutlich besser für Weiß.

5. Db3

Weiß möchte die frühe Entwicklung des Läufers ausnutzen, indem er **b7** angreift.

5. ...   **Sc6**

Eine Einladung, den b-Bauern zu kassieren.

6. Sc3

Nach **6.Dxb7** spielt Schwarz **6. ...Sb4** (mit der Drohung 7. ...Sc2+) und falls **7.Db5+**, so **7. ...Ld7**, während Schwarz nach **7.Sa3 Tb8 8.Dxa7 Ta8 9.Db7** mit **9. ...Tb8** das Remis durch Stellungswiederholung erzwingen kann.

6. ...   **Lb4**

Der verlockende Zug **6. ...Sb4** ist hier nicht so gut: **7.e4! dxe4 8.Se5 Le6 9.Lc4 Lxc4 10.Dxc4 Sd3+ 11.Sxd3 exd3 12.Db5+**, und Weiß hat ganz klar die Oberhand.

7. Lf4   **a5**

Schwarz versucht, auf dem Damenflügel Raum zu gewinnen,

8. a3

und Weiß „befragt" den Läufer.

8. ...	a4

Ein schöner positioneller Zug, der auf die leichte Schwächung des Feldes **b3** hinweist.

9. Dd1	Lxc3 +

Schwarz tauscht ab, um keine Zeit mit dem Rückzug des Läufers zu verlieren,

10. bxc3

aber jetzt ist das weiße Zentrum sehr stark und auch die b-Linie kann nützlich für den Anziehenden sein.

10. ...	Sf6
11. Lg5	

Weiß fühlt, daß der **Sf6** mehr Möglichkeiten (e4 winkt) hat als sein eigener schwarzfeldriger Läufer, also bereitet er den Abtausch vor.

11. ...	h6
12. Lxf6	Dxf6
13. e3	

Um die Entwicklung beenden zu können.

13. ...	0-0

Schwarz hat einen leichten Entwicklungsvorsprung, aber auf lange Sicht wird Weiß sich mit **e3-e4** im Zentrum breitmachen.

14. Lb5

Im ersten Moment sieht es so aus, als verlöre Schwarz seinen a-Bauern, aber er hat eine gute Resource in

14. ...	Ta5
15. Le2	

Nach dem offensichtlichen **15.Lxa4** erhält Schwarz durch **15. ...b5 16.Lb3 Tfa8** ausgezeichnete Gegenchancen.

15 ...	Se7
16. 0-0	Sg6
17. Ta2	b5

Schwarz hindert seinen Gegner dauerhaft daran, **c4** zu spielen.

18. Dd2

Jetzt droht aber doch **19.c4**, (wegen Dxa5).

18. ...	Tfa8
19. Se1	

Der Springer zieht, damit Weiß mit **20.f3** das wichtige Feld **e4** kontrollieren kann.

19. ...   Sf8

Auf der Suche nach saftigeren Weiden.

20. f3   Dd6

Nimmt den weißen a-Bauern ein wenig auf's Korn.

21. Sd3

Der Springer hofft natürlich, sich auf **c5** niederlassen zu können,

21. ...   Sd7

aber „dieses Mal nicht".

22. Taa1

Der Turm muß in's Zentrum überführt werden.

22. ...   c6
23. Sf2

Jetzt droht **e3-e4**.

23. ...   Sf6
24. Ld3

Weiß möchte **e4** besser unter Kontrolle bringen.

24. ...   Lxd3

Schwarz hofft, durch Abtausch dem geplanten **e3-e4** den Stachel ziehen zu können.

25. Dxd3   Sd7

Der Zentrumsvorstoß ist ohnehin nicht mehr zu verhindern.

26. e4

Endlich! Jetzt hat der Anziehende starken Druck.

26. ...   Dg6
27. Tae1

Weiß versammelt seine Figuren hinter den Zentrumsbauern.

27. ...   T5a7

„Schwarz steht vor einer schwer zu lösenden Verteidigungsaufgabe, da Weiß je nach Belieben Linien öffnen kann.''- British Chess Magazine (BCM).

28. f4   dxe4
29. Sxe4

Jetzt stellt **30.f4** eine ernstzunehmende Drohung dar, deshalb blokkiert Schwarz das Feld.

29. ...   Df5
30. Df3

Mit der aggressiven Drohung **31.g4.**

30. ..	**Sf6**

Verhindert **31.g4** und strebt weitere Vereinfachung an.

31. Sxf6 +	**Dxf6**
32. Te5	

Weiß besetzt das gut bewachte, zentrale Vorpostenfeld.

32. ...	**Te7**

Jetzt gewinnt Weiß einen Bauern, aber nach anderen Zügen hätte der Anziehende mit **Tfe1** die totale Kontrolle über die e-Linie erhalten.

33. Txb5

Auch mit **33.Txe7 Dxe7 34.Dxc6 Tb8 35.f5** oder **35.d5** hätte Weiß einen Bauern gewonnen. „Die Qual der Wahl", sagt BCM.

33. ...	**cxb5**
34. Dxa8 +	**Kh7**
35. Dd5	

Günstiger scheint **35.Df3** zu sein, und auf **35. ...Dd6** spielt Weiß **36.Dd3 +** g6 **37.Dxb5.**

35. ...	**Te3**

Jetzt kann der Nachziehende seinen Turm aktiv postieren und erhält dadurch gerade genug Gegenspiel, um die Stellung zu halten - **35. Df3** hätte diesen Zug verhindert.

36. Dxb5

Weiß macht noch mehr Beute,

36. ...	**Txc3**

aber das kann Schwarz auch.

37. Dxa4

Es sieht so aus, als stünde Weiß mit seinen beiden Mehrbauern auf Gewinn, aber Schwarz hat noch Resourcen:

37. ...	**Df5!**

Mit der Idee, **...Tc2** nebst **...De4** zu spielen und Fürchterliches zu drohen.

38. De8

In Zeitnot entschließt sich Weiß, etwas zu unternehmen.

38. ...	**Txa3**

Jetzt hat Schwarz nur noch einen Bauern weniger.

39. De5

Sonst hätte Schwarz **...Ta2** mit der Drohung **...Dc2** spielen können.

39. ...	Dd3

Die aktive Stellung seiner Figuren rettet dem Nachziehenden den halben Punkt.

40. f5

Weiß kann seinen Mehrbauern nicht halten.

41. Ta4

Danach gewinnt Schwarz den d-Bauern, weil **41.Tf4** an **41. ...Ta1 +** scheitert.

41. h3

Und die Spieler einigten sich auf Remis, denn nach **41. ...Dxd4 +** gibt die Stellung wirklich nichts mehr her.

Wie wir in den Anmerkungen zu den Zügen gezeigt haben, hätte Weiß mehrfach besser spielen können.

VERLAG DAS SCHACH - ARCHIV

KURT RATTMANN · Weidenbaumsweg 80 · 21035 Hamburg (Bergedorf)

Postbank Hamburg 27 11 47 - 203 (BLZ 200 100 20)   Fernruf: (0 40) 7 24 42 82
                                                      Fax: (0 40) 7 21 46 47

Neuerscheinungen

Rike Wohlers hat weitere Bücher aus dem Verlag **Chess Digest**, Dallas, USA übersetzt:

J. Silman: Gewinnen mit der Sizilianischen Verteidigung

(beschl. Fianchetto) 120 Seiten,   **kartoniert DM 19,80**

A. Soltis: Gewinnen mit der spanischen Abtauschvariante

120 Seiten,   **kartoniert DM 19,80**

Ken Smith und John Hall: Gewinnen mit dem Colle-System

Diese zweite — **völlig überarbeitete** — Auflage wurde von den Meistern **Myers, Harding, Koltanowski** bearbeitet und bringt auf **230 Seiten** sowohl die **Theorie (136 Seiten) als auch die Praxis (34 ausführlich kommentierte Partien)** des aktuellen Colle-Systems.

                                                          kartoniert DM 26,80

Andrew Soltis: Gewinnen mit Englisch

Hier legt R. Wohlers ihre dritte Übersetzung eines ‚Repertoirewerkes' aus dem Verlag Chess Digest vor! **100 Seiten, kartoniert, bieten einen sehr guten Einstieg in das moderne Englisch.**   **DM 18.80**

Andrew Soltis: Gewinnen mit 1. d4

Die 1988 bei Chess Digest in den USA erschienene Ausgabe wurde von der Übersetzerin um (knapp) 100 aktuelle Partien erweitert. Seit Kasparow als Anhänger der geschlossenen Spiele WM wurde, hat die Eröffnung 1.d4 erheblich an Interesse gewonnen. Das vollständige Repertoire, 158 S., paperback kostet   **DM 22,80**

Ken Smith und John Hall: Königsindischer Angriff

Für unorthodoxe Spieler eine Eröffnung, die sich fast von allein spielt: Unabhängig (fast) vom gegnerischen Aufbau kann Weiß **seinen** Aufbau errichten und die ersparte Bedenkzeit für das Mittelspiel verwenden.

Neben der Theorie liefert das Buch 25 - **wirklich** - erläuternde Partien. Dieses Buch wurde von IM Siebenhaar übersetzt und **um 100 aktuelle** Partien ergänzt. Zweispaltendruck, 218 S. Dieses **komplette** Angriffsprogramm kostet   **DM 24,80**

Andrew Soltis: Schwarz am Zuge gewinnt mit 1...g6

Auf 127 Seiten liefert dieses Buch ein vollständiges Eröffnungssystem für den „Schwarz-Spieler": Ein Beispiel ist: e4, g6; d4 Lg7; Sc3 c6!! Weitere interessante Varianten erlauben eine den Weiß-Spieler verblüffende Eröffnungsbehandlung.   **DM 19,80**

Andrew Soltis, Bird-Larsen Angriff

Übersetzung der bei Chess Digest erschienenen Ausgabe durch E. Heyken. Auf 107 Seiten zeigt der Autor ein komplettes Eröffnungsprogramm für Weiß.   **DM 19,80**

L. Christiansen, J. Silman: Holländisch

Übersetzt von R. Wohlers bringt dieses - in englischer Sprache bereits sehr gut aufgenommene - Buch, 217 Seiten, kartoniert die vollständige Theorie dieser interessanten Eröffnung.
                                                          DM 24,80

Kmoch: Kunst der Bauernführung

Ein großartiges Lehrbuch der Schachstrategie, 346 Diagramme, 292 Seiten, GL

DM 24,80

Hans Müller:
Vom Element zur Planung — praktische Schachstrategie

152 Seiten, 238 Diagramme, Kunstleder mit Goldprägung. Eine praktische Schachstrategie, die jeden begeistern wird! Der bekannte Wiener Schachpädagoge Hans Müller bewältigt den gewaltigen Stoff durch zahlreiche Beispiele und Partien, deren Studium die Spielstärke jedes Lesers erhöhen wird. In diesem ,,Lehrgang des Sehens'' werden die Elemente in Beziehung zum Ganzen gesetzt. In diesem Werk lernt der Leser die Einheit in der verwirrenden Vielfalt zu erkennen. Freunde glanzvoller Wendungen finden schließlich eine Blütenlese prachtvoller Kombinationen

DM 16,80

Hans Müller: Lerne Kombinieren

Für Schachtaktik und Mittelspiel. 500 Stellungsbilder, die kombinatorische Entscheidungen möglich machen, 226 Seiten, kart.

DM 14,80

A. Nimzowitsch: Mein System

Mit einer Biographie von Dr. Hannak: Lebenslauf eines Pessimisten. 2. Auflage, 227 Seiten, 241 Diagramme, Kunstleder mit Goldprägung, Fadenheftung. Das Buch des großen Schachdenkers Nimzowitsch wirkt auf den heutigen Leser so zeitgemäß und lebendig wie vor 70 Jahren. Die 2. Auflage ist ein Beweis für das anhaltende Interesse der Schachwelt an Nimzowitschs Standardwerk. Das Werk stellt die klassische Grundlage des modernen Positionsspiels dar und gehört daher in die Hand jedes Turnierspielers

DM 24,80

A. Nimzowitsch: Die Praxis meines Systems

Illustriert an 109 Nimzowitsch-Partien, 192 Diagramme, Ganzleinen mit Goldprägung. Wer ,,Mein System'' besitzt, dieses grundlegende Werk des modernen Positionspieles, sollte seine Kenntnisse mit der ,,Praxis meines Systems'' abrunden, denn gerade an Hand der Partiebeispiele mit den großartigen Analysen Nimzowitschs erhält der Leser erst den letzten, richtigen Blick für eine sichere und klare Partieführung im Sinne des Autors.

DM 22,80

Pachmann, Moderne Schachtaktik, Band 1

Im ersten Band behandelt der Großmeister die Elemente der Schachtaktik, die Verwertung, die Einschränkung der Wirkungskraft und des Zusammenspiels der Figuren, dann Fesselungsprobleme und die Bauernführung in Verbindung mit Kombinations-Motiven, alles an Hand vieler Beispiele klar und leicht verständlich dargeboten. 328 Seiten, kart.

DM 24,80

Pachmann, Moderne Schachtaktik, Band 2

Im 2. Band geht es dann um den direkten Angriff gegen den König und um taktische Probleme beim Rochadeangriff, um Verteidigung und Gegenangriff, um Zeit und Raum, taktische Fallen werden beleuchtet, und psychologische Momente im Zusammenhang mit taktischer Lösung von Stellungsproblemen. 323 S. kart.

DM 24,80

Renaud/Kahn: Der erfolgreiche Mattangriff

Ein Lehrbuch über die Kunst der Mattführung, 184 Seiten, 82 Partien. 306 Diagramme, 48 Endspiele, kart.

DM 14,80

Partiesammlungen und Biographien

Fischer: Meine 60 Denkwürdigen Partien

Ein sensationelles Schachbuch. Die Partien wurden von Fischer selbst kritisch kommentiert. Ein hervorragendes Lehrbuch. Ein Buch, das in keiner Schachbibliothek fehlen sollte. 339 Seiten. Grünes Ganzleinen. DM 39,80

Kortschnoi's Chess Games

Eine Partiensammlung — im Informatorstil kommentiert — bis zum Jahre 1977, kartoniert, 291 Seiten DM 19,80

Dr. J. Hannak: Emanuel Lasker

Biographie eines Schachweltmeisters
Geleitwort: Albert Einstein, mit 100 von erstrangigen Meistern glossierten Partien unter Mitarbeit von Schachmeister Rudolf Teschner. Kunstdrucktafeln, darunter Zeichnungen von Prof. M. Oppenheimer, New York, und historische Illustrationen. Kunstleder, Titel und Namenszug ,,Emanuel Lasker'' in Goldprägung. Format 15 x 21 cm, 320 Seiten, 140 Diagramme. Das vorliegende Werk ist nach wie vor die einzige monumentale Biographie des ehemaligen Weltmeisters, der den Ruhm für sich in Anspruch nehmen konnte, 27 Jahre den Weltmeisterthron innegehabt zu haben. GL DM 24,80

Leonid Stein - Biographische Skizze und 80 Partien -

Zusammengestellt von Siep H. Postma - bei der Kommentierung der Partien hat man sich weitgehend auf Großmeister-Analysen aus der Schachpresse gestützt - die Partien selbst sind gut ausgewählt und zeigen immer wieder, daß ein großer Spieler viel zu früh für immer von uns gegangen ist. 168 Seiten, DM 16,80

Müller — Pawelczak: Schachgenie Aljechin

Zugleich ein Lehrbuch des Mittelspiels, 2. verbesserte Auflage, mit 100 Prachtpartien, ausführlich glossiert von Hans Müller, Wien, 176 Diagramme, einer psychographologischen Studie, 15 Kunstdrucktafeln, in Farbdruck, Format 14,4 x 21 cm, 276 Seiten, Ganzleinen mit Goldprägung. Obgleich weitere Literatur über den ehemaligen Weltmeister vorliegt, ist die Arbeit von Müller/Pawelczak im Grunde genommen die einzige eigentliche Biographie geblieben, nur sie macht den Leser mit dem Menschen Aljechin vertraut. Eine Biographie über den ,,größten Angriffsspieler aller Zeiten'' sollte jederzeit zur Hand sein. DM 24,80

Schach-Archiv

Jahresabonnement mit Porto DM 48,00
Ihre Eröffnungsbücher können nicht mehr veralten, wenn Sie Bezieher dieses Loseblatt-Werkes sind. Sie erhalten jeweils schnellstmöglich Analysen in eröffnungs-theoretischen Fragen. Mit Großmeister Ludek Pachmann hat einer der führenden Theoretiker die Bearbeitung übernommen. In jeweils 6 Lieferungen jährlich von je 64 Seiten werden die Abonnenten immer auf dem Laufenden gehalten. Jahrgänge ab 1979 noch lieferbar. Preis je Jahrgang DM 10,00
Archivordner DM 6,50

Gebundene Jahrgänge des Schach-Echo 1974 - 1988 noch lieferbar:

Jahrgang 1974	Band DM 30,00
Jahrgang 1975, 1976, 1977, 1978, 1979	je Band DM 20,00
Jahrgang 1980 + 1981	je DM 25,00
Jahrgang 1982 - 1985	je Band DM 40,00
Jahrgang 1986	DM 60,00
Jahrgang 1987 + 1988 + 1990 + 1991	je Band DM 79,80